Este libro es un regalo para:

Fecha: _____

Regalo de: _____

UNA VIDA CON PROPÓSITO

DEVOCIONAL PARA NIÑOS

RICK WARREN

La misión de Editorial Vida es ser la compañía líder en satisfacer las necesidades de las personas con recursos cuyo contenido glorifique al Señor Jesucristo y promueva principios bíblicos.

UNA VIDA CON PROPÓSITO – DEVOCIONAL PARA NIÑOS
Edición en español publicada por
Editorial Vida – 2016
Nashville, Tennessee

© 2016 por Editorial Vida
Este título también está disponible en formato electrónico.

Originally published in the U.S.A. under the title:
English title The Purpose Driven Life-Devotional for Kids
Copyright © 2015 por Zonderkidz Books
Published by permission of Zondervan, Grand Rapids, Michigan 49530
All rights reserved.
Further reproduction or distribution is prohibited.

Editora en Jefe: *Graciela Lelli*
Traducción: *Loida Viegas*
Adaptación del diseño al español: *Mauricio Diaz*

ISBN: 978-0-8297-6707-0

CATEGORÍA: Juvenil No Ficción/ Religioso / Cristiano / Devocional y oración

IMPRESO EN ESTADOS UNIDOS DE AMÉRICA
PRINTED IN THE UNITED STATES OF AMERICA

22 23 24 DCI 9 8 7 6 5 4

Tabla de Contenido

INTRODUCCIÓN

Una vida con propósito
Devocional para niños

Rick Warren

Esto es más que un libro. Es un manual sobre Dios, sobre tu vida, tu propósito y tu misión. A lo largo del próximo año quiero que leas una página cada día. Para cuando hayas acabado este libro, comprenderás mejor cuál es el plan de Dios para ti y cómo puedes contribuir a cambiar el mundo. Cuando veas cómo encajan todas las piezas de tu vida, te resultará más fácil tomar decisiones, sentirte feliz con lo que tienes y con quien eres, y prepararte para la vida eterna con Dios.

No te limites a leer este devocional. Interactúa con él. Subráyalo. Toma notas en los márgenes. Conviértelo en tu libro.

Tu vida merece que le dediques tiempo para pensar en ella. Y merece la pena conocer a Dios, porque él es el único que puede darle a tu vida un significado real.

Me entusiasma pensar que los niños descubran el propósito de su existencia, porque cuando comprendes por qué estás en la tierra, Dios hace grandes cosas en tu vida y te usa —independientemente de tu edad— para que dejes una huella en el mundo. Él hizo todo esto en mí, y nunca he vuelto a ser el mismo. ¡Tú tampoco lo serás!

La razón de todo

La gran pregunta

La vida de todo ser está en sus manos; ¡él infunde vida a toda la humanidad!

(JOB 12.10, RVC)

❧

¿Te has hecho alguna vez las siguientes preguntas?

¿Qué quiero ser cuando sea mayor?
¿Qué debería hacer con mi vida?
¿Cuáles son mis sueños?

Buscar el sentido de la vida es algo que ha desconcertado al ser humano durante miles de años. Las personas quieren saber por qué están aquí en la tierra y si tienen alguna importancia. Sin embargo, la verdad es que centrarte en ti mismo no te revelará las respuestas.

No te creaste tú mismo. Por tanto, ¿cómo podrías saber para qué fuiste hecho? Si yo te entregara un invento que no hubieras visto antes, no intuirías cuál es su función. Y el dispositivo en sí no podría explicártelo tampoco. Solo quien ha elaborado el manual del usuario podría darte las respuestas.

Dios es nuestro Creador, y la Biblia es su manual. Nos puso aquí en la tierra por una razón: para que le amemos a él y también a los demás. Si le preguntamos a Dios y leemos su Palabra, descubriremos la forma exacta en que deberíamos hacerlo.

Oración

Señor, muéstrame cómo puedo amarte mejor a ti y a los que me rodean. Enséñame quién quieres que yo sea.

Elegido

Los siguientes fueron los clanes de los levitas, agrupados de acuerdo a su familia patriarcal.

(1 CRÓNICAS 6.19B, NTV)

Si alguna vez te has presentado a una audición para una obra de teatro o a las pruebas para entrar a formar parte de un equipo, es probable que buscaras tu nombre y el de tus amigos en una lista de participantes, tan pronto como la fijaran a la pared o al tablón. O si has pasado por un concurso de redacción en la escuela, leas la lista de los ganadores para ver si figura alguien que conozcas o tú mismo.

Sin embargo, leer un montón de nombres que no conoces no es algo precisamente muy divertido. De modo que puede parecer extraño que Dios hiciera que el autor de Crónicas escribiera nombre tras nombre. No sabemos nada sobre ellos, excepto el nombre del padre o de la madre, y tal vez dónde vivieron. No obstante, esta lista de nombres del libro de Crónicas muestra la importancia del reconocimiento. Dios reconoció a las personas que formaron parte de la historia y de los logros de Israel. Los conocía por su nombre y se tomó el tiempo de dejar constancia de ellos.

Dios también sabe cómo te llamas, quién eres y le importas. Aunque tu nombre no aparezca jamás en una lista de campeones ni en la de los que han superado una prueba, te reconocerá como su hijo. Esto es suficiente recompensa.

Oración

Señor, resulta fácil sentirse ignorado o sin importancia, sobre todo cuando otros son el centro de la atención y del reconocimiento. Necesito recordar que soy tuyo.

El significado de un nombre

Dios también le dijo a Abrahán: «A Saraí, tu mujer, ya no la llamarás Saraí. Ahora su nombre será Sara· Yo la bendeciré, y también te daré un hijo de ella. Sí, yo la bendeciré, y ella será la madre de las naciones, los reyes y los pueblos que de ella nacerán».

(GÉNESIS 17.15–16, RVC)

Saraí estaba casada con un hombre muy conocido, de manera que durante la mayor parte de su vida se la mencionaba sencillamente como la esposa de Abraham. Imagina si todos te llamaran siempre por un nombre distinto al tuyo: el niño de María, la hermana de Susana, el amigo de Andrés.

De repente, a los noventa años, Saraí se hizo famosa. ¡Tuvo un bebé! Esto hizo que fuera reconocida. Pero esta nueva fama procedía en su totalidad de Dios. Él bendijo a su esposo por su fe, y también a ella. Para mostrar lo complacido que se sentía, Dios les cambió el nombre. Los nombres eran importantes en los tiempos bíblicos. Indicaban personalidad, posición o familia. Sara, el nuevo nombre de Saraí, significaba princesa.

Pregúntales a tus padres de dónde sacaron tu nombre. ¿Sabías que Dios también tiene nombres para ti? Te llama amado, realeza e hijo suyo. También usa nombres para ti que encajan con sus planes para tu vida. Tal vez el nombre que Dios tiene para ti sea doctor, atleta olímpico, mecánico o artista. Cuando él te da un nombre te está diciendo para qué fin te creó. Conforme vayas creciendo, hasta puede ser que te dé un nuevo nombre, como hizo con Saraí.

Oración

Señor, ¿qué nombres me has dado? Muéstrame para qué fin me has creado y los planes que tienes para mi vida.

Actuación estelar

¿Dónde estabas tú cuando puse los cimientos de la tierra?... ¿Quién contuvo el mar dentro de sus límites cuando brotó del vientre y cuando lo vestí de nubes y lo envolví en densa oscuridad?

(JOB 38.4A, 8–9, NTV)

¿Qué es lo más sorprendente que has visto o leído jamás? ¿Qué los astronautas vayan al espacio? ¿Cómo un atleta ha batido el record mundial? ¿Un triple arcoíris? Esas cosas te pueden dejar pasmado. Sin embargo, Dios ha hecho cosas más asombrosas e impactantes. Creó los límites de los mares, para que no inundaran los países bajo sus aguas. Puso el cielo en su lugar, alrededor de la tierra y creó la gravedad que nos mantiene con los pies en el suelo, sin flotar en el espacio. Dios hace que el sol salga por la mañana para que veamos y podamos trabajar y jugar, y hace que se ponga por la noche para que durmamos y descansemos. El salmo 104 describe también unas cuantas cosas increíbles que Dios hace.

Cuando leas un poco sobre el poder asombroso, inmenso, magnífico de Dios, te resultará difícil comprender todo lo que él hace. ¡Oye, hasta tu cerebro, con sus cien mil millones de neuronas y sus sesenta mil vasos sanguíneos es una de sus obras milagrosas! Dios es imparable, sin igual e imbatible. ¡Es digno de tu alabanza!

Oración

Señor, tú eres asombroso y sorprendente. Ni siquiera alcanzo a comprender todo lo que eres capaz de hacer. Sin embargo, tienes mi alabanza y mi honra.

Más allá de la magia

Por la palabra del Señor fueron creados los cielos, y por el soplo de su boca, las estrellas. Él recoge en un cántaro el agua de los mares, y junta en vasijas los océanos.

(SALMOS 33.6–7, NVI)

¿Cuál es el mejor truco de magia que hayas visto nunca? ¿Cómo cortaban a una mujer en dos con una sierra? ¿Un pájaro que sale de la nada? En ocasiones leemos sobre la magia, como en una historia en la que alguien encuentra un zapato mágico o una lámpara maravillosa. Los cuentos de hadas son inventados y la magia no es más que ilusión que engaña tus ojos. Pero Dios no necesita la magia ni las ilusiones: él es poder divino.

Dios usa su poder sobrenatural. Cuando sopla, puede crear estrellas, ríos y planetas. En sus manos caben los océanos (solo el océano Atlántico mide sesenta y seis millones de kilómetros cuadrados; eso es el veinte por ciento de la tierra). Son manos bastante grandes que pueden salvarte de cualquier cosa. El poder de Dios es mejor que un cuento de magia o un acto de desaparición. Puede salvar o cambiar todo lo que quiera. Hasta te puede rescatar de tu peor enemigo.

Por tanto, es el superpoder que toda historia necesita.

Oración

Dios, no resulta fácil entender lo poderoso que eres, porque no te he visto nunca crear cosas ni cambiar la tierra. Ayúdame a creer en ti y a confiar en tu poder.

Cualquier cosa es posible

El sol se detuvo en medio del cielo, y por casi un día entero no se puso. Ni antes ni después ha habido otro día como aquel en que el SEÑOR escuchó la voz de un hombre, pues el SEÑOR peleaba a favor de Israel.

(JOSUÉ 10.13–14, NVI)

El sol sale cada día y cada día se pone. Incluso cuando está nublado. La tierra gira día y noche. Si se detuviera y dejara de dar vueltas, en un lado del mundo sería noche todo el tiempo, mientras que en el otro sería siempre de día. ¿Te imaginas tener que jugar en la oscuridad constantemente? ¿O irte a la cama con la luz del sol atravesando tus ventanas?

Josué logró verlo. Dios detuvo la tierra para que Josué tuviera mucha luz y pudiera derrotar a sus enemigos. ¡Las personas que se encontraban del otro lado del mundo se preguntarían qué estaba ocurriendo!

La Biblia está llena de historias milagrosas. Dios puede hacer cualquier cosa en cualquier momento. El Antiguo Testamento puede parecer un libro de ficción, pero toda su escritura es verdad. Dios puede detener planetas, dividir mares, hacer que los animales hablen y cambiar el corazón de cualquier persona. Hace milagros para su gloria, y esto significa que demuestra quién es él y el poder que tiene. Con Dios, todo es posible.

Oración

Señor, no he visto nunca un milagro ni una obra asombrosa como las que tú hiciste para ciertas personas en los tiempos del Antiguo Testamento. No obstante, creo que eres un Dios poderoso, y quiero estar siempre a tu lado.

Empieza por aquí

Porque en Él fueron creadas todas las cosas, tanto en los cielos como en la tierra, visibles e invisibles... todo ha sido creado por medio de Él y para Él.

(COLOSENSES 1.16, LBLA)

Una vez me perdí en las montañas. Cuando me detuve y pedí indicaciones para llegar al lugar de acampada, alguien me dijo: «Desde aquí no puedes llegar allí. ¡Tienes que empezar a caminar desde el otro lado del monte!». Ocurre más o menos lo mismo cuando intentamos entender para qué fin hemos sido creados. No puedes descubrir el propósito de tu vida si comienzas por ti mismo. Sería como vagar por el lado equivocado del monte. Tienes que comenzar desde Dios mismo, tu Creador.

Fuiste hecho por y para Dios, de modo que tu propósito no tiene que ver contigo. El significado de tu vida es mucho mayor que tu propia felicidad, tu familia y hasta tus sueños más descabellados. Si quieres saber por qué has sido colocado en este planeta, debes empezar por Dios.

En él puedes descubrir tu identidad, tu significado y tu destino. Cualquier otra senda conduce a un callejón sin salida.

Oración

Quiero saber por qué me creaste, Señor, y sé que solo puedo encontrar la razón a través de ti. Mantenme centrado en ti en lugar de en mí mismo.

Cuerpos y cerebros

En su mano están las profundidades de la tierra, y las alturas de los montes son suyas. Suyo es también el mar, pues él lo hizo, y sus manos formaron la tierra seca.

(SALMOS 95.4–5, RVC)

La historia ha visto una buena cantidad de genios. Albert Einstein, el científico del pelo revuelto, desarrolló la teoría de la relatividad. Wolfgang Mozart fue un niño prodigio de la música, que empezó a componer obras maestras a la edad de cinco años. Marie Curie, famosa por su investigación pionera en la radioactividad, se convirtió en la primera persona que obtuvo dos premios Nobel.

Los talentos no se detienen con el conocimiento académico. Los seres humanos también pueden hacer que sus cuerpos realicen cosas asombrosas: clavar una pelota de baloncesto, hacer un salto mortal hacia atrás sobre una barra de equilibrio de diez centímetros de anchura, tocar *prestissimo* (¡a la velocidad del rayo!) el piano y correr los mil quinientos metros lisos.

Nuestro cuerpo y nuestro cerebro son increíbles. Piensa en ello por un momento: si los hombres y las mujeres son capaces de semejante genialidad, ¡cuánto más inteligente y trascedente a nuestra comprensión limitada es Aquel que nos creó!

¿Has entendido los versículos de hoy? El Señor no se ha limitado a escalar una montaña elevada, ni ha recorrido todo un continente, ni ha viajado a la más profunda fosa oceánica. No ha memorizado simplemente las secuencias del ADN, ni ha resuelto los problemas de matemáticas más difíciles. Salieron de su asombroso poder y su gran talento. De modo que si Dios tiene la inteligencia, la capacidad artística, la creatividad y el poder suficiente para dejarnos con la boca abierta, ¿por qué no confiarle tu propia vida?

Oración

Señor, no llego a concebir ni una fracción de lo que haces. Tu brillantez me abruma. No puedo creer que quieras tener una relación conmigo. Sin embargo, yo también la deseo, así que mi corazón y mi vida son tuyos.

El guía perfecto

*Por medio de Cristo, Dios nos eligió desde un principio,
para que fuéramos suyos y recibiéramos todo lo que él
había prometido. Así lo había decidido Dios, quien siempre
lleva a cabo sus planes.*

(EFESIOS 1.11, TLA)

Dios no nos ha dejado en la oscuridad para que nos preguntemos y adivinemos cómo será nuestra vida. Nos ha dado la Biblia. Es nuestra guía. Explica por qué estamos vivos, cómo funciona la vida, qué evitar y qué esperar en el futuro.

Para descubrir el significado y el objetivo de tu vida, acude a la Palabra de Dios. A continuación construye tu vida basándote en sus verdades eternas y no en lo que dicen otros. Efesios 1.11 nos proporciona tres claves sobre el propósito para ti:

1. Dios pensaba en ti mucho antes de que tú lo hicieras en él. Planeó tu vida antes de que existieras, ¡y sin tu contribución! Puedes escoger a tus amigos, tus actividades, tus aficiones y otras partes de tu vida, pero no tu propósito.
2. El significado de tu vida encaja en los planes de Dios para el mundo y para la eternidad.
3. Descubres tu identidad y tu propósito a través de una relación con Jesucristo. Si no tienes una relación con él, ve al Día 26 donde explico cómo iniciar una.

Oración

Señor, quiero conocerte a ti y el sentido de mi vida. Sigue revelándome por medio de tus Escrituras quién quieres que yo sea.

Él tiene amor para ello

Como un padre se compadece de sus hijos, así se compadece el Señor de los que le temen. Porque Él sabe de qué estamos hechos, se acuerda de que somos sólo polvo.

(SALMOS 103.13–14, LBLA)

Dios te conoce por dentro y por fuera, desde tus entrañas hasta los pelos de tus cejas. No sacude la cabeza y se pregunta: «¿Qué ha sucedido con este? Creía haberme esmerado con él». No se golpea la frente y se lamenta: «¡Vaya! No pensé que cometería hoy este error. ¡Estoy consternado!».

Dios sabe que no siempre tomarás la decisión correcta. Sabe que el mundo está corrompido y que, a veces, cometerás un desliz. También es consciente de que las personas pueden ser malas y herir nuestros sentimientos. Pero Dios está siempre ahí para ti. Su corazón es grande, y su amor es fuerte. No cambia según lo que tú hagas ni conforme a lo que te ocurra.

Conoce todas las decisiones que haces durante toda tu vida. Ya ha planeado cómo te moldeará y de qué forma te cambiará basándose en todo lo que suceda a lo largo de los años. Incluso está al corriente de la duración de tu vida. Y cada día te muestra su compasión y su gracia.

Oración

Señor, te necesito. Te necesito cuando lo estropeo todo, y cuando me hieren. Gracias por ser un buen papá.

Nacido en el momento oportuno

Tú viste cuando mi cuerpo fue cobrando forma en las profundidades de la tierra; ¡aún no había vivido un solo día, cuando tú ya habías decidido cuánto tiempo viviría! ¡Lo habías anotado en tu libro!

(SALMOS 139.15–16, TLA**)**

No eres un accidente. Tu nacimiento no fue un error. Es posible que tus padres no planearan tu llegada al mundo, pero a Dios no le sorprendió en absoluto. De hecho, lo sabía todo sobre ti antes de que tu mamá estuviera embarazada. Que respires en este mismo instante no se debe al destino, a la casualidad, a la suerte ni a una coincidencia. ¡Estás vivo, porque Dios quiso crearte!

Dios escogió cada detalle de tu cuerpo: el color de tu piel, tu cabello, tus ojos. Eligió tu altura y el sonido de tu voz. Moldeó tu cuerpo exactamente como quería que fuera. Te dio, asimismo, talentos naturales y una personalidad única. No hay nadie igual a ti.

Dios te hizo por una razón. También decidió dónde nacerías y cuánto vivirías. Planificó los días de tu vida. Y eres exactamente cómo se suponía que fueras.

Oración

Gracias, Dios, por poner un cuidado tan especial al crearme. Cuando olvido lo especial que soy para ti, recuérdame que me hiciste de una forma maravillosa.

Eres muy valioso

A pesar de todo, Señor, tú eres nuestro Padre; nosotros somos el barro, y tú el alfarero. Todos somos obra de tu mano.

(ISAÍAS 64.8, NVI)

¿Considerarías que una mochila es una obra de arte? Probablemente no, pero la gente de hace unos cuantos siglos podría no estar de acuerdo contigo. En aquel tiempo, no era fácil comprar una bolsa en los grandes almacenes más cercanos. Alguien tenía que hacer tela o preparar la piel de un animal, cortarla en forma de bolsa y coserla a mano. Hasta el más simple de los elementos tenía que elaborarse a mano, y esto precisaba destreza, técnica y muchas horas de duro trabajo.

Hoy, muchos de aquellos «aburridos» artículos de antaño, como boles y utensilios cuestan una barbaridad. Al no existir las grandes fábricas que producen en serie, cada pieza era una verdadera obra de arte única en su género.

¿Sabías que tú también eres una obra maestra artística? Incluso con más de siete mil millones de personas en la tierra, no hay ningún otro niño exactamente igual a ti. Dios te hizo de forma exclusiva. Y porque Dios es perfecto, nunca se ha equivocado. Nuestro Padre, el maestro alfarero, esculpió cada detalle de ti y formó algo único y precioso.

Vales mucho más que cualquier mochila de cuero de hace siglos. No tienes más que preguntarle a Dios, el Creador, que pensó que merecía la pena crearte para su placer.

Oración

Señor, soy tu valiosa creación, pero en ocasiones no lo tengo muy claro. Quiero deshacerme de esa duda. Permite que la verdad de que soy tu asombrosa creación llene mi corazón.

Sin igual

Con tus propios ojos viste mi embrión; todos los días de mi vida ya estaban en tu libro; antes de que me formaras, los anotaste, y no faltó uno solo de ellos.

(SALMOS 139.16, RVC)

Independientemente de las circunstancias de tu nacimiento, Dios tenía un plan al crearte. No importa si tus padres eran buenos o malos, o si no has llegado a conocerlos. Dios sabía que tu mamá y tu papá tenían el diseño genético adecuado para crear el «tú» que él tenía en mente.

Aunque sean padres ilegítimos, no hay hijos ilegítimos. Muchos niños no han sido planeados por sus padres, pero no son imprevistos para Dios. Su propósito tuvo en cuenta el error humano y hasta el pecado. Y él jamás comete equivocaciones.

Dios también planeó dónde nacerías y dónde vivirías para su propósito. Tu raza y tu nacionalidad no son accidentes. Dios no dejó ningún detalle al azar. Lo planeó todo de acuerdo a su propósito.

Oración

Dios, eres un creador que ama a su creación y que no comete errores. Gracias por incluirme como parte de tu propósito.

Tal como eres

Los niños crecieron. Esaú era un hombre de campo y se convirtió en un excelente cazador, mientras que Jacob era un hombre tranquilo que prefería quedarse en el campamento.

(GÉNESIS 25.27, NVI**)**

Esaú y Jacob eran mellizos. Pero no parecían iguales. No actuaban del mismo modo. Ni siquiera olían igual: ¡su papá podía diferenciar el olor de cada uno cuando se le acercaban!

Los chicos no tienen que hacer las mismas cosas que los demás niños. Tampoco a las niñas les tiene por qué gustar lo mismo que a otras niñas. Tal vez te guste jugar al ajedrez y competir en discursos o en concursos escolares. Tu hermana o tu madre prefieren quizás jugar al baloncesto o ver películas. Dios te creó como persona única. ¡Nadie más será como tú! Él quiere que disfrutes siendo el niño o la niña que él quiso que fueras cuando te creó, y que descubras los intereses y las aptitudes que te proporcionó. Es posible que te resulte difícil cuando otros niños o niñas se metan contigo por no ser como ellos. Pero Dios te hizo para que fueras distinto a cualquier otro. Si actúas como un montón de niños más, solo para intentar encajar con ellos, estarás ignorando la forma en que Dios te hizo.

La confianza viene de creer que Dios te hizo exactamente como eres por una razón. Cuando confías, otros niños querrán estar contigo. Y si aceptas a otros niños por ser diferentes, los ayudarás a encontrar la confianza.

Oración

Dios, puede resultar difícil ser distinto a los demás niños, incluso en las pequeñas cosas. ¿Querrás cimentar mi confianza en la forma en que me creaste?

DÍA 15

En su pensamiento

Antes de que nacieras, ya te había apartado; te había nombrado profeta para las naciones.

(JEREMÍAS 1.5, NVI)

Mucho antes de que nacieras, Dios sabía que existirías. Decidió que formaras parte de la raza humana. Es cierto: tu llegada al planeta Tierra no fue una sorpresa para él.

¿Te has preguntado alguna vez qué vino a la mente de Dios cuando pensó en ti por primera vez? La imagen tuya que captaron sus ojos provocó, sin duda, una sonrisa en su rostro. Vio tus capacidades únicas y potenciales. Percibió tus oportunidades de contribuir en su mundo.

Como cualquier otro que haya vivido jamás, el profeta Jeremías luchó con su autoestima. Por esta razón, Dios habló con él y le aseguró que su vida no era un accidente. Dios tenía un plan para su vida antes de que naciera.

Esto también es verdad en tu caso. No tienes que ser un profeta, ni un pastor, ni un misionero para que Dios sepa cómo te llamas. No solo conoce tu nombre, sino también tus fuerzas y tus debilidades. Discierne lo que te asusta. Y está al tanto de tu futuro. Es un porvenir que te permitirá usar tus capacidades y tu potencial haciendo grandes cosas para Dios.

Oración

Señor, me asombra que me hayas conocido desde antes de que naciera. Quiero vivir como la persona que viste cuando pensaste en mí por primera vez.

Fuera de este mundo

En él, Dios nos escogió antes de la fundación del mundo, para que en su presencia seamos santos e intachables. Por amor...

(EFESIOS 1.4, RVC)

Dios tuvo una razón para todo lo que creó. Hizo cada secoya y cada rinoceronte fuerte. Formó cada mar, cada laguna y cada arrecife de coral. Colocó cada acantilado, cada iceberg y cada desierto. Dios lo diseñó todo con gran precisión.

Planeó a cada persona con un propósito en mente. Somos el centro de su amor y lo más valioso de toda su creación. Dios estaba pensando en nosotros incluso antes de crear el mundo. De hecho, ¡lo creó por esta razón! Diseñó la atmósfera, el entorno, el tiempo tan solo para que las personas pudieran vivir en la tierra. Cuanto más aprenden los físicos, los biólogos y otros científicos sobre el universo, mejor entendemos lo perfecto que es para nosotros, hecho a medida para hacer posible la vida humana. Ningún otro planeta conocido puede sostener la vida del ser humano. La tierra fue hecha para nosotros. Y nosotros fuimos hechos para Dios. ¡Tanto nos ama y nos valora Dios!

Oración

Señor, hiciste un mundo hermoso para que yo viviera en él. Ayúdame a recordar que debo notar cada detalle de tu creación y que la hiciste a medida para mí.

¿Cuál es tu plan?

El corazón del hombre traza su rumbo, pero sus pasos los dirige el Señor.

(PROVERBIOS 16.9, NVI)

Durante miles de años las personas han mantenido calendarios. Sin embargo, los hombres y las mujeres de la antigüedad no planeaban su tiempo mediante computadoras o teléfonos inteligentes, como lo hacemos nosotros. En su lugar, contaban las horas según la posición de las sombras en un reloj antiguo llamado reloj solar. Luego, contaban los días entre las lunas llenas y observaban las estrellas para determinar la estación del año.

Del mismo modo que nuestros ancestros, queremos saber lo que viene. ¡Y por una buena razón! Sin calendarios llegaríamos tarde a las pruebas atléticas y las clases de arte.

Es bueno pensar con antelación. A esto llamamos sabia preparación. Y es divertido soñar con el futuro. No obstante, toda la planificación del mundo no puede cambiar una cosa: No tienes la última palabra sobre el desarrollo de tus días, meses y años.

Como Regidor del universo, Dios es el calendario supremo. Él sabe con exactitud lo que va a ocurrirte hoy, el mes próximo, y hasta dentro de cincuenta años. A veces esto no encaja precisamente con nuestros planes.

Afortunadamente, Dios es más poderoso que cualquier cosa que pudiéramos planear, y su amor *siempre* llega a tiempo. ¿Confiarás tus días y tus meses al Creador que conoce todo?

Oración

Gracias, Señor, por «dirigir mis pasos». Recuérdame que ore y hable de mis planes y mis sueños contigo de ahora en adelante, en vez de intentar hacerlo todo yo solo.

Protegido

Cuídame como a la niña de tus ojos; escóndeme, bajo la sombra de tus alas.

(SALMOS 17.8, NVI)

¿Cuál sería tu primera reacción si una pelota o la rama de árbol volaran hacia tu rostro? Te cubrirías con los brazos. Te pondrías rápidamente a cubierto. Protegerías tu cara. Ni siquiera tendrías que pensar en taparte los ojos. Tus brazos se alzarían automáticamente para cubrirte la cara. Probablemente te agacharías o intentarías dar un salto y apartarte de la trayectoria. Tal vez gritarías, y todo porque tu cerebro sabe proteger tu cuerpo.

Dios te ve como una parte importante del cuerpo. Incluso define a sus hijos como la niña de sus ojos. Se refiere a la pupila, el centro del ojo, la parte más preciosa. Como hijo suyo, eres una de sus posesiones más valiosas. Eres más importante que un banco con mil millones de dólares. Por ser tan precioso para él, Dios es rápido en protegerte, del mismo modo en que tú salvaguardas tus ojos o cualquier parte de tu cuerpo para que no los hieran. Dios te defenderá y guardará tu vida. Cuidará de ti. Extiende automáticamente sus brazos hacia ti. No tiene que pensarlo dos veces.

Oración

¡Vaya, Señor! No tenía ni idea de ser tan especial para ti. Gracias por cuidar de mí.

Sorprendente amor

El creador del cielo, el que es Dios y Señor, el que hizo la tierra y la formó, el que la afirmó, el que la creó, no para que estuviera vacía sino para que tuviera habitantes.

(ISAÍAS 45.18A, DHH)

¿Por qué se tomó Dios toda la molestia de crear un universo para nosotros? Porque es un Dios de amor. Ese tipo de amor es difícil de entender, pero es real. La Biblia nos dice «Dios es amor» (1 Juan 4.8). No afirma que Dios tenga amor. ¡Él **es** amor!

Dios no necesitaba crearte. No estaba solo. Sin embargo, quiso hacerte para poder expresar su amor. Dios declara: «Yo he cargado con ustedes desde antes que nacieran; yo los he llevado en brazos, y seguiré siendo el mismo cuando sean viejos» (Isaías 46.3b–4a, DHH). ¡Vaya! ¡Fuiste creado como objeto especial del amor de Dios! Él te hizo exactamente para poder amarte. No hay nada más maravilloso que esa verdad. Puedes apostar que no.

Oración

Señor, gracias por mostrarme tu asombroso amor y por prometerme que me amarás por siempre.

El tamaño no importa

Cuatro cosas son pequeñas en la tierra, pero son sumamente sabias... y el lagarto, que se puede agarrar con las manos, pero está en los palacios de los reyes.

(PROVERBIOS 30.24, 28, LBLA)

¿Se burlan de ti tus amigos o tu familia, a causa de tu estatura? Tal vez seas bajito o parezcas más joven de lo que eres. Quizás seas más alto que los demás niños de tu curso y sientas que siempre sobresales, pero no de un modo positivo. Cada niña y niño crecen a un ritmo distinto. Tu estatura o tu peso no hacen que seas más o menos valioso.

El tamaño no le importa a Dios. Piensa en el lagarto. Si eres lo suficientemente rápido puedes cazar uno que esté tomando el sol sobre una roca, y agarrarlo antes de que se escape. No parece muy cauteloso ni poderoso. Sin embargo, ese mismo lagarto puede abrirse camino en un palacio real fuertemente custodiado y de alta seguridad.

Dios puede usar algo tan pequeño como un lagarto para enseñarte acerca de la sabiduría, y algo tan grande como un león (v. 30) para instruirte sobre la fuerza.

Dios te creó tal como eres. Te usará independientemente de tu estatura y tu capacidad. No tienes más que acudir a él en busca de sabiduría, y él te hará entrar y salir de los lugares más inverosímiles.

Oración

Jesús, no me gusta que se burlen de mí. ¿Me ayudarás a no preocuparme sobre este asunto y a no desear ser distinto a como tú me has hecho?

Absolutamente relevante

Tú, Belén Efrata, eres pequeña para estar entre las familias de Judá; pero de ti me saldrá el que será Señor en Israel. Sus orígenes se remontan al principio mismo, a los días de la eternidad.

(MIQUEAS 5.2, RVC)

«Oh aldehuela de Belén» es un villancico que se canta cada Navidad. Es posible que conozcas la letra, ¿pero te das cuenta del hecho asombroso que celebra?

Jesucristo nació en aquella pequeña ciudad que se encuentra a unos doce kilómetros de Jerusalén. Casi todo el mundo sabe esto. Sin embargo, no todos saben que se trata de la misma pequeña aldea donde nació el rey David.

El profeta Miqueas predijo que el Mesías de Israel nacería en Belén. Escribió su predicción varios centenares de años después de que David naciera y varios siglos antes de que Jesús viniera al mundo.

No obstante, lo que hace sobresaltar a esta pequeña ciudad es precisamente que Belén era una aldea sin importancia. Sus habitantes no eran ricos ni famosos, ni tenían un nivel alto de educación. A pesar de ello, Dios decidió usar esta ciudad tan corriente e insignificante para llevar a cabo su sorprendente plan para nuestro planeta.

¿Te cuestionas alguna vez tu relevancia? ¿Te preguntas a veces si Dios te usará? En días así, empieza a cantar la letra de «Oh aldehuela de Belén». No te importe que no sea Navidad. Es un himno con verdad que se puede cantar a lo largo de todo el año.

Oración

Señor, estoy sorprendido de que Jesús naciera en Belén. Me siento agradecido porque usas lugares y personas desconocidos para tus grandes planes.

Enciende la chispa de tu creatividad

En el principio creó Dios los cielos y la tierra.

(GÉNESIS 1.1, LBLA**)**

Dios tiene grandes ideas; de hecho son tan grandes que su creatividad dio comienzo a la totalidad del mundo. Creó miles de animales, enormes y diminutos, rápidos como el guepardo y lentos como el oso perezoso. Diseñó pinos altos como postes y gigantescas secoyas demasiado grandes para subir a ellos. Sus manos esculpieron montañas y ríos, y derramaron las aguas turbulentas de los rápidos. Cada vez que saboreas unas sabrosas tortitas o una jugosa hamburguesa, te estás dando un banquete con la creatividad de Dios.

Cuando Dios se puso a crear a las personas, decidió crearlas con muchas de sus propias características. Esto significa que te diseñó para que fueras creativo. Cuando piensas en cómo edificar un fuerte en el bosque, dibujas la imagen de otro planeta o sueñas en una nueva versión de tu juego favorito, es por la creatividad de Dios en ti. De modo que construye, dibuja, escribe, diseña. Ve lo creativo que puedes ser con tus manos, tu cuerpo, tus historias y más. La creatividad de Dios no tiene límites. ¿Qué ideas ha puesto él en tu cabeza?

Oración

Señor, gracias por la creatividad que me has dado. Quiero crear cosas bonitas para ti.

Sin comparaciones

Y a uno le dio cinco talentos, a otro dos, y a otro uno, a cada uno conforme a su capacidad; y se fue de viaje.

(MATEO 25.15, LBLA)

Pies ligeros. Respuestas astutas. Brazos fuertes. Sonrisa encantadora. ¿Has visto a otros niños con estas características y desearías tener lo mismo que ellos? Si todos tuvieran el mismo cerebro, la misma velocidad, la misma inteligencia, la misma fuerza, el mundo sería aburrido. Todo el mundo sería exactamente igual. ¿Te lo puedes imaginar? Cada vez que jugaras a algo con tu amigo, quedaríais empatados. Te cansarías de ello muy pronto.

Nadie más tiene la misma combinación de familia, amigos, personalidad y capacidades que tú. Así es como Dios quiere que seas. No pierdas el tiempo mirando lo que otra persona tiene.

¿Qué te ha dado Dios a ti? Puedes desear que tu familia tuviera más dinero y así poder vivir en una casa más grande. Sin embargo, Dios te ha colocado exactamente donde estás para que puedas servir a las personas de tu vecindario. O quizás te gustaría ser mejor en los deportes, pero es posible que Dios quiera que tiendas la mano a alguien que esté sentado en la línea de banda, para que esa persona pueda saber del amor de Dios.

Lo que Dios te haya dado es exactamente lo que quiere que tengas. Desear tener aquello de lo que otro dispone es como decirle a Dios que no te hizo suficientemente bien.

Oración

Señor, a veces desearía ser más listo o más guapo. En ocasiones resulta difícil aceptarme tal como me hiciste. ¿Me recordarás lo especial que soy para ti?

Todo incluido

Por cuanto todos pecaron y no alcanzan la gloria de Dios, siendo justificados gratuitamente por su gracia por medio de la redención que es en Cristo Jesús.

(ROMANOS 3.23–24, LBLA**)**

¿Conoces a alguien que sea el favorito del maestro o el jugador preferido del entrenador? Tal vez tú te hayas encontrado en un lugar de honor así antes. El maestro te pide que seas su ayudante, o el entrenador te deja ser el capitán del equipo. ¡Qué bien sienta ser el favorito!

¿Sabías que Dios no tiene favoritos? Aunque escoge a personas para distintos trabajos y les concede diferentes bendiciones, ama a todos por igual. Cada uno tiene la oportunidad de conocer a Dios y creer en su hijo Jesucristo.

Jesús murió en la cruz para pagar el precio por los pecados de todos. Nadie se queda fuera. Y nadie recibe más gracia que los demás. Los dones de Dios son gratuitos para quien se los pida y lo reconozca como Señor. No hay requisitos especiales ni exigencias para ciertas personas. Todos son iguales: acude a Dios en busca del perdón de tus pecados y el don de la vida eterna. No hay favoritos.

Oración

Jesús, gracias por el don de la salvación y la gracia. Me das de forma gratuita, y oro por [nombra a tus amigos o familia que no conocen a Cristo] para que también reciban estos dones de ti.

¿Quién es Jesús?

Y mientras Jesús oraba a solas, estaban con El los discípulos, y les preguntó, diciendo: ¿Quién dicen las multitudes que soy yo? Entonces ellos respondieron, y dijeron: Unos, Juan el Bautista, otros, Elías, y otros, que algún profeta de los antiguos ha resucitado. Y El les dijo: Y vosotros ¿quién decís que soy yo?

(LUCAS 9.18–20, LBLA)

Jesús sigue formulando la misma pregunta a cada persona: «¿Quién dices tú que soy?». Y las personas siguen discutiendo quién es Jesús. Algunos afirman que, en realidad, no fue más que un tipo agradable que vagaba por ahí como un *hippie*, hablando de amor, gozo y felicidad. Otros piensan que Jesús fue un gran maestro que enseñó buenas lecciones sobre cómo hacer lo correcto e hizo muchos amigos. Los hay que niegan que Jesús fuera real, y lo toman por un mero personaje de una historia, como la estrella de una buena película.

La verdad es que Jesús es el Hijo de Dios, y que vino a la tierra para cambiar la vida de las personas y ponerlas en relación con Dios. Si llegamos a conocer a Jesús como Salvador y amigo, estaremos con él en el cielo para siempre. Seremos, asimismo, capaces de compartir su amor y su poder con los demás. Es el Jesús que lo cambia todo.

¿Quién dices tú que es él?

Oración

Jesús, creo que eres el Hijo de Dios. Por amor viniste a la tierra para entregar tu vida, darnos un camino para reunirnos contigo en la eternidad. ¡Gracias!

Vida verdadera

Mas a cuantos lo recibieron, a los que creen en su nombre, les dio el derecho de ser hijos de Dios.

(JUAN 1.12, NVI)

Tu verdadero propósito empieza cuando comprometes tu vida con Jesucristo. Lo único que necesitas es creer y recibir. ¿Aceptarás el ofrecimiento de Dios?

Primero, cree. Cree que Dios te ama y que te hizo por una razón. Cree que no eres un accidente. Cree que fuiste hecho para vivir para siempre. Cree que Jesús murió en la cruz por ti, para perdonar tus pecados, independientemente de lo que hayas hecho. Cree que Dios te escogió como parte de sus planes.

En segundo lugar, recibe. Recibe a Jesús en tu vida como tu Señor y Salvador. Recibe su perdón por tus pecados. Recibe su Espíritu, que te concederá el poder de hacer aquello para lo que Dios te creó. Puedes inclinar tu cabeza ahora mismo y pronunciar la oración que cambiará tu vida para siempre: «Jesús, creo en ti y te recibo». ¡Adelante!

Si has hecho la oración con sinceridad, ¡enhorabuena! ¡Bienvenido a la familia de Dios! Ahora estás listo para descubrir y empezar a vivir el propósito de Dios para tu vida.

Oración

Creo que soy amado y que fui creado para un propósito. Jesús, te invito a entrar en mi vida. Ayúdame a vivir tu propósito para mí cada día.

Pecados borrados

Si alguien peca inadvertidamente e incurre en algo que los mandamientos del Señor prohíben, es culpable y sufrirá las consecuencias de su pecado.

(LEVÍTICO 5.17, NVI)

¿Cómo te sientes cuando alguien te hiere? Tal vez un amigo cuenta una mentira sobre ti o un hermano te echa la culpa de haber roto un vaso en la cocina. Uno se siente fatal.

¿Sabes que nosotros le hacemos eso a Dios? Él lo creó todo, y es perfecto y bueno todo el tiempo. Lamentablemente, por las elecciones de Adán y Eva en el Jardín del Edén, las personas se vuelven contra Dios y lo hieren. Esto se llama pecado y es cuando actuamos mal o escogemos cosas que van contra la perfecta bondad de Dios. Y es como llamarle algo muy feo a Dios, que nos ama.

Las maravillosas noticias son que Dios no retiene nuestros pecados en contra nuestra. En el Antiguo Testamento, les proporcionó la forma a los israelitas para que hicieran las cosas bien. Podían traer ofrendas como forma de admitir su ofensa y expresar que lo lamentaban. Estas ofrendas debían ser sacrificios y serían el pago de sus pecados. En el Nuevo Testamento, Jesús vino para solucionar este problema para todos. Y, hoy día, podemos hacer lo mismo a través de la oración sincera.

Oración

Dios, sé que el pecado es algo que ocurre a diario, pero no me había dado cuenta de que te hería. Te ruego que me perdones por traicionarte.

Asumir la culpa

*El encargado de soltar el macho cabrío en el desierto
deberá lavarse la ropa y bañarse con agua. Sólo después
de hacer esto podrá volver al campamento.*

(LEVÍTICO 16.26, NVI)

¿Has oído hablar alguna vez de un chivo expiatorio? Es posible que tú mismo hayas sido uno. Tu hermano mayor rompe un vaso. Antes de que tu madre empiece a gritar, te echa la culpa a ti, porque ha tropezado con tus zapatillas que estaban por medio. Aquí tienes otro escenario: Estás jugando como primera base en un partido de *kickball*. Cuando el pitcher recupera la pelota e intenta lanzársela a la corredora en la primera base, vacila durante un tiempo porque no has llegado todavía a la base para agarrar la pelota. La corredora está a salvo y tú le echas la culpa al pitcher por no haber sido lo bastante rápida. El pitcher se ha convertido en el chivo expiatorio.

Nadie quiere ser un chivo expiatorio, la persona a la que se le echa la culpa de un problema. Sin embargo, sin duda resulta fácil culpar a otro cuando nos metemos en problemas.

Los israelitas tenían un chivo expiatorio real, una cabra de verdad. Se la presentaban a Dios como sacrificio y el animal asumía la culpa por el pecado de los israelitas. A continuación lo enviaban al desierto. Afortunadamente ya no necesitamos chivos expiatorios por nuestro pecado. Jesús, el Hijo de Dios, se convirtió en el chivo expiatorio definitivo. Se cuidó de pagar por nuestro pecado para que no tuviéramos que llevar toda nuestra culpa.

Oración

Jesús, gracias por ser mi chivo expiatorio; no por poderte así echar la culpa, sino porque no tengo que pagar por mis propios pecados.

Un tesoro que merece la pena encontrar

También se parece el reino de los cielos a un comerciante que andaba buscando perlas finas. Cuando encontró una de gran valor, fue y vendió todo lo que tenía y la compró.

(MATEO 13.45–46, NVI)

Si te encontraras una caja de diamantes en un campo tu vida cambiaría. Correrías de inmediato a casa para contárselo a tu mamá o a tu papá. Luego harías todo lo posible por asegurar esas joyas. ¿Sabías que Jesús dice que su verdad y sus caminos son más asombrosos que hallar joyas? Si pudiéramos saber lo increíble que es vivir para Jesús lo haríamos con todo nuestro corazón. Amar a Jesús lo cambia todo, pero puede resultar difícil creer esto.

Si encontraras un cubo de ostras en la playa podrías pensar que no es más que un montón de criaturas malolientes y viscosas. Es posible que no creas que pudieran contener perlas de gran precio en su interior. Por ello, puede ser que en tu interior te preguntes: «¿Dónde está ese tesoro del que todos siguen hablando?».

Pero no tires la toalla. El tesoro de seguir a Jesús es más hermoso que cualquier otro que este mundo pueda ofrecer. Nada merece la pena en comparación; ni siquiera una caja llena de diamantes y perlas.

Oración

Señor, ¿querrás mostrarme lo maravilloso que es seguirte? Resulta difícil de comprender cuando no te puedo ver. Sin embargo, quiero encontrar tu tesoro.

El cielo preparado

¡Todos tendremos que comparecer ante el tribunal de Dios! Así que cada uno de nosotros tendrá que dar cuentas de sí a Dios.

(ROMANOS 14.10B, 12, NVI)

Saber cuál es tu propósito te prepara para la vida después de que mueras. Sí, lo has leído bien. La vida después de la muerte. Un día comparecerás delante de Dios, y él examinará tu vida antes de que entres en la eternidad. Afortunadamente, Dios quiere que superes esta prueba, de manera que te ha entregado las respuestas por adelantado.

En primer lugar, «¿Qué hiciste con mi Hijo, Jesucristo?». La respuesta determinará dónde pasarás la eternidad. Lo único que importa es si aceptaste lo que Jesús hizo por ti y aprendiste a amarlo y a confiar en él. Jesús afirmó: «Yo soy el camino y la verdad y la vida… Nadie llega al Padre sino por mí» (Juan 14.6).

Segundo, «¿Qué hiciste con lo que yo te di?». ¿Qué hiciste con tu vida, todos los dones, talentos, energía y relaciones? ¿Los gastaste en ti o los usaste para los propósitos que Dios diseñó para ti? La respuesta determinará lo que harás en la eternidad.

Seguir los caminos de Dios te preparará para dar las mejores respuestas.

Oración

Señor, pasé mucho tiempo centrándome en mí mismo. Ayúdame a usar lo que me diste para tus propósitos y no para mi propio beneficio.

Vale la pena el tiempo

En aquellos días se reunió de nuevo mucha gente. Como no tenían nada que comer, Jesús llamó a sus discípulos y les dijo: «Siento compasión de esta gente porque ya llevan tres días conmigo y no tienen nada que comer».

(MARCOS 8.1–2, NVI)

¿Hasta dónde llegarías por ver a tu equipo favorito jugar un partido importante? ¿Cuánto aguantarías sin comer, porque una apasionante novela de aventuras te tiene absorto? Si te enteraras de que tu héroe de acción favorito acudiría a un acontecimiento en una ciudad vecina, ¿lo intentarías todo por conseguir que tus padres te llevaran? ¿Qué cantidad de tu asignación ahorrarías para comprar una bicicleta nueva o un juego que desearas tener de verdad?

Las personas darían mucho por lograr algo que ansiaran con todas sus fuerzas. Probablemente hasta hayas oído hablar de personas que acampan durante la noche tan solo para conseguir un buen lugar en la fila para ver una superproducción que se estrena durante el fin de semana.

Cuando Jesús iba a una ciudad, la gente dejaba muchas cosas por oírlo hablar. Abandonaban su casa, acampaban fuera y se iban sin comer durante unos cuantos días solo para poder estar cerca de él. No tenían autos ni bicicletas. Tenían que caminar kilómetros y kilómetros para escuchar sus palabras. Incluso hicieron largas caminatas a través de montes y sin comida. Así de entusiasmados estaban y tanta era su curiosidad con respecto a él. Esto dice mucho sobre Jesús. Era tan asombroso que sacrificaban mucho por estar cerca de él.

Oración

¡Vaya, Jesús! Eres tan asombroso que las personas daban mucho por aprender de ti. No quiero perderme nada de lo que tú eres. Ayúdame a hacer lo que haga falta para conocerte mejor.

El amor de un padre

Y el Espíritu Santo descendió sobre él en forma de paloma. Entonces vino una voz del cielo, que decía: «Tú eres mi Hijo amado, en quien me complazco.»

(LUCAS 3.22, RVC)

«Te amo». Estas dos palabras son, probablemente, las dos palabras más importantes que oirás jamás. Las puedes escuchar de tu mamá o de tu papá. Tal vez te las digan tus abuelos. Un día, sin duda las pronunciará un joven o una joven cuando te cases con él o ella.

Cuando sabes que alguien te ama, esto fomenta tu confianza para alcanzar tus sueños. Por esta razón los padres y las madres les dicen a sus hijos cuánto los aman.

Hasta Jesús necesitó oír esas dos palabras. Cuando estaba a punto de empezar a recorrer el país enseñando y sanando a las personas, le esperaba una gran tarea. Dios Padre entendió cómo se sentía Jesús. De modo que allí, en el Río Jordán, cuando lo estaban bautizando, Dios habló desde el cielo: «Te amo. Estoy orgulloso de ti».

Las mismas palabras que Jesús escuchó pronunciar al Padre son las que Dios te dice hoy. Él te ama más de lo que pudieras comprender jamás. No hay nada que pudieras hacer —por maravilloso que pueda ser— para lograr que te amara más. Y nada de lo que hicieras jamás —por malo que fuera— conseguiría que te amara menos.

Oración

Señor, me asombra pensar que me amas tanto como afirma la Biblia. Te ruego que me des fe para creerlo y no dudar jamás de ello.

Planes secretos

Cuando entraron en la casa, vieron al niño con su madre María y, postrándose ante él, lo adoraron. Luego, abrieron sus tesoros y le ofrecieron oro, incienso y mirra.

(MATEO 2.11, RVC)

Hace muchos años Dios envió a su hijo, Jesús, a la tierra para que le hablara a la gente de él. Dios informó directamente a algunas personas. Los magos, conocidos por ser hombres sumamente sabios, buscaron una señal divina en el cielo. A continuación, iniciaron un largo viaje desde su país solo para conocer a Jesús y sus padres, María y José. Fue como si Dios hubiera susurrado un gran secreto a estos hombres. ¡Bueno, en realidad lo hizo! Los llevó hasta aquel lugar para que fueran los primeros en ver a Jesús. Tan pronto como contemplaron a aquel bebé, supieron que era el Hijo de Dios. Se sintieron tan honrados y emocionados que se arrodillaron ante él. Luego lo cargaron de presentes. Durante muchos años, solo unos cuantos supieron de la existencia de Jesús y de lo que iba a hacer un día para Dios. Todos los demás estaban en la oscuridad. Cuando Jesús creció, realizó milagros sobrenaturales y sanó a los enfermos. Los magos sabían que haría todo eso años antes de que nadie más se enterara.

Dios no siempre revela sus secretos y sus planes a las personas. En ocasiones esto se debe a que no están preparadas para lo que Dios está llevando a cabo. Cuando Dios te deja participar en sus planes, te llevas algunas grandes sorpresas y descubres lo asombroso que él es.

Oración

Señor, gracias por enviar a Jesús a hablarnos sobre ti. También te doy las gracias por dejarme formar parte de tus planes.

¿Qué acaba de suceder?

El ángel dijo a las mujeres: «No tengan miedo; sé que ustedes buscan a Jesús, el que fue crucificado. No está aquí, pues ha resucitado, tal como dijo. Vengan a ver el lugar donde lo pusieron».

(MATEO 28.5–6, NVI)

Los seguidores de Jesús se acababan de enfrentar al peor día de su vida. Los soldados y las multitudes furiosas habían matado a Jesús. Los discípulos estaban asustados y temían por su propia vida. No tenían ni idea de cómo acabaría todo aquel desastre.

Tan solo tres días después, todo estaba del revés.

¡Jesús había resucitado de los muertos! Su muerte formaba parte del plan de Dios para pagar el precio por el pecado de las personas. Los discípulos pensaron que su muerte era el final, pero Dios había planeado un gran final: ¡la resurrección! Derrotó a la muerte con la vida. Les mostró a su pueblo y también al diablo quién está realmente a cargo. La muerte y la resurrección de Jesucristo fue el suceso más asombroso de todos. Hasta los ángeles estaban implicados en el plan.

La resurrección de Jesús fue para todos, incluidos tú, tu familia y tus amigos. Antes de que ninguno de ustedes hubiera nacido siquiera, Jesús pagó el precio por los pecados de todos y después regresó a la vida para que todos pudieran ver el poder, el favor y el perdón de Dios. ¿Quieres darle las gracias a Dios por la muerte y la vida de Jesús, y pedirle que perdone tus pecados? Cuando lo hagas, acepta este asombroso don de Dios y conviértete en un cristiano, un seguidor de Cristo.

Oración

Gracias, Señor, por la vida, la muerte y de nuevo la vida de Jesús. Te ruego que perdones mis pecados. Quiero aceptar tu regalo de gracia y perdón, y seguir los caminos de Jesús.

Enciende las tinieblas

En él estaba la vida, y la vida era la luz de la humanidad.
Esta luz resplandece en las tinieblas, y las tinieblas no han
podido extinguirla.

(JUAN 1.4–5, NVI)

Pídele a tu mamá o a tu papá que hagan un experimento contigo. Agarra una linterna. Dirígete a una habitación que puedas dejar totalmente a oscuras. Echa las cortinas y cierra las puertas, pon almohadas o toallas delante de cualquier rendija. Pregúntale a todo el que esté en la habitación qué ven cuando se enciende la linterna. Por pequeña que sea la luz, siempre se manifiesta más que la oscuridad. Pero si apagas la linterna o la escondes debajo de algo, solo verás tinieblas.

¿Sabías que Jesús se definió a sí mismo como la luz del mundo? Eclipsa el pecado y la oscuridad; ninguna de estas cosas puede apagar la luz de Jesús. Expone la verdad del bien y del mal. Dondequiera que va Jesús, resplandece una luz. Lo triste es que muchos no quieren ver su luz y corren para alejarse de él. Del mismo modo en que se tapan las rendijas de una habitación con toallas y almohadas, ellos cubren la luz.

Si le has dicho a Jesús que quieres seguirlo, dondequiera que vayas llevas su luz, como una linterna en una habitación oscura.

Oración

Jesús, la luz es poderosa. Me ayuda a ver mi ropa, lo que hay en mi plato durante la comida, y por donde caminar. Tu luz es incluso más poderosa. Déjame llevar tu luz a los lugares oscuros para ayudar a otras personas a descubrir tu verdad.

Agudo como el láser

Por tanto, no sean insensatos, sino entiendan cuál es la voluntad del Señor.

(EFESIOS 5.17, NVI)

El poder de enfoque se puede ver en la luz. La luz difusa brilla en todas las direcciones —como una gran bombilla fluorescente— no hace más que iluminar una habitación. Sin embargo, puedes concentrar la energía de una luz. Con una lupa, los rayos de sol pueden concentrarse para prender la hierba o el papel. Cuando la luz se concentra aún más, como el rayo de un láser, puede traspasar el acero.

Nada es tan poderoso como alguien con una vida enfocada. Los hombres y las mujeres que han impactado grandemente en la historia eran los más centrados. Por ejemplo el apóstol Pablo difundió el cristianismo sin ayuda de nadie por todo el Imperio romano. Su secreto era una vida enfocada. Declaró: «Me concentro en lo que me falta por recorrer» (Filipenses 3.13, TLA).

Si quieres que tu vida tenga poder, concéntrala en el propósito que Dios tiene para ti. Puedes estar ocupado sin un propósito, ¿pero de qué sirve? Limítate a las actividades que más importan.

Oración

Señor, ayúdame a vivir mi vida teniendo tu enfoque en mente. Quiero ser útil para tu Reino aquí en la tierra.

Programado para durar

Él sembró la eternidad en el corazón humano.

(ECLESIASTÉS 3.11B, NTV)

Esta vida no es todo lo que hay.

La vida en la tierra es como el ensayo general antes de una obra de teatro o de un concierto.

Pasarás muchísimo más tiempo al otro lado de la muerte —en la eternidad— que aquí. La tierra es como el preescolar o la prueba atlética para tu vida después de la muerte. Es como los partidos de entrenamientos antes del partido real o el calentamiento antes de empezar la carrera. Esta vida es la preparación para la siguiente.

Como mucho, vivirás un centenar de años en la tierra, pero vivirás para siempre en la eternidad. Fuiste hecho para durar a perpetuidad.

Aunque sabemos que todos acabaremos por morir en la tierra, la muerte siempre parece poco natural e injusta. Y la razón por la que sentimos que deberíamos vivir para siempre es que Dios programó nuestro cerebro con ese deseo. Tienes un instinto natural que anhela vivir eternamente. Esto se debe a que Dios te diseñó a su imagen.

Oración

Señor, gracias por haberme creado para vivir eternamente. Ayúdame a recordarlo cuando mis problemas sobre la tierra parezcan demasiado grandes o temibles. La vida consta de mucho más de lo que podemos ver ahora.

Escucha y obedece

[Jesús] le dijo a Simón [Pedro]: «Ahora ve a las aguas más profundas y echa tus redes para pescar». «Maestro —respondió Simón—, hemos trabajado mucho durante toda la noche y no hemos pescado nada; pero si tú lo dices, echaré las redes nuevamente».

(LUCAS 5.4–5, NTV)

Jesús les dijo a los discípulos dónde tenían que pescar, qué tenían que pescar y cómo pescar. Simón Pedro siguió sus instrucciones.

La reacción de Simón Pedro a las palabras de Cristo fue perfecta. Primero, no discutió. No respondió: «¡Espera un momento, Jesús! Yo soy el mejor pescador de este lago. ¿Quién eres tú para decirme cómo debo de pescar?». No preguntó: «¿Estás seguro, Señor?». Tampoco vaciló.

En segundo lugar, no prestó atención a sus sentimientos. Estoy seguro que estaba muy cansado por trabajar toda la noche; sin embargo, no cuestionó: «¿De qué va a servir? ¿Para qué tengo que seguir?». Pedro estaba ansioso por colaborar con el plan de Dios. Cuando lo hizo, Dios derramó bendición. Simón Pedro pescó tantos peces que sus redes empezaron a romperse.

¿Estás listo para escuchar y obedecer las instrucciones de Dios? Cuando él guía tu vida, no puedes fracasar.

Oración

Señor, no siempre resulta fácil escuchar tus instrucciones, pero tú sabes qué es lo mejor para mí. Ayúdame a obedecer y a estar ansioso por seguir tus planes.

En un instante

Presten atención, que les voy a contar un misterio: No todos moriremos, pero todos seremos transformados en un instante, en un abrir y cerrar de ojos, cuando suene la trompeta final. Pues la trompeta sonará, y los muertos serán resucitados incorruptibles, y nosotros seremos transformados.

(1 CORINTIOS 15.51–52, RVC)

No necesitarás un anillo descodificador secreto ni unas gafas de visión nocturna. No tienes que contratar a un detective privado para resolver este misterio. El apóstol Pablo, a quien Dios incluyó en el caso, nos dice claramente cómo cambiará Dios el mundo —y a nosotros— un día.

Algún día, Dios enviará a Jesucristo de vuelta a la tierra. Esta vez, cuando venga, resucitará a los muertos y creará un nuevo cielo y una nueva tierra. ¡Bam! *¡En un instante! ¡En un abrir y cerrar de ojos!* Nuestros cuerpos serán transformados. Con verdadero poder sobrenatural, Dios transformará nuestra piel y nuestros huesos, nuestros órganos y músculos. Actualizará nuestra forma a la versión celestial, una versión que jamás necesitará otra actualización. La versión que no cuenta con muerte ni dolor, ni fallos físicos. No más cementerios. No más hospitales. No más separación de Dios. Viviremos con él, felices, libres y gozosos en un cuerpo perfecto y en un mundo perfecto.

Oración

Dios, ¡qué maravilloso será el día en el que vivamos contigo para siempre! Parece increíble, pero te estoy muy agradecido por haber diseñado una eternidad de vida y gozo para mí junto a ti.

Los ojos puestos en Dios

Mas el Señor estaba con José y le extendió su misericordia,
y le concedió gracia ante los ojos del jefe de la cárcel.

(GÉNESIS 39.21 LBLA**)**

¿Cómo deberíamos responder cuando otras personas nos causen problemas? ¿Cuándo la familia nos haga daño? ¿Cuándo un buen amigo nos traicione? José, en el Antiguo Testamento, es un buen ejemplo del sufrimiento por culpa de otros (Génesis 37–50).

Después de que sus hermanos lo vendieran como esclavo, José se encontró en un país extranjero, solo y sufriendo. Tenía todo el derecho de preguntar: «¿Por qué yo?».

¿Cómo fue capaz de aguantar allí?

En primer lugar, José reconoció que Dios nos ha dado a todos libre albedrío. Nadie es una marioneta ni un robot. Podemos escoger ignorar lo que es correcto, y Dios no nos impone su voluntad.

En segundo lugar, José sabía que Dios veía todo lo que estaba ocurriendo. Jamás dudó que Dios se preocupaba por él. Hay una frase importante que aparece cinco veces en la historia de José, cada vez después de una crisis relevante o una derrota: «Mas el Señor estaba con José». Incluso cuando todo iba mal, el Señor seguía estando con José.

Recordar estas verdades le permitía a José sobrevivir a pesar del dolor y perdonar a sus hermanos al final, porque mantuvo sus ojos puestos en Dios.

Oración

Señor, necesito recordar que estás conmigo en la tristeza y en el gozo, así como estuviste con José. Gracias por preocuparte por mí y porque te importo.

Cuenta con él

Señor, tu palabra es eterna, en los cielos permanece firme. Tu fidelidad dura por generaciones, tú fundaste la tierra y ella persiste.

(SALMOS 119.89–90 BLPH)

Para siempre es muchísimo tiempo. ¿Has intentado pensar en cuánto es para siempre? ¡Te daría dolor de cabeza ! Dios es para siempre. Ha estado aquí mucho más que tus padres, tus abuelos o la persona más mayor que conozcas. Existía antes incluso de que se creara la tierra. ¡Eso es muy antiguo!

La Biblia declara que Dios ha sido fiel desde que está aquí. Fiel es solo una parte de lo que él es. Significa que podemos contar con él, porque es digno de confianza, amoroso y justo. Puedes estar seguro de que responderá las oraciones, honrará su palabra y protegerá a aquellos que lo siguen.

Cada vez que lo necesites, Dios será el mismo Dios que estuvo con tus padres, tus abuelos y Adán y Eva. Cuando las cosas no tienen sentido y tú no entiendes por qué suceden cosas malas, puedes contar con que Dios estará aquí contigo y usará esas dificultades para tu beneficio en tu vida. Gracias a Dios.

Oración

Gracias, Señor, porque se puede depender de ti y eres digno de confianza. Te ruego que me ayudes a confiar en tu fidelidad. Gracias por estar siempre ahí.

Echar un vistazo al cielo

Estos eran los seres vivientes que yo había visto debajo del Dios de Israel junto al río Quebar; entonces supe que eran querubines. Cada uno tenía cuatro caras y cada uno cuatro alas, y había una semejanza de manos de hombre debajo de sus alas.

(EZEQUIEL 10.20–21 LBLA)

¿No te gustaría echar un vistazo al cielo? A unos pocos profetas especiales, incluido Ezequiel, se les permitió ver lo que ocurría allí arriba.

El cielo, la sala del trono de Dios, es algo improbable aquí en la tierra. De modo que imagina tener que describir criaturas a las que no has visto jamás. Ezequiel observó unas cuantas escenas que se desarrollaban en el cielo, incluido el trabajo de los querubines. E intentó describirlos; algo así como un ser humano, un animal y un ser angélico. ¡Desde luego algo de otro mundo!

Los querubines son los ayudantes de Dios, y forman parte de las fuerzas angelicales. Son ellos quienes mueven su carro. Cantan en su coro. Guardan su trono. Aunque no podemos verlas, el cielo está lleno de criaturas que sirven y aman a Dios. Él no está allí arriba solo con su Hijo y el Espíritu Santo.

Oración

Señor, ni siquiera puedo imaginar cómo es el cielo. Sí sé que debe ser más hermoso y asombroso que cualquier lugar aquí abajo. Te doy las gracias por mi salvación y por prepararme un lugar junto a ti y a las multitudes del cielo.

¡Vaya!

Y aquel Verbo fue hecho carne, y habitó entre nosotros (y vimos su gloria, gloria como del unigénito del Padre), lleno de gracia y de verdad.

(JUAN 1.14, RVR1960**)**

Gloria no es un término que se suela oír con frecuencia. Significa todo aquello que manifiesta lo asombroso que es alguien. Por ejemplo, el promedio de bateo de un jugador de béisbol es su «gloria», en términos de lo bueno que es en lo suyo. O las piruetas de una bailarina son su «gloria».

La Biblia habla mucho sobre la gloria. La gloria de Dios es su hermosura, su poder y su majestad. Dios posee gloria, porque es Dios. Es su naturaleza. Jesucristo es el mejor ejemplo de ello. Como Luz del Mundo, refleja la naturaleza divina. Gracias a Jesús, nosotros ya no estamos en tinieblas con respecto a cómo es Dios en realidad. La Biblia declara: «El Hijo es el resplandor de la gloria de Dios» (Hebreos 1.3; ver también 2 Corintios 4.6b). Jesús vino a la tierra para que pudiéramos entender por completo la gloria de Dios.

No podemos añadir nada a esta gloria, así como no podemos hacer nada para que el sol brille más. Sin embargo, se nos dice que reconozcamos, honremos, declaremos, alabemos, reflejemos y vivamos para su gloria. ¿Por qué? Porque Dios es asombroso, sorprendente y poderoso. Le debemos toda la honra que podamos atribuirle. Como Dios ha hecho todas las cosas, merece toda la gloria.

Oración

¡Dios, tu gloria es tan increíble! Quiero vivir mi vida viéndote y alabándote por lo glorioso y asombroso que eres.

Olvida el pasado

Jefté era un gran guerrero de la región de Galaad. Era hijo de Galaad, pero su madre era una prostituta... Así que Jefté huyó de sus hermanos y vivió en la tierra de Tob. En poco tiempo, tuvo una banda de rebeldes despreciables que lo seguían.

(JUECES 11.1, 3 NTV)

Jefté no tenía suerte. Su padre dejó encinta a una mujer que no era su esposa, y Jefté fue el bebé que ella dio a luz. Esto era muy perjudicial para él, porque todo el mundo sabía cuál había sido el pecado de su padre. Sus propios hermanos lo odiaban, porque su madre no era la misma. No les importaba que Jefté fuera fuerte y poderoso, o que pudiera protegerlos. Las únicas personas que querían estar con él eran los bribones.

Sin embargo, ¿sabes?, a Dios no le importaban en absoluto los errores que habían cometido los padres de Jefté. A Dios le preocupaba él. Hizo que al crecer, se convirtiera en un poderoso luchador y líder que salvó a su país y a su familia de la muerte.

¿Has sentido alguna vez que los demás te han mirado, a ti o a tu familia, por encima del hombro? Tal vez destacas entre los demás niños, porque eres diferente o porque tus padres han tomado decisiones desafortunadas. A Dios no le importa. Él te ama. Tiene un plan para tu vida. Le gusta acoger a personas diferentes, quebrantadas o heridas y usarlas para hacer cosas maravillosas. No permitas que otros te depriman. Dios está de tu parte. Es lo único que importa.

Oración

Dios, qué difícil resulta cuando otros me miran por encima del hombro, sobre todo cuando es gente de la que me gustaría ser amigo. ¿De verdad estás de mi lado? Te ruego que me muestres cuánto me amas y qué plan tienes para mi vida.

Imagina

Ya no tendrán hambre ni sed, ni el sol los abatir, ni calor alguno, pues el Cordero en medio del trono los pastoreará y los guiará a manantiales de aguas de vida, y Dios enjugará toda lágrima de sus ojos.

(APOCALIPSIS 7.16–17 LBLA)

Hace medio siglo, una canción famosa invitaba a los oyentes a imaginar cómo sería todo si el cielo no existiera. Pero sí existe. De modo que imagínate cómo será el cielo con un poco de ayuda del apóstol Juan, que logró ver un poco de ello.

El cielo es un lugar asombroso. Lo primero es que todos los que están allí se encuentran en la presencia de Jesucristo. La misma persona de la que leemos en la Biblia estará allí en todo su poder y gloria, aquel que amaba a los niños, sanaba a sus padres y contaba historias fascinantes. Pero aún hay más. En el cielo las personas nunca tienen hambre ni sed, y no se entristecen. ¿No te parece increíble un lugar así? Imagina sentirte bien todo el tiempo.

El cielo es algo que esperamos. Cuando pensamos especialmente en toda el hambre y la tristeza que hay en nuestro mundo, esto nos proporciona esperanza para saber que la vida no será siempre de esta forma. Que el cielo exista nos da algo por lo que vivir.

Oración

Señor, no logro imaginarme del todo cómo será el cielo. Sin embargo, estoy tan asombrado por Jesús que tengo unas ganas tremendas de verle cara a cara y formularle todas las preguntas en las que he estado pensando por largo tiempo.

Papel secundario

La hija del faraón le dijo: «Toma a este niño y críamelo, y yo te pagaré por tu trabajo».
La madre del niño se lo llevó y lo crió, y ya grande se lo entregó a la hija del faraón, la cual lo adoptó como hijo suyo y lo llamó Moisés, pues dijo: «Yo lo saqué del agua».

(ÉXODO 2.9–10 DHH)

En el plan de Dios para Moisés había mucha gente implicada. ¡Pero ellos no lo sabían! Su hermana lo salvó de la muerte. La hija de Faraón lo crio en los palacios egipcios. Incluso Faraón lo consideró como su propio hijo. Cada persona que formó parte de la vida de Moisés desconocía que llegaría a ser uno de los hombres más grandes de la historia de Israel. No sabían que Dios lo usaría para realizar milagros, como convocar a millares de ranas y langostas, y hacer que el mar Rojo se partiera. Sin embargo, cada persona tuvo un papel en el plan divino.

Desde el día en que tú naciste, Dios tenía un plan para ti. Sabe las decisiones que tomarás en la escuela y en el hogar. Sabe quiénes serán tus amigos. Dios usa esos detalles para que encajen en su gigantesco esquema y enviar su amor y su verdad a todos y cada uno de los que están en el mundo. En ocasiones, es posible que Dios te diga por qué tu papel es tan importante. Otras veces, quizás no lo sepas nunca. No obstante, tu vida le importa a Dios. Un día podrías llegar a ser como Moisés, o tal vez el hermano o hermana que protege a aquel que se convierte en un Moisés. Todos son parte del plan de Dios, así que tómate tu papel en serio.

Oración

Señor, estoy contento de formar parte de tus grandes planes. Te ruego que me ayudes a saber interpretar bien mi papel.

El principio después del fin

Ningún ojo ha visto, ningún oído ha escuchado, ninguna mente ha imaginado lo que Dios tiene preparado para quienes lo aman.

(1 CORINTIOS 2.9, NTV)

¿Serías capaz de describirle la Internet a una hormiga? ¡No hay forma de hacerlo! Sería imposible.

Del mismo modo, es casi imposible describir o imaginar el cielo. No se han inventado las palabras para poder explicar por completo la eternidad con Dios. Nuestro cerebro no puede abarcar la maravilla y la grandeza del cielo.

El propósito de Dios para tu vida no acaba en la tierra. Su plan conlleva mucho más que los pocos años que pasas en este planeta. Es una oportunidad más allá del tiempo de tu existencia.

Dios está preparando un hogar celestial para nosotros y en la Biblia nos proporciona imágenes de la eternidad. En el cielo nos reuniremos con nuestros seres queridos que creen en Jesús. No habrá dolor ni sufrimiento. Dios nos recompensará por nuestra fidelidad en la tierra y nos asignará un trabajo que disfrutaremos. ¡No andaremos recostados sobre las nubes con una aureola en la cabeza, tocando arpas! Nos recrearemos en la perfecta amistad con Dios.

Oración

Señor, gracias por preparar un lugar para mí en el cielo, con un trabajo que disfrutaré. Espero ver allí a personas que amo, gozando de una amistad perfecta contigo.

Cuídalo, no es tuyo

Y los bendijo Dios con estas palabras... ¡... llenen la tierra! ¡Domínenla! ¡Sean los señores de los peces del mar, de las aves de los cielos, y de todos los seres que reptan sobre la tierra!

(GÉNESIS 1.28, RVC)

Algunos amigos me dejan usar su hermosa casa en la playa de Hawái para pasar las vacaciones. Me dijeron: «Úsala como si fuera tuya». ¡Y así lo hice! Nadé en la piscina, comí la comida que había en la nevera, usé las toallas y los platos. Hasta brinqué sobre las camas solo por divertirme. Pero lo cuidé todo muy bien, porque todo le pertenecía a otra persona.

Cuando Dios creó a Adán y Eva, les dijo que cuidaran de su creación. Este fue el primer trabajo que Dios les encomendó a los seres humanos: administrar las "cosas" de Dios en la tierra. Y sigue siendo parte de nuestro trabajo hoy día. Dios confía en que trataremos bien su propiedad: animales, plantas, nuestro cuerpo y a otras personas. Dios ha puesto todo esto en nuestras manos. La Biblia declara: «¿Y qué tienes que Dios no te haya dado? Y si él te lo ha dado, ¿por qué presumes, como si lo hubieras conseguido por ti mismo?» (1 Corintios 4.7b, DHH).

Dado que Dios es el propietario de todas las cosas, cuidemos de ellas lo mejor que podamos.

Oración

Señor, entiendo que nos encomendaste el trabajo de cuidar de tu creación. Esta es sumamente hermosa y detallada, y te doy las gracias por poder disfrutar también de ella mientras la administramos.

El hogar lejos del hogar

Señor, recuérdame lo breve que será mi tiempo sobre la tierra. Recuérdame que mis días están contados, ¡y cuán fugaz es mi vida!

(SALMOS 39.4, NTV)

En California, donde vivo, muchas personas han llegado y se han trasladado de otras partes del mundo para trabajar aquí. Siguen siendo ciudadanos de su país natal, y tienen una tarjeta de visitante aquí en los Estados Unidos (llamada "tarjeta verde"). Esta les permite permanecer allí y trabajar.

Los cristianos deberían ser titulares de una «tarjeta verde» espiritual que nos recuerde que nuestra ciudadanía está, en realidad, en el cielo. Aunque Dios hizo la tierra para que nosotros disfrutáramos de ella, no viviremos aquí para siempre.

La Biblia describe la vida como una neblina, un corredor rápido, un suspiro y una brizna de humo. La vida en la tierra es breve. Tu verdadera patria es el cielo. Dios les dice a sus hijos que deben pensar en la vida de forma distinta. Hay mucho más que los pocos años que vivimos en este planeta. Viviremos con él para siempre en el cielo. Cuando creas esto, te preocuparás menos de la vida en la tierra y esperarás el hogar que te está aguardando.

Oración

Señor, cuando me preocupe por la vida aquí en el tierra, ayúdame a recordar que mi hogar eterno está contigo en el cielo. Ayúdame a disfrutar también de mi tiempo aquí en la tierra, en tu creación.

El camino a la vida

Hay un camino que parece correcto, pero termina en muerte.

(PROVERBIOS 14.12, NTV**)**

Las apariencias pueden ser engañosas. Solo porque algo parezca bueno, no significa que lo sea. Muchas estrellas de cine y celebridades de los deportes, poseedores de mucho dinero y fama parecen ser felices. Sin embargo, si pudieras verlos en su casa, entenderías lo infeliz que es la vida de algunos de ellos, por culpa de las drogas o el abuso del alcohol, las relaciones insanas, las familias rotas y los corazones enojados. Es tan triste, y a la vez tan común. El camino que escogieron no los llevó allí donde querían ir. Lo que parece bueno, acaba con frecuencia en una especie de muerte.

Esto mismo se aplica a ir al cielo. La Biblia es clara en cuando a que solo un camino lleva a la vida eterna. «Yo soy el camino, y la verdad, y la vida; nadie viene al Padre, sino por mí». Sin embargo, no todos lo creen. Se dejan engañar por las posesiones, la fama, el dinero o las sendas que parecen más fáciles de tomar.

Para los que están siguiendo a un falso dios o que están creando su propio camino a la vida eterna, en la distancia no parece ser la senda incorrecta. Por esta razón es importante hablarle a Dios de los amigos y la familia que no creen en su único sendero verdadero.

Oración

Señor, no quiero que la gente especial de mi vida se pierda el cielo. Ayúdame a hablarles de lo mucho que tú los amas.

Desde entonces

Después de esto miré, y en el cielo se abrió el templo, el tabernáculo del testimonio... [los ángeles] estaban vestidos de lino limpio y resplandeciente, y ceñidos con bandas de oro a la altura del pecho.

(APOCALIPSIS 15.5–6, NVI)

¡Gracias a Dios, esto no es lo único que hay! En ocasiones puede resultar difícil oír hablar de las cosas malas que suceden. Con solo andar por el pasillo de la escuela, puedes escuchar a otros estudiantes hablar mal unos de otros, o comentar sobre sus padres que se divorcian, o los puedes ver peleándose. ¡Es doloroso!

Afortunadamente, tenemos por delante todo lo que hay en el cielo. Si comparamos el tiempo que pasamos aquí en la tierra (setenta y ocho años) al que estaremos con Jesús (la eternidad), esto hace que sea más fácil encarar las cosas difíciles.

Jesús también vivió tiempos difíciles. Se le acusó de todo tipo de cosas, fue traicionado por sus amigos y hasta lo mataron. Nos enfrentaremos a tiempos difíciles igual que él. Sin embargo, también experimentaremos todo lo bueno que viene de seguir a Jesús. Iremos al cielo, veremos a Jesús cara a cara y estaremos para siempre con nuestros amigos y familiares.

¡Por tanto, aunque aquí las cosas sean difíciles, recuerda que no es todo lo que hay!

Oración

Gracias, Señor, por el don maravilloso del cielo. Recuérdame ese regalo, cuando mi vida se ponga difícil.

¿Qué te está distrayendo?

… las cosas que se ven son temporales, pero las que no se ven son eternas.

(2 CORINTIOS 4.18B, RVC)

En comparación con otros países, la vida es más fácil para los que vivimos en los Estados Unidos. La mayoría de nosotros no tenemos que preocuparnos por nuestra próxima comida. Podemos entretenernos con música y películas. Si necesitamos algo, nuestros padres pueden ir a una tienda y comprarlo.

Con todas las atracciones divertidas, los espectáculos y los libros entretenidos, y las experiencias agradables, resulta fácil pensar que en la vida solo hay felicidad. Sin embargo, todas esas cosas solo sirven para distraernos de lo más importante. Es un error creer que la meta de Dios para tu vida es que tengas numerosas posesiones, popularidad o diversión.

Aun cuando Dios hizo el mundo para nosotros y quiere que disfrutemos de él, no desea que nos apeguemos demasiado a nada de lo que hay en él. Nos está preparando algo incluso mejor. Un día este mundo tocará a su fin, y Dios creará uno nuevo que durará para siempre.

Oración

Señor, gracias por todas las cosas divertidas de las que podemos disfrutar aquí en la tierra. Aunque sé que esas cosas me distraen, sé que estás preparando un mundo incluso mejor de lo que puedo imaginar.

Saturado

*No almacenes tesoros aquí en la tierra, donde las polillas
se los comen y el óxido los destruye, y donde los ladrones
entran y roban. Almacena tus tesoros en el cielo, donde
las polillas y el óxido no pueden destruir, y los ladrones no
entran a robar. Donde esté tu tesoro, allí estarán también
los deseos de tu corazón.*

(MATEO 6.19–21, NTV)

Cuando ves la televisión, videos o visitas *websites*, ¿qué te dicen
todos los anuncios publicitarios? Necesitas más, más, más, más
juegos, más ropa, más artilugios, más zapatos. Resulta fácil dejarse
absorber. A esto se le llama "materialismo".

El materialismo te conduce a la infelicidad y la insatisfacción
con lo que ya tienes. Puede parecer que teniendo más serás más
feliz o más importante, pero es una trampa. Las posesiones solo
proporcionan felicidad a corto plazo. Al final nos aburrimos de ellas y
queremos versiones nuevas, mayores y mejores.

Es, asimismo, un mito pensar que si consigues más cosas serás
más importante. Tu valor no se determina por aquello que posees ni
por lo que vistes. ¡Dios afirma que las cosas más valiosas de la vida
no son *las cosas*!

El verdadero valor solo se puede descubrir en aquello que
nunca te pueden quitar: tu relación con Dios. Él es lo único de lo que
necesitas tener más.

Oración

Señor, se diría que lo único que queremos son más cosas nuevas.
Mantenme enfocado en la parte de mí que tiene un valor verdadero
y perdurable: ¡mi relación contigo!

Siguiente capítulo

Todas estas personas murieron aún creyendo lo que Dios les había prometido. Y aunque no recibieron lo prometido lo vieron desde lejos y lo aceptaron con gusto... buscaban un lugar mejor, una patria celestial. Por eso, Dios no se avergüenza de ser llamado el Dios de ellos, pues les ha preparado una ciudad.

(HEBREOS 11.13, 16, NTV)

Pese a que el apóstol Pablo fue fiel, acabó en prisión. Juan el Bautista fue fiel, pero lo decapitaron. Millones de personas fieles se han enfrentado a un destino similar, perdiéndolo todo incluso la vida. ¡No obstante, la muerte no es el fin!

Escuché una vez una antigua historia sobre un misionero que regresaba a casa, en los Estados Unidos, en el mismo barco que el presidente. Esperando al presidente al final del viaje había una multitud que lo aclamaba, una banda militar, una alfombra roja, banderas y los medios de comunicación. Sin embargo, nadie notó al misionero cuando descendió del barco. Sintiéndose menospreciado, empezó a quejarse a Dios. Entonces Dios le recordó bondadosamente: «Pero, hijo mío, todavía no has llegado a casa».

Tu tiempo en la tierra no es toda la historia de tu vida. Tienes que esperar a llegar al cielo para vivir el resto de los capítulos. Será una historia maravillosa.

Oración

Resulta difícil ver cómo ocurren cosas malas a los que son fieles seguidores de Cristo. Señor, dame paciencia mientras espero ver cómo se desarrolla el resto de mi historia.

Sin tiempo

Para el Señor un día es como mil años, y mil años como un día. El Señor no tarda en cumplir su promesa, según entienden algunos la tardanza. Más bien, él tiene paciencia con ustedes, porque no quiere que nadie perezca sino que todos se arrepientan.

(2 PEDRO 3.8–9, NVI)

¿Puedes resolver esta adivinanza? Cada persona en la tierra cuenta con él. No puedes comprarlo en una tienda ni almacenarlo. No se puede comerciar con él ni cambiar, pero sí te puedes quedar sin él.

¿Crees saber lo que «es»? es el tiempo. Independientemente de si somos ricos, pobres, jóvenes, viejos, bajitos o altos, todos tenemos veinticuatro horas al día. Y, lamentablemente, para los chicos y chicas amantes del recreo, no es posible acelerarlas.

Hacer un seguimiento del tiempo es algo exclusivamente humano. Seguimos las estaciones, el crecimiento y los plazos. Sin embargo, Dios no es humano, claro está. No necesita ningún reloj de pulsera celestial ni calendarios, ni despertadores. Y no precisa nada de esto, porque Dios existe fuera del tiempo.

De modo que cuando oras para que algo suceda, es posible que no llegue de inmediato. Esto no significa que Dios sea olvidadizo o que no esté escuchando. Él sabe con exactitud cuándo debe responder a tus preguntas. Podría parecer que te mantiene a la espera, pero todo se produce a su tiempo —de acuerdo con su plan— en el mejor momento para ti.

La próxima vez que sientas que has estado esperando eternamente, recuerda que Dios sabe cuándo debe responder y qué es lo mejor para ti.

Oración

Dios, lamento ser tan impaciente. Quiero ver el tiempo como tú lo ves, y por tanto decido confiar en tu plan maestro para mi vida.

Vislumbres de gloria

Los cielos cuentan la gloria de Dios, el firmamento proclama la obra de sus manos.

(SALMOS 19.1, NVI)

¿Dónde está la gloria de Dios? No tienes más que mirar a tu alrededor. Todo lo que Dios creó refleja su gloria —su hermosura, su majestad y su esplendor— de alguna manera. Lo vemos en todas partes, desde la célula más pequeña que solo se puede percibir con un microscopio hasta la inmensa Vía Láctea, desde las puestas del sol y las estrellas a las tormentas y las estaciones. La naturaleza nos enseña que Dios es poderoso, le gusta la diversidad, ama la belleza y es creativo. La creación revela la gloria de nuestro Creador.

A lo largo de la historia, Dios ha revelado su gloria a las personas en diferentes entornos. La Biblia lo describe como un fuego consumidor, una nube, el trueno, el humo y una luz brillante (Éxodo 24.17, 40.34; Salmos 29.3; Isaías 6.3–4, 60.1; Lucas 2.9). Dios reveló su gloria en el Jardín del Edén, a Moisés, en el tabernáculo y en el templo, a través de Jesús y de la Iglesia en la tierra. En el cielo, la gloria de Dios proporciona toda la luz necesaria. Algún día, aquellos que aman y siguen a Dios verán su gloria cara a cara.

Oración

¡Vaya, Señor, cuánto esmero pusiste a la hora de crear este mundo! Aunque puedo ver tu gloria aquí en la tierra, espero verte un día cara a cara.

Echar una mano

Tú eres digno, oh Señor nuestro Dios, de recibir gloria y honor y poder.

(APOCALIPSIS 4.11, NTV)

Las aves dan gloria a Dios cuando vuelan, cantan y hacen sus nidos, las actividades de los pájaros que él pretendió para ellos. Hasta las hormigas lo glorifican cuando cumplen el propósito para el que fueron creadas. Dios creo a las hormigas para que fueran hormigas, y a ti para que fueras tú.

¿Cómo puedes dar gloria a Dios? Aquí tienes cinco formas en que puedes revelar la creación de Dios y el propósito divino en ti:

1. Le das gloria a Dios adorándole.
2. Le das gloria a Dios amando a otros cristianos. Cuando aceptas el regalo de la salvación de Dios te conviertes en parte de la familia divina.
3. Le das gloria a Dios cuando piensa, crees y actúas como Cristo.
4. Le das gloria a Dios cuando ayudas a los demás por medio de tus talentos, tus dones, tus aptitudes y tus habilidades.
5. Le das gloria a Dios hablándoles a los demás de él. Dios no quiere que su amor y sus propósitos se mantengan en secreto. Una vez conozcas la verdad, él espera que compartas las Buenas Nuevas con otros.

Oración

Señor, sé que no siempre reconozco o te alabo por lo glorioso que eres. Quiero que mi vida refleje tu gloria.

Buscar y buscar

He aquí el que forma las montañas, el que crea el viento, el que revela al hombre sus designios, el que convierte la aurora en tinieblas, el que marcha sobre las alturas de la tierra: su nombre es el SEÑOR Dios Todopoderoso.

(AMÓS 4.13, NVI)

Cuando estás jugando al escondite, ¿durante cuánto tiempo buscas antes de rendirte? ¿Cinco minutos? ¿Diez minutos? Serías muy persistente si buscaras durante quince minutos o más.

¿Pero sabías que no sería justo jugar al escondite con Dios, porque él siempre sabe dónde estamos? Y nada lo detendrá a la hora de capturar nuestro corazón. Susurra nuestro nombre. Nos muestra la verdad por medio de las personas y de su Palabra escrita. Manifiesta su misericordia y sus milagros. Sacrificó a su Hijo perfecto. Y, en ocasiones, nos trata con firmeza.

Es lo que estaba haciendo con Israel en el libro de Amós. Su pueblo escogido se había desviado de su amor y se habían negado obcecadamente a regresar. Cinco veces los instó a volver. «Hice esto, pero no regresaron a mí», declaró. «Entonces hice aquello, pero tampoco volvieron a mí».

Día tras día, Dios nos está buscando con persistencia. ¿Responderás a su llamada y le entregarás tu corazón?

Oración

Señor, gracias por amarme. Quiero conocerte, porque cuanto más te conozco, más te amo.

Un poco infelices

Pues este mundo no es nuestro hogar permanente;
esperamos el hogar futuro.

(HEBREOS 13.14, NTV)

Un pez no sería feliz viviendo en tierra, porque se le hizo para vivir en el agua. Un águila nunca se sentiría satisfecha si no se le permitiera volar. Y nosotros nunca estaremos del todo satisfechos aquí en la tierra, porque no se supone que estemos aquí. La tierra no es nuestro hogar definitivo; fuimos creados para algo mucho mejor.

Para impedir que nos apeguemos demasiado a la tierra, Dios nos permite sentir descontento e insatisfacción en la vida terrenal. Nuestros profundos anhelos no se cumplirán hasta la eternidad. Esto explica por qué los seguidores de Jesús experimentan tiempos difíciles, tristeza y desilusión en este mundo. Revela, asimismo, la razón por la cual las promesas de Dios parecen incumplidas, algunas oraciones no contestadas y algunas cosas injustas. Este no es el final de la historia.

Tendrás momentos felices aquí, pero un día, si aceptas el regalo de la salvación de Jesús, conocerás la felicidad completa y te unirás en el cielo con Dios.

Oración

La vida en la tierra está llena de momentos tristes y difíciles junto con los momentos felices, Señor. Cuando las cosas se ponen duras, recuérdame tu promesa del verdadero gozo que está por llegar.

En aguas profundas

Cuando los discípulos lo vieron caminar sobre el agua, quedaron aterrados. Llenos de miedo, clamaron: «¡Es un fantasma!». Pero Jesús les habló de inmediato: «No tengan miedo —dijo—. ¡Tengan ánimo! ¡Yo estoy aquí!». Entonces Pedro lo llamó: «Señor, si realmente eres tú, ordéname que vaya hacia ti caminando sobre el agua».

(MATEO 14.26–28, NTV)

Si no sabes nadar, no te metes en aguas profundas. Sencillamente no es prudente. Sin embargo, Dios quiere llevarte en tu vida a las hondas aguas de la fe.

La mayoría de las personas viven en la parte más superficial. Hay poca profundidad en sus vidas o en su relación con Dios. ¿Por qué? Porque las aguas menos profundas parecen más seguras. Piensan: «Si salgo de aquí y me adentro en el agua podría encontrar olas. Sacudirían mi barco y tal vez lo volcarían. Así que me quedaré aquí atrás, donde es más seguro y cómodo, y me relajaré».

Cuando Dios obra en nuestra vida, nos adentramos a mayor profundidad. Muchos cristianos apenas se mojan los pies, porque les asusta meterse en problemas. Piensan: *¿Qué opinarán mis amigos o mi familia? ¿Y si Dios me pide que haga algo audaz por él?* Así se pierden muchas cosas.

El plan de Dios para tu vida es un buen plan..., el mejor. Puedes confiar en él. No permitirá que te ahogues. Hará que tu fe sea más profunda y fuerte en él.

Oración

Señor, no quiero que las personas especiales de mi vida se pierdan el cielo. Ayúdame a decirles cuánto las amas.

La elección es tuya

Porque sabemos que si la tienda terrenal que es nuestra morada, es destruida, tenemos de Dios un edificio, una casa no hecha por manos, eterna en los cielos.

(2 CORINTIOS 5.1, LBLA)

Un día tu corazón dejará de latir. Será el fin de tu cuerpo y de tu tiempo en la tierra, pero no tu final. Tu cuerpo terrenal no es más que un hogar temporal para tu espíritu. La Biblia lo define como una «tienda», pero denomina tu cuerpo futuro como una «casa». Las Escrituras afirman: «Cuando se desarme esta carpa terrenal en la cual vivimos (es decir, cuando muramos y dejemos este cuerpo terrenal), tendremos una casa en el cielo, un cuerpo eterno hecho para nosotros por Dios mismo y no por manos humanas» (2 Corintios 5.1, NTV).

Aunque la vida en la tierra ofrece muchas opciones, la eternidad solo ofrece dos: el cielo o el infierno. Dios te ama tanto que quiere que te encuentres con él en el cielo. Pero la elección es tuya. Tu relación con Dios en la tierra determinará tu relación con él para siempre. Si amas y confías en el Hijo de Dios, Jesús, pasarás la eternidad con él. Por otra parte, si rechazas su amor, su perdón y su salvación, estarás apartado de él durante toda la eternidad.

¿Qué escogerás?

Oración

Jesús, acepto tu regalo de salvación. Ayúdame a escoger seguirte cada día.

La última palabra

Es verdad que ustedes se portaron mal conmigo, pero Dios lo cambió en bien para hacer lo que hoy estamos viendo: salvar la vida de mucha gente.

(GÉNESIS 50.20, BLPH)

Dios tiene el control del resultado final. Puede tomar todas nuestras equivocaciones y todos los pecados que otros comenten contra nosotros, y darles la vuelta por completo. Podemos pensar que todo es un caos, pero es Dios quien tiene la última palabra. De lo malo saca algo bueno.

Considera a José. Casi lo mataron, lo vendieron como esclavo, lo acusaron falsamente y lo metieron en la cárcel. Su vida iba rápidamente cuesta abajo. Pero, entonces, Dios tomó esas tragedias y a partir de ellas produjo algo bueno. Estando en prisión, hizo amistad con el brazo derecho del Faraón. Unos cuantos años más tarde, el faraón conoció a José y quedó tan impresionado con él que lo nombró segundo al mando sobre todo Egipto. Al final, José salvó a Egipto y varias otras naciones de morir de hambre.

Dios ve lo que pasa. Y usará nuestras malas decisiones y hasta las malas situaciones para darle la vuelta a las cosas. ¡No tienes más que esperar y observar lo que él hace!

Oración

Señor, ayúdame a esperar incluso cuando no entiendo tus planes. Confío en que tú sabes lo que es mejor para mí.

La fe y la amistad con Dios

Siempre perfecto

Él es la Roca, sus obras son perfectas. Todo lo que hace es justo e imparcial. Él es Dios fiel, nunca actúa mal.

(DEUTERONOMIO 32.4A, NTV)

¿Cometes equivocaciones alguna vez? ¡Por supuesto que sí! Yo también cometo en errores. Todos lo hacemos. No somos perfectos. Pero, ¿sabes qué?: Dios no tiene que decir nunca «¡Ups!». Él nunca yerra.

Esto significa que todas y cada una de las personas son creación perfecta de Dios. Él tiene un plan para cada uno. Te hizo por una razón. Él utiliza cada situación de tu vida para su plan. Usa, asimismo, cada problema aunque seas tú mismo quien te metas en dificultades. Y cuando algo no tiene sentido para ti, Dios también lo usa.

Él es quien controla el universo, incluida la parte donde vivimos tú y yo. No tienes que resolver nada por ti mismo. Lo único que Dios espera de ti es que acudas a él y confíes en él. Nadie más podría venir con un plan mejor que el que él tiene para tu vida. Después de todo, él es perfecto, y lo hace todo bien.

Oración

Señor, tú tienes el control de mi vida. Ayúdame a acudir a ti en los momentos felices y también en los difíciles, y a confiar en tu plan para mí.

Hazlo tuyo

Escojan hoy a quién quieren servir, si a los dioses que sus padres adoraron cuando aún estaban al otro lado del río, o a los dioses que sirven los amorreos en esta tierra donde ahora ustedes viven. Por mi parte, mi casa y yo serviremos al Señor.

(JOSUÉ 24.15B, RVC)

Josué había visto mucho durante su vida. En primer lugar, había nacido esclavo en Egipto. Luego pasó años aprendiendo habilidades valiosas como ayudante de Moisés. A continuación heredó una nación sin hogar, pero vio cómo Dios le concedía victoria tras victoria en una nueva tierra de la que fluía leche y miel (¡suena pegajoso!). Tal vez Josué llevara una túnica que dijera «¡Dicho y hecho!».

Cuando tenía ciento diez años, pronunció una especie de discurso. Desafió a sus compatriotas a que tomaran una decisión. Todo aquel que lo escuchaba había sido educado para conocer al único Dios verdadero. Sin embargo, los israelitas todavía tenían que hacer una elección: no podían simplemente seguir la fe de sus padres. Tenían que tener una fe personal.

¿Y qué me dices de ti? ¿Has tomado la decisión de edificar tu vida según los caminos de Dios? Si tus padres lo han hecho, es fantástico. Pero ellos no son tú. Su fe es útil e importante. No obstante, esto no significa que tú tengas automáticamente una amistad con Dios, porque ellos la tengan. Al mismo tiempo, si tus padres no conocen a Dios, tú puedes decidir creer en él por ti mismo. Sé como Josué. Escoge y habla de ello a los demás con valentía.

Oración

Señor, hoy te elijo a ti. La fe en ti y tu amor por mí son mi elección.

Mamá pájaro

Con sus plumas te cubrirá y con sus alas te dará refugio.
Sus fieles promesas son tu armadura y tu protección.

(SALMOS 91.4, NTV)

Probablemente habrás oído decir que jamás deberías tocar un nido, un huevo o un polluelo, ya que la mamá detectará tu olor, tu fragancia. Los pájaros son sobreprotectores con sus huevos y sus polluelos. Algunos hacen grandes esfuerzos para protegerlos. El vencejo palmero africano Tiene una saliva sorprendente. La utiliza para hacer el nido en la parte de abajo de una rama y con la saliva crea una especie de pegamento que mantiene el nido unido y los huevos en su sitio. Otro pájaro africano, el ave martillo, construye un nido tan masivo —un metro ochenta por un metro ochenta— que otros pájaros más pequeños a su vez vienen y usan para poner sus huevos y criar sus polluelos.

Estos datos que describen a estos pájaros nos ayudan a comprender por qué Dios compara su cuidado por nosotros al cuidado de los pájaros por sus pequeños. Nos vigila con gran esmero. Se ocupa de nuestras necesidades. Edifica una protección para los que están en su familia. Como el nido del vencejo palmero o del ave martillo la familia de Dios es un lugar protegido frente a los ataques del enemigo y un refugio de las tormentas de la vida.

Oración

Gracias, Señor, por protegerme y cuidar de mí.

Corazón agradecido

Ahora pues, así dice el Señor de los ejércitos: «¡Consideren bien sus caminos! Siembran mucho, pero recogen poco; comen, pero no hay suficiente para que se sacien; beben, pero no hay suficiente para que se embriaguen; se visten, pero nadie se calienta; y el que recibe salario, recibe salario en bolsa rota».

(HAGEO 1.5–6, NBLH)

En menos de cinco minutos, escuchas decir a un amigo todas estas cosas: «Quiero otro par de zapatos». «¿Cuándo me vas a comprar una bicicleta nueva?». «Es hora de tener una nueva mochila; no me gusta la del año pasado». «Merezco que me suban mi asignación».

Egoísta y desagradecido, ¿no te parece? ¿Seguirías pensando lo mismo de ese niño si solo pronunciara una cosa egoísta al día? ¿Y si le pidiera a sus padres algo nuevo solo una vez al mes?

El momento no importa. Lo que sí tiene importancia es lo satisfecho que estés con lo que tienes. Ya sea por una galleta más o por la bicicleta más moderna y fantástica, el corazón desagradecido conduce al derroche. Cuando no aprecias lo que tienes, no disfrutas de ello ni lo usas al máximo.

La clave para estar satisfecho es el agradecimiento. Prueba esto: Empieza cada día de esta semana mencionando cinco cosas por las que estés agradecido. Cada día nombra un conjunto distinto de cinco cosas. Hacia el final de la semana, notarás que hay menos quejas y menos necesidad. Eso agradará a Dios y a tus padres. Además, tú serás más feliz con lo que tienes.

Oración

Gracias, Señor, por mi hogar, mis amigos, mis padres, mis comidas y mi ropa. Muéstrame por qué más cosas debería estar agradecido.

El poder de las palabras

De tristeza llora mi alma; fortaléceme conforme a tu palabra.

(SALMOS 119.28, LBLA)

Los animales tienen formas únicas de mostrar su agitación, el temor o la infelicidad. Los caballos rabiosos agachan las orejas. Las iguanas irritadas baten la cola de un lado a otro. Y, ¿quién puede olvidar a los peces globo cuando se asustan? ¡Se inflan como un globo cubierto de púas!

A diferencia del pez globo, los seres humanos no se preocupan por ser la comida de una serpiente marina. Sin embargo, se deprimen por culpa del mundo desordenado que los rodea. Para enfrentarse a esos sentimientos, algunas personas recurren a los deportes o a las actividades físicas intensas. Otros se entregan a su *hobby* o buscan (y, por lo general, encuentran) problemas.

El rey David no fue ajeno a la frustración, la ira o la tristeza. A pesar de ello, lo que aliviaba su estrés era algo un poco inusual: recurría a la Palabra de Dios. La Biblia no es un puñado de miles de páginas de historia o normas antiguas y aburridas. Esas páginas tienen literalmente el poder de cambiar vidas. Y, como mostró David, la Palabra de Dios puede proporcionar gran fuerza a sus lectores.

Resulta impresionante decirle adiós al estrés por medio de los deportes, los amigos o los *hobbies*. Sin embargo, esas cosas solo proporcionan un alivio temporal. Para la paz permanente, la fuerza y el gozo, abre tu Biblia. Deja que las imponentes palabras de Dios recarguen tu alma cansada, asustada o confusa.

Es una opción mucho mejor que la que tiene el pez globo, ¿no crees?

Oración

Señor, cuando estoy enojado, triste o frustrado, recuérdame que acuda a ti primero. Ayúdame a recordar que tú cubres mis espaldas. Tu Palabra contiene consuelo y aliento para cada problema.

Contento de verte

Porque el SEÑOR se deleita en su pueblo; él corona al humilde con victoria. Que los fieles se alegren de que él los honra; que canten de alegría mientras descansan en sus camas.

(SALMOS 149.4-5, NTV)

Empiezas a dar cabezadas de sueño después de un día divertido en la playa con tus amigos favoritos. De pronto, levantas la cabeza e intentas mantenerte despierto. Mañana tienes que regresar a la escuela y no quieres que acabe la diversión. Así que todos empiezan a pincharse unos a otros para intentar no dormirse. A veces no quieres que el día acabe.

El pueblo de Dios hizo lo mismo, por las bendiciones de Dios. Cuando les daba la victoria a los israelitas, sanaba a un miembro moribundo de la familia o los bendecía con buena comida y celebración, se acostaban cantando a Dios, porque no querían que un día tan bueno en el Señor llegara a su fin.

Una vez que eres seguidor de Dios, esos días nunca acaban. Aunque hayas tenido un mal día en la escuela o te hayan dado malas noticias en casa, Dios sigue estando entusiasmado de tenerte en su familia. Está ahí para recordarte que es grande y tiene el control. De modo que cada noche, cuando te vayas a la cama, no tienes por qué preocuparte de que la bondad de Dios llegue algún día a su fin.

Oración

Señor, te cantaré alabanzas, porque eres bueno en todo tiempo y yo soy uno de tus hijos. Gracias por amarme y deleitarte en mí.

Da una fiesta

El rey contribuyó con sus propios recursos para los holocaustos de la mañana y de la tarde, y para los holocaustos de los días de reposo, nuevas lunas y fiestas solemnes, como está escrito en la ley del Señor... Cuando este edicto fue divulgado, los israelitas dieron muchas primicias de grano, vino, aceite y miel, y de todos los frutos de la tierra; y llevaron igualmente abundantes diezmos de todas las cosas.

(2 CRÓNICAS 31.3, 5, RVC)

Las ferias estatales, los carnavales, las festividades, las fiestas, las barbacoas, si lo piensas bien puedes hacer una celebración por casi cualquier cosa. Si sucede algo notable en una ciudad o país, los residentes quieren recordarlo..., ¡y esto se convierte en una excusa para hacer una fiesta! «George cultivó la calabaza más grande este año, así que ¿por qué no iniciar una competición de calabazas con una gran fiesta de otoño?».

¿Sabes dónde tuvo lugar la primera celebración? Hace mucho tiempo, en el cielo, antes de que se creara la tierra. Los ángeles celebraron a Dios y se regocijaban por su bondad y su amor. Dios no quería que los seres humanos se perdieran ese mismo gozo. Por tanto, les dijo a sus primeros seguidores que se divirtieran: Celebren el fin de la temporada de la cosecha. Marquen los milagros de Dios en su calendario. Tómense un respiro de su dura faena y organicen un buen banquete.

Tal vez hayas pensado que seguir a Dios es lo contrario a la diversión, pero Dios mismo es un «fiestero». De manera que la próxima vez que suceda algo bueno (buenas notas, ganar un partido, un nuevo hermanito o hermanita), crea tu propia fiesta o celebración. A Dios le encantará unirse a ti.

Oración

Señor, qué bueno que la diversión forme parte de tu mundo y de tu mandamiento. Gracias por darme el gozo y las cosas buenas para celebrar.

Un amigo asombroso

Entonces, ¿qué diremos a esto? Si Dios está por nosotros, ¿quién estará contra nosotros? El que no negó ni a Su propio Hijo, sino que Lo entregó por todos nosotros, ¿cómo no nos dará también junto con El todas las cosas?

(ROMANOS 8.31–32, NBLH)

¡Qué asombroso sería si el reparto de un programa del Canal Disney fueran amigos tuyos! ¡O el equipo olímpico de natación! ¡O los músicos ganadores de un premio Grammy! Con amigos así no te importaría que el resto del mundo estuviera lleno de enemigos.

Los amigos de verdad te hacen sentir a salvo y seguro. Vigilan tus espaldas. Te ayudan a que te preocupes menos de lo que digan de ti los niños que te acosan o los niños populares. No dejas ir a un buen amigo si puedes evitarlo. Sabes que tienes a alguien con quien puedes contar.

¿Acaso no sabes que tienes al amigo supremo de tu parte? Dios siempre está a tu favor. Nadie es comparable a él. Es más asombroso que un cantante principal. Más poderoso que los nadadores. Y más espectacular que los actores de Disney. Él envió a su Hijo, Jesucristo, a la tierra para que tú y él pudieran ser amigos. Un día, incluso quiere que vayas a vivir con él en el cielo. Es una amistad impresionante. No lo dejes marchar.

Oración

Señor, gracias por tu amistad y por estar de mi parte. Recuérdame que siempre puedo contar contigo para protegerme.

Muchas formas de adorar

Entonen alabanzas a Dios, nuestra fuerza; canten al Dios de Jacob. ¡Canten! Toquen la pandereta. Hagan sonar la dulce lira y el arpa.

(SALMOS 81.1–2, NTV)

No somos los únicos que disfrutamos con un buen concierto. A Dios le encanta que su pueblo cante, esté alegre y toque instrumentos. Le encanta un buen solo de percusión o una larga serie de fugas en una guitarra eléctrica.

¿Cómo adoras a Dios? ¿Piensas que tiene que ser de una sola forma? En absoluto. Nadie más suena como tú ni adora como tú. Tal vez te guste tamborilear con todo lo que tengas a mano: lápices contra el escritorio, los dedos sobre tus rodillas, la cabeza meciéndose según el compás. A Dios le gusta eso. Tal vez no puedes llevar una melodía, pero tú y tus colegas pueden rapear. Él te acompañará siguiendo el ritmo con el pie y la cabeza. Tal vez toques la trompeta súper bien, también provoca una sonrisa en el rostro de Dios cada vez que la tocas.

A Dios le gusta la música que se interpreta solo para él. Le encanta oír tu alabanza. Independientemente a cómo suene, produce una sonrisa en su rostro.

Oración

Señor, me encanta que me hicieras. Tú conoces mi voz y te gusta escucharla. Te alabo hoy.

Un poco de agradecimiento, por favor

Te ofreceré un sacrificio de alabanza, invocaré el nombre del Señor. Cumpliré al Señor mis promesas delante de todo su pueblo.

(SALMOS 116.17–18, BLPH)

No siempre resulta fácil decir «gracias». Cuando un pariente te compra un jersey con Rodolfo el reno, para Navidad o envuelve un gran paquete de ropa interior de flores para tu cumpleaños, resulta difícil escribir hermosas palabras en esa tarjeta de «agradecimiento», o incluso cuando tu mamá pone un montón de verdura en tu plato y espera esas palabras mágicas: «Gracias, Mamá».

Así es como se hacen las cosas. Cuando alguien te hace un regalo, se dice «gracias». Escribimos las palabras. Esbozamos una sonrisa en el rostro. Le agradecemos a la persona, porque sabemos que nos ama. Está siendo amable y generosa. Incluso cuando no nos guste realmente el regalo, expresamos nuestro agradecimiento.

Dios quiere que seamos agradecidos con él, incluso cuando vamos a una audición y no nos llaman más. O cuando intentamos coser en línea recta y nos equivocamos tres veces seguidas. O cuando oramos para que brille el sol y solo llueve. Por esta razón se llama «sacrificio de alabanza». Tal vez no nos apetezca en ese momento, pero sabemos que Dios tiene buenas cosas para nosotros, incluso cuando no sean lo que queremos. De todas formas, le damos las gracias.

Oración

Señor, gracias por el día de hoy. Dame un corazón agradecido independientemente de lo que ocurra, porque tú eres el dador y eres bueno.

Expresiones plenas

¿Por qué, SEÑOR, te mantienes distante? ¿Por qué te escondes en momentos de angustia?

(SALMOS 10.1, NVI)

El libro de los Salmos es una colección de cánticos de alabanza o poesías a Dios. Suena bastante insulso. Ciertos capítulos pueden ser decididamente tranquilos y relajantes, pero hay numerosos salmos de enojo, irritación, asombro o incluso unas cuantas quejas. *¡Espera!*, podrías pensar. *¿Acaso no se supone que solo debemos decir cosas buenas de Dios como «Aleluya» y «Alabado sea el Señor»?*

Cuando David escribió el salmo 10 estaba bastante ofendido y no temió contárselo al Señor. Estaba harto del intimidante vecindario y enojado con el mandamás local que mentía y los engañaba poniéndoles trabas para impedir que prosperaran.

¿Te suena familiar? Tal vez veas al chico popular burlándose de una niña nueva en la escuela, o conozcas a un estudiante que siempre obtiene sobresalientes y hace trampas en todos los exámenes de historia y luego se jacta de ello. En tu corazón te preguntas, quizás, por qué Dios los deja salirse con la suya en todo. Sin embargo, tu cabeza te dice que reprimas tus quejas. Después de todo, ¿no se enfadaría Jesús si te desahogas con ese jugador de fútbol que insulta y juega sucio cuando los árbitros no están mirando? ¡De ninguna manera! A lo largo de los salmos, David cuestionó a Dios, se quejó de los impíos y le dijo a Dios que quería que hiciera algo al respecto. David usó un lenguaje real para comentarle al Dios real unos problemas reales. Está bien informar a Dios de lo que sientes de verdad. No te preocupes…, ¡tu Padre celestial puede solucionarlo!

Oración

Padre celestial, te gusta que te cuente cómo me ha ido el día. Gracias por ser alguien con quien puedo hablar de cualquier cosa con toda seguridad, incluso puedo transmitirte mi enojo o mis preguntas. Sé que sigues amándome de todos modos.

BFFs
[Buenos amigos para siempre]

El Señor es amigo de los que le temen; a ellos les enseña su pacto.

(SALMOS 25.14, NTV)

Todos quieren tener un buen amigo, alguien con quien hablar sobre quién te gusta en clase. Alguien que promete guardar tus secretos sobre lo que quieres ser cuando seas mayor. Alguien a quien le caigas bien, porque eres divertido, tranquilo o alegre. Puedes tener un buen amigo o incluso unos cuantos. Harás buenos amigos en el campamento, en las clases de natación, en tu equipo de béisbol, en las clases de arte, en los ensayos del grupo y más. Cuando te mudas a una nueva ciudad, un vecino podría convertirse en tu nuevo mejor amigo.

¿Sabías que hay un amigo que puede ser tu mejor amigo durante el resto de tu vida? Dios llama a algunas personas «amigos suyos». Si le pides que esté en tu vida y sigues sus caminos, él también te llamará amigo. Y será el mejor amigo que puedas tener jamás. No dejará nunca de serlo, aunque te traslades al otro extremo del país. Compartirá sus secretos contigo. Te comunicará lo que está haciendo en el mundo. ¡Quién sabe, hasta puede pedirte que le ayudes! Después de todo, es lo que hacen los amigos unos por otros.

Oración

Señor, quiero tenerte como mi mejor amigo. No entiendo del todo cómo es posible que estés presente cuando no puedo verte, jugar contigo ni pasar la noche en tu casa. Pero tenerte como amigo me parece lo mejor.

Más que una canción

Dios es Espíritu, por eso todos los que lo adoran deben hacerlo en espíritu y en verdad.

(JUAN 4.24, NTV)

¿Sabías que adorar no tiene nada que ver con el estilo, la longitud o el ritmo de un cántico? Dios ama todos tipos de música, porque él los inventó todos: rápidos y lentos, altos y suaves, antiguos y nuevos. Probablemente no todos sean de tu gusto, ¡pero sí del de Dios! Se le ofrecen a Dios y es un acto de adoración.

En realidad, la adoración estaba presente antes de la música. Adán adoró en el Jardín del Edén, pero no se la menciona. Si solo se tratara de música, todos aquellos que no entiende de ella no podrían adorar jamás. La adoración es mucho más que música.

Para muchas personas, la adoración significa música. Afirman: «En nuestra iglesia tenemos primero la adoración y después la enseñanza». La verdad es que todas las partes de un culto son un acto de adoración: orar, la lectura de las Escrituras, cantar, la confesión, el silencio, estar quieto, escuchar un sermón, tomar apuntes, entregar una ofrenda, el bautismo, la comunión y saludar a las demás personas. Incluso fuera de la iglesia puedes adorar a Dios de muchas maneras. ¿Dónde y cómo lo adorarás la próxima vez?

Oración

Me alegro de poder adorarte, Señor, de tantas formas creativas y en tantos lugares. Gracias por la capacidad de alabarte dondequiera que me encuentre.

Siéntete bien por Dios

Porque el SEÑOR se deleita en su pueblo.

(SALMOS 149.4A, NTV)

Dios te creó con cinco sentidos y te dio sentimientos. ¿Por qué? Para que puedas experimentar el placer. Este es uno de sus mayores regalos. Quiere que disfrutes de lo que ves, oyes, gustas, hueles y tocas. La razón por la que eres capaz de sentirte feliz, de divertirte y de reír es que Dios te hizo a su imagen.

Dios también tiene emociones. Siente las cosas muy profundamente. La Biblia nos dice que Dios siente compasión, piedad, tristeza y simpatía así como felicidad, alegría y satisfacción. Dios ama, se deleita, se regocija, disfruta ¡y hasta se ríe!

Cuando disfrutas de la vida, le produces gozo a Dios. Tú eres un hijo suyo, y le provocas placer como nada más de todo lo que ha creado. La Biblia declara: «… por pura iniciativa de su benevolencia, a ser adoptados como hijos suyos mediante Jesucristo» (Efesios 1.5 BLPH).

Oración

Señor, gracias por el regalo de las emociones y por preocuparte tan profundamente de tu pueblo. Quiero producirte gozo y disfrutar de la vida que tengo.

Reír a carcajadas

Y dijo Sara: Dios me ha hecho reír; cualquiera que lo oiga se reirá conmigo.

(GÉNESIS 21.6, LBLA**)**

¿Qué te hace reír? ¿Tu hermano o hermana? ¿Tu padre? ¿Unos dibujos animados? ¿Un compañero de clase? Pudiste empezar a reír cuando tenías cuatro meses. Piensa en la última vez que no podías dejar de reír y en cómo te sentiste.

Puede parecer extraño que la Biblia incluya muchas historias de personas que rieron. Sin embargo, Dios hizo la risa. Diseñó tu cerebro para que enviara señales a tu boca cuando algo es divertido, cuando eres feliz o cuando escuchas o ves algo que disfrutas. La risa también se produce cuando estás sorprendido. Sara, la esposa de Abraham, se rio cuando Dios la sorprendió con un bebé. Estaba feliz.

¿Cómo puedes ayudar a tus amigos o a tu familia para que se rían? Aporta alguna sorpresa y felicidad a los demás. La risa es como una medicina; te hace sentir mejor. Si estás deprimido, reír puede estimular tu estado de ánimo. Hasta los científicos afirman que si ríes mucho tu salud mejora. Dios debía saber que necesitarías algo que te alentara de vez en cuando.

Oración

Señor, cuando mi familia o mis amigos estén tristes o desanimados me gustaría ayudarlos a reír. ¿Me darás ideas para llevar la felicidad a otros?

Aguafiestas

No aceptaré sus ofrendas quemadas ni sus ofrendas de grano. Ni siquiera prestaré atención a sus ofrendas selectas de paz.

(AMÓS 5.22, NTV)

Tu abuela te está celebrando la fiesta de cumpleaños más fantástica del mundo. ¿Imaginas cómo organizarla? ¡Paseos en helicóptero! ¡Asombroso!

Sin embargo, llega el gran día, y aparecen varios compañeros de clase no tan amables. Al parecer, los niños que te intimidan se enteraron del asunto de los helicópteros y engatusaron a tu abuela para que los dejara asistir.

¡Estás disgustado! No quieres que ese tipo de gente, que finge que te agradan solo por poder montar en helicóptero, en tu fiesta. Quieres amigos de verdad a quienes les importas de verdad.

Dios también es así. Cuando las personas acuden a la iglesia, cantan alabanzas, ofrendan dinero y donan tiempo y talentos a la comunidad, no quiere que lo hagan por falsedad o para impresionar. Dios quiere que estemos allí porque lo amamos.

Los israelitas fueron culpables en ocasiones de ser unos farsantes. Iban a la iglesia, sacrificaban ofrendas quemadas, pero sus corazones no eran sinceros. Y no convencían a Dios. «Yo aborrezco sus fiestas religiosas» (Amós 5.21a).

Es maravilloso dar tiempo, dinero, esfuerzos y talentos a Dios. Pero si haces estas cosas para lograr las felicitaciones de los demás, lo has entendido al revés. Dios no quiere que seas el aguafiestas; quiere tu compromiso y tu amistad.

Oración

Señor, no quiero que mis «regalos» para ti sean falsos. Quiero que procedan de lo profundo de mi corazón. ¿Me ayudarás mientras voy aprendiendo a ser genuino contigo?

Mal dirigido

Todos los israelitas se quitaron los aretes de oro que llevaban puestos, y se los llevaron a Aarón, quien los recibió y los fundió; luego cinceló el oro fundido e hizo un ídolo en forma de becerro. Entonces exclamó el pueblo: «Israel, ¡aquí tienes a tu dios que te sacó de Egipto!».

(ÉXODO 32.3–4)

Si pudieras agarrar todos los diamantes del mundo y construir con ellos una estatua, sería la creación más brillante y centelleante. Es probable que viniera gente de todo el mundo para contemplarla. Captaría tanta atención que los medios informativos acudirían. Te invitarían a los debates televisivos. Podrías empezar a cobrar entradas y sacarle partido a tu creación. Tal vez el presidente la catalogaría como monumento nacional de belleza. Las personas podrían empezar a inclinarse delante de la estatua al pasar junto a ella. «Espera un momento —pensarías—; solo es una estatua». Pero ya sucedió antes.

Los israelitas se impacientaron mucho con Dios. De modo que se volvieron creativos. Recogieron todo el oro que tenían. Entonces hicieron una hermosa escultura con ello. Era tan impresionante que llegaron a confundirse un poco. Empezaron a pensar que su maravillosa obra de arte era demasiado importante. Y decidieron expulsar a Dios. ¿Parece una locura, verdad? Sin embargo, cuando las personas llegan a estar tan impresionadas consigo mismas o admiran la obra de alguien más que a Dios, caen en la confusión. Se olvidaron de Dios y empezaron a atribuirle a algo o alguien su lugar. Él es el Creador de todo lo bello. Y siempre es más impresionante que cualquier cosa que un ser humano pudiera fabricar.

Oración

Señor, parece una locura que el pueblo adorara una estatua. Te ruego que no me permitas olvidar jamás que tú eres el único Dios y que solo tú eres digno de mi alabanza.

Gran libro de recordatorios

Mucha gente lo siguió [a Jesús], y él los sanó a todos, aunque les encargaba con firmeza que no lo descubrieran, para que se cumpliera lo dicho por el profeta Isaías.

(MATEO 12.15B–17, RVC)

Durante miles de años Dios le ha estado hablando a su pueblo de Israel sobre Jesús. Envió profetas escogidos de forma especial y que se comunicaban directamente con Dios. Estos profetas advirtieron al pueblo sobre el juicio divino y anunciaron grandes nuevas de parte de él. Sin embargo, los israelitas no siempre prestaron atención. Cuando oyeron las noticias sobre un Salvador (alguien que salvaría a su país), escucharon. «¿Cuándo llegaría?», se preguntaban. El reloj seguía marcando la hora con su tic tac. Transcurrieron los años. El pueblo sentía que Dios se estaba tomando demasiado tiempo para enviar a un Salvador. De manera que cuando Jesús vino a la tierra, tuvo que recordarles lo que los profetas les habían anunciado. «Yo soy aquel del que les hablaron los profetas», les declaró.

Dios sabe que solemos olvidar las cosas importantes. También es consciente de que nos impacientamos. Pero él nos recuerda sus promesas. Nos tranquiliza para que no nos preocupemos. Si olvidamos algo importante sobre él, lo único que debemos hacer es abrir ese inmenso libro que nos proporcionó. Cuanto mejor conozcamos la Biblia, mejor conoceremos a Dios.

Oración

Señor, todavía no sé mucho sobre ti y no entiendo todo lo que viene en la Biblia. Sin embargo, quiero conocerte mejor y aprender tus caminos.

¿Qué hicieron?

A eso de la medianoche, Pablo y Silas se pusieron a orar y a cantar himnos a Dios, y los otros presos los escuchaban. De repente se produjo un terremoto tan fuerte que la cárcel se estremeció hasta sus cimientos. Al instante se abrieron todas las puertas y a los presos se les soltaron las cadenas.

(HECHOS 16.25–26)

Cuando tus padres no te permiten salir de tu habitación, ¿cuál es tu reacción? ¿Gritas? ¿Subes el volumen de la música para molestar a tu madre? ¿Cantas alabanzas y le das gracias a Dios?

¡Espera! Cuando estamos en dificultades lo último que nos apetece es alabar a Dios.

Pablo y Silas escogieron alabar cuando estuvieron en peligro. Después de que Pablo liberara a una esclava endemoniada, sus dueños se enfurecieron. No le quedaron poderes de videncia y dejó de ganar dinero para sus amos. De modo que la turba local golpeó a Pablo y Silas y los echaron en la cárcel.

Con toda probabilidad tenían frío, sentían dolor y estaban cansados. Tal vez pensaban: «Jesús, lo he abandonado todo por ti. Y ahora permites que me maltraten. ¡Muchas gracias!».

En lugar de quejarse, Pablo y Silas oraron y adoraron. Entonces, ¡un terremoto rompió las cadenas y abrió las puertas de su celda! No solo quedaron libres, sino que varias personas decidieron seguir a Cristo aquella noche.

Cuando atravesamos tiempos complicados resulta extraño decirle a Jesús lo grande que es. No obstante, esto es exactamente lo que tenemos que hacer.

Oración

Jesús, tú mereces mi alabanza y mi amor pase lo que pase. ¡Gracias por planear mi «terremoto» incluso ahora!

Música para mis oídos

*Alégrense los cielos y regocíjese la tierra; ruja el mar y
cuanto contiene; gócese el campo y todo lo que en él hay.
Entonces todos los árboles del bosque cantarán con gozo.*

(SALMOS 96.11–12, NBLH**)**

Toda la creación alaba a Dios. Como en el mejor de los dibujos animados, donde los árboles hablan y los delfines cantan, donde los cangrejos bailan y los osos visten un tutú, toda la creación fue hecha para alabar a Dios. De acuerdo, puede ser que un delfín no cante realmente *Sublime gracia*, pero puede saltar muy alto. Y un árbol no hablará, pero sus hojas brillantes y cambiantes parlotean en la tormenta.

Dios hizo a los animales, los árboles, el océano y todo lo que hay en él. Los coloridos peces vienen directamente de la caja de arte de Dios y son un cántico vivo de adoración.

La próxima vez que algo llame tu atención en la naturaleza, que una puesta de sol o un cachorrito de perro te haga feliz, recuerda que es una alabanza a Dios. Los colores, el humor, el poder, la belleza, todo fue diseñado para que Dios y nosotros sonriéramos.

Tú también le arrancas una sonrisa a Dios. Formas parte de su canción. Prepárate hoy para alabarle... con palabras, con cánticos, con todo lo que eres.

Oración

Quiero adorarte hoy, Señor. ¡Creo que eres maravilloso! ¡Te alabo!

Méritos del nombre

No hagas mal uso del nombre del Señor tu Dios. El Señor no te dejará sin castigo si usas mal su nombre.

(DEUTERONOMIO 5.11, NTV)

¿Cuántos nombres tienes? Tu nombre de pila. Tu apellido. Los nombres que tu madre utiliza: Cariño, Mi vida. Los nombres de tu padre para ti: Hijo, Campeón, Genio. Cuando alguien te llama por tu nombre, respondes... a menos que sepas que te has metido en un problema por haber salpicado zumo de naranja en la alfombra. Cuando tu padre o tu madre están molestos contigo, escucharlos llamarte por tu nombre no es tan agradable. «¡Graciela Mónica!», «¡Pedro Lopez!». ¡Ya sabes lo que significa!

La forma en que alguien pronuncie tu nombre te permite saber si te necesita, te ama o está a punto de caer sobre ti.

Si te sientas en un parque o en un centro comercial y escuchas hablar a las personas que transitan por allí, oirás cómo muchos pronuncian el nombre de Dios, pero no como alguien que ama a Dios. La gente suele gritar «¡Oh, Dios mío!», «¡Por el amor de Dios!» y «¡Jesús!» como exclamaciones de sorpresa o incluso en el lugar de las palabrotas. Esto hace que Dios se sienta bastante triste. Su nombre es el más poderoso del universo, y solo quiere que lo usemos de esta forma. De modo que protege el nombre de Dios. Úsalo tan solo para decirle que lo necesitas, que lo amas y que quieres conocerlo.

Oración

¡Señor, tu nombre es tan importante! ¡Quiero proteger tu nombre! Es el nombre que proporciona amor y perdón, no uno que deba usarse de forma casual. Ayúdame a recordarlo.

¿Has notado?

Muchas son, SEÑOR, Dios mío, las maravillas que Tú has hecho, y muchos Tus designios para con nosotros. Nadie hay que se compare contigo; si los anunciara, y hablara de ellos. No podrían ser enumerados.

(SALMOS 40.5, NBLH)

Sabes que Dios hace realmente grandes cosas, como dividir el Mar Rojo o resucitar a Jesús de entre los muertos. ¿Sabías que también se interesa por las pequeñas cosas? Hará cosas entrañables en el trascurso de tu día. Hace brillar el sol sobre ti cuando te sientes desanimado. Te canta una canción a través de la radio o te da justo el versículo bíblico adecuado cuando estás buscando respuestas.

Las cosas grandes importan. Pero Dios también quiere que lo notes en las múltiples cosas pequeñas que hace para mostrarte su amor y su cuidado cada día, y que lo recuerdes por ellas. Como en el caso de David, si tuvieras que notar todo lo que Dios hace, no serías capaz de hablar sobre todo ello. Serían demasiados momentos para mencionarlos todos. Dios está obrando en tu vida, en tus amigos, tu familia y tu iglesia.

Haz todo lo que puedas para notarlo. Cuando lo veas en los detalles de tu día a día, coméntalo con otros. Habla de las cosas buenas que Dios ha hecho para que otros aprendan también a verle.

Oración

Señor, abre mis ojos para que vea hoy tu amor. ¿Me ayudarás a reconocer las pequeñas cosas que haces para ocuparte de mí? Gracias por amarme de ese modo.

Baila de felicidad

Alaben ellos el nombre del Señor, porque sólo Su nombre es exaltado; Su gloria es sobre tierra y cielos.

(SALMOS 148.13, NBLH)

El salmo 148 solo tiene catorce versículos, pero es una fiesta de alabanza. Si lees todo el capítulo, cuenta la cantidad de veces que nos invita a celebrar: más que los dedos de tus dos manos.

Es una celebración a nivel mundial. Desde la luna resplandeciente a las oscuras profundidades del océano, desde los reyes a los niños, desde los árboles plantados hasta las aves que planean en el aire, todos se encuentran en el coro de alabanza de Dios. Y podemos unirnos a él.

¿Por qué alabar? Porque cuando echamos un vistazo a algo asombroso —la bondad y el amor de Dios— es natural que queramos gritar de alegría. Además, cuando estás de humor para fiestas nada te puede desanimar. No hay lugar para la preocupación ni el temor. No hay espacio para la tristeza ni la envidia. En presencia de un Dios todopoderoso y sobrenatural, tu corazón está lleno de gozo por Aquel que es digno de alabanza.

La fiesta ya ha empezado. No seas tímido. ¡Únete a ella!

Oración

Señor Dios, eres digno de alabanza, pero yo no siempre me siento con fuerzas para celebrar. Necesito que me recuerdes tu bondad y tu amor cada día.

Lleno y rebosante

«¡Bendito el Rey que viene en el nombre del Señor!»...
Entonces algunos de los fariseos de entre la multitud
le dijeron: «Maestro, reprende a tus discípulos».
Respondiendo Él, dijo: «Os digo que si éstos callan, las
piedras clamarán».

(LUCAS 19.38–40, LBLA)

¿Has sentido alguna vez que estabas a punto de estallar de gozo? ¿Como en la mitad de una canción de adoración, mientras observas un ocaso espectacular, o en medio de una carcajada con tu mejor amigo? Esa es la forma en que Jesús entró en Jerusalén. Quienes lo conocían y lo amaban estaban que estallaban absolutamente de gozo. No podían contenerse; alababan a Jesús a todo pulmón.

Nada podía quitarles el gozo de aquel momento. Jesús incluso afirmó que las piedras empezarían a cantar si las personas dejaban de hacerlo.

En ocasiones podrías pensar que la interacción con Jesús debe ser callada y con reverencia. Y, ciertamente, hay momentos más tranquilos que otros. Pero Dios te hizo para el gozo vibrante y la alabanza en voz alta. Creó tu risa feliz, tu amor efusivo y los gritos de entusiasmo. ¿Te sorprende? Ama nuestros sentimientos y nuestra interacción con él por medio de la adoración.

La próxima vez que sientas la alabanza a punto de rebosar o el gozo que parece ampliar tu sonrisa e iluminar tus ojos, deja que Dios disfrute de ella. No permitas que las piedras roben el momento que podrías estar compartiendo con Dios. Alábalo desde la punta de los pies hasta la capacidad máxima de tus pulmones.

Oración

Señor, me encanta que seas un Dios expresivo. Nos diste la risa, el gozo y la felicidad. Cantaré tus alabanzas, porque te amo.

Tú le encantas

El Señor dirige los pasos de los justos; se deleita en cada detalle de su vida.

(SALMOS 37.23, NTV)

Dios disfruta observando cada detalle de tu vida. Le gusta verte estudiar, leer y jugar. Sonríe cuando te ve saltar, correr o dar vueltas. Dios incluso goza cuando te ve comer y dormir. No se pierde ni un solo movimiento de los que tú haces. Mira cuánto te ama.

A Dios también le complace verte disfrutar de su creación. Te dio ojos para que disfrutes de la belleza, oidos para que goces de los sonidos, tu nariz y papilas gustativas para que te deleites con los aromas y los sabores, y los nervios bajo tu piel para que disfrutes del tacto. Cada acto de disfrute se convierte en un acto de adoración cuando le das las gracias a Dios por él.

Por tanto, puedes realizar cualquier actividad humana, excepto pecar, para agradar a Dios. Sencillamente hazlo con un corazón de alabanza. Puedes acabar tus deberes escolares, construir un fuerte, ganar (o perder) en un partido, acabar tus tareas o ayudar a tus padres a preparar la cena para la gloria de Dios.

Oración

Señor, ayúdame a recordar que todo lo que hago puede convertirse en un acto de alabanza a ti. ¿Me recordarás que te dé las gracias más a menudo por las pequeñas cosas de mi vida?

Nunca ignorado

Llegaron a Betsaida, y le trajeron un ciego y le rogaron que lo tocara. Tomando de la mano al ciego, lo sacó fuera de la aldea; y después de escupir en sus ojos y de poner las manos sobre él, le preguntó: ¿Ves algo?

(MARCOS 8.22–23, LBLA)

De modo que... ¿Jesús escupió en los ojos de un tipo? El propósito tras la idea de que Dios viniera a la tierra era experimentar cómo es ser uno de nosotros. Gustar, tocar, ver, oler y escuchar nuestro mundo.

Sin embargo, antes de dejarte llevar por el hecho de que Jesús escupió en los ojos de alguien, mira con mayor precisión para ver por qué actuó así. Tenía la reputación de sanar a las personas, de modo que unos hombres llevaron a su amigo que era ciego para que conociera a Jesús. Este dejó atrás a la multitud para prestar atención exclusiva a aquel hombre; los dos cara a cara. Entonces, extendiendo los brazos lo tocó con sus manos.

No había necesidad de que Jesús tocara al hombre. Podría haberse limitado a pronunciar las palabras: «¡Sé sanado!». Pero Jesús quería demostrarle a ese hombre que tenía unas necesidades especiales, que era especial para él. Esto es lo que hace el toque. Comunica que alguien importa. Jesús tocó a este hombre en los lugares que le habían causado el mayor dolor de su vida.

Jesús quiere ser personal contigo también. Ir a la iglesia es importante. Escuchar los devocionales familiares es bueno. Sin embargo, lo que Jesús quiere por encima de todo es pasar tiempo cara a cara contigo, los dos solos. Háblale con frecuencia. Cuéntale lo que tienes en tu mente. Lee su Palabra. ¡Escucha lo que él dice! Entonces sentirás su toque.

Oración

Señor, resulta fácil sentirse ignorado en un grupo. Hay ocasiones en que siento que no le importo a nadie. Pero sé que a ti sí. Ayúdame a recordar que tú eres mi mejor amigo.

Sonríe desde el cielo

Pero Noé halló gracia ante los ojos del Señor... siempre andaba con Dios... conforme a todo lo que Dios le había mandado, así lo hizo.

(GÉNESIS 6.8, 9B, 22, NBLH)

Noé amaba a Dios más que a ninguna otra cosa en el mundo, ¡incluso cuando nadie lo hacía! En realidad, nadie aparte de la familia de Noé amaba a Dios. Los superaban en número. A pesar de todo, Noé confiaba en Dios aun cuando para nadie tenía realmente sentido. Salvar a su familia y a la población animal de un diluvio mundial requería gran atención y obediencia. Había que hacerlo todo conforme a lo que Dios le había dicho. Noé obedeció por completo (en el modo y en el momento que Dios quiso que se hiciera). A esto se le llama entusiasmo. No es de sorprender que Dios sonriera al contemplarlo. Gracias a que Noé hizo feliz a Dios, tú y yo estamos vivos hoy.

¿Quieres alegrar a Dios? Entonces sigue el ejemplo de Noé. Dios sonríe cuando lo amas de forma suprema. Dios sonríe cuando confías por completo en él. Dios sonríe cuando lo sigues con todo tu corazón. Dios sonríe cuando lo alabas y le das las gracias. Y Dios sonríe cuando usas tus capacidades para obedecerle.

Oración

Señor, quiero hacerte feliz para que te sientas igual de contento que con Noé. Sé que puedes ayudarme a amarte, a confiar en ti y a obedecerte más. Quiero hacerte sonreír y que te sientas orgulloso de mí.

¡Baja de las nubes!

¿Hasta cuándo, Señor, estarás mirando? Rescata mi alma de sus estragos, mi única vida de los leones.

(SALMOS 35.17, LBLA)

David era un hombre según el propio corazón de Dios (leer Hechos 13.22). Creerías que una declaración como esta se referiría a una persona que amaba a Dios todo el tiempo, que siempre hiciera lo correcto y que nunca alzara la voz. Decidedamente no sería alguien que se quejara todo el tiempo, ¿verdad?

Sin embargo, David tuvo sus momentos. Cuando estaba de mal humor o cuando había tenido un día duro, era dramático. Gimoteaba. Siempre le decía a Dios lo que estaba sintiendo. Era totalmente sincero cuando se sentía abandonado, asustado o enojado. David era genuino con Dios. Pero también sabía que Dios cambiaría su corazón desde dentro hacia fuera. En Salmos 35.18 demuestra este punto: «Yo te daré gracias en la gran asamblea; ante una multitud te alabaré».

Tú también puedes ser tú mismo con Dios. Le encanta cuando le dices cómo te sientes (¡algo que él ya sabe de todos modos!). Le gusta pasar tiempo contigo. Se deleita cuando confías lo suficiente en él como para contarle también esas emociones negativas. Y cuando te fías de él en estas cosas, él es capaz de cambiar tu tristeza y tu enfado en alabanza y gozo. Esa es la naturaleza de Dios. Por tanto, no temas desahogarte delante de él.

Oración

Señor, sé que en ocasiones tengo una mala actitud. En lugar de contagiar con mi actitud a otras personas, ayúdame a traerla delante de ti, a ser real y sincero contigo para que puedas cambiarme desde el interior al exterior.

¿Qué puedes dar?

Dile al pueblo de Israel que me traiga sus ofrendas sagradas. Acepta las contribuciones de todos los que tengan el corazón dispuesto a ofrendar.

(ÉXODO 25.2, NTV)

Piensa en el regalo más hermoso que pudieras recibir jamás. Te haría sentir especial. Ahora piensa en el mejor presente que le hayas hecho a tu madre, tu padre, o tu mejor amigo. Es probable que al abrirlo esbozaran una gran sonrisa y te dieran un abrazo. Los regalos del corazón significan muchísimo. Los presentes del corazón muestran lo mucho que te preocupas por esas personas.

Los israelitas trajeron ofrendas a Dios. Con frecuencia hacían algo para él, como una fina pieza de tela o las mejores cosechas de sus huertos. Lo extraño es que algunos israelitas le llevaran como regalo a Dios cosas que no les interesaban. No pensaban demasiado en él y considerar qué es lo que querría en realidad.

Las personas más importantes reciben tus mejores presentes. Dios pide tener la mayor importancia en tu vida. Por tanto quiere recibir regalos que salen de tu corazón. Podrías escribirle poemas, cantarle cánticos, hacer unas deliciosas galletas para una comida en la iglesia, o memorizar versículos bíblicos. Cuando haces este tipo de cosas de todo corazón, le haces un hermoso regalo a Dios.

Oración

Señor, quiero hacerte hermosos regalos. ¿Qué te gustaría recibir de mí?

Lo que realmente funciona

Entonces Ezequías volvió su rostro hacia la pared y oró al Señor: «Te ruego, oh Señor, que Te acuerdes ahora de cómo yo he andado delante de Ti en verdad y con corazón íntegro, y he hecho lo bueno ante Tus ojos.» Y Ezequías lloró amargamente.

(ISAÍAS 38.2–3, NBLH)

Rompe un espejo y tendrás siete años de maldición. Trágate una goma de mascar y se quedará en tu estómago durante siete años.

¿Qué tienen en común estas frases? Son cuentos de viejas, o refranes supersticiosos que se transmiten de generación en generación. En realidad, esos cuentos de vieja no son verdad.

El rey Ezequías escuchó sin duda su porción de estos cuentos cuando estuvo mortalmente enfermo. Era un rey piadoso y, por ello, recurrió al Señor en lugar de a la superstición y le suplicó que le alargara la vida. ¡Y Dios le concedió su petición! Ezequías no solo viviría quince años más, sino que estaría a salvo de los asirios que les hacían la guerra de forma perpetua (Isaías 38.5–6).

A las personas que no conocen a Dios la oración les parece ridícula, como los cuentos de viejas. «Espera —podrían decir—. ¿Crees que un tipo invisible escucha lo que dices en tu mente o en voz alta, y después te responde? Suena ridículo, ¿no es así?».

La oración no es una línea directa mágica, sino una comunicación sobrenatural con un Padre celestial vivo que respira y que contesta las oraciones. La oración es real y funciona.

Oración

Señor, me maravilla pensar que me oyes, incluso ahora mismo. Gracias por escuchar mis oraciones. Dame la oportunidad de mostrarles a mis amigos lo asombroso que eres.

Sé tú mismo

¡Ay de aquel que discute con su Hacedor!... El barro no le pregunta al alfarero: «¿Qué es lo que haces?».

(ISAÍAS 45.9A, RVC)

¿Alguna vez has deseado poder ser como otra persona? Tal vez otro niño parezca más listo, más fuerte o más divertido. O tal vez querrías ser más mayor, más rápido o tener mejor aspecto. ¿Sabes una cosa? Solo haces feliz a Dios siendo tú mismo. No le das gloria a Dios escondiendo tus aptitudes o intentando ser otra persona. Cada vez que te desagrada una parte de tu cuerpo estás rechazando la sabiduría y el propósito de Dios al crearte.

Como padre orgulloso, Dios disfruta observarte cuando usas los talentos y las capacidades que te ha dado. Él le dio a cada persona dones distintos para su disfrute. Ha hecho a algunos atléticos y a otros científicos. Unos han sido creados para ser silenciosos y otros para ser ruidosos. Tal vez tengas talento en el arte o las matemáticas, en escuchar o en un millar de otras aptitudes. Todas tus habilidades pueden provocar una sonrisa en el rostro de Dios. Por tanto, sé tú.

Oración

Señor, puedo olvidar por qué soy especial y desear ser otra persona. Sin embargo, en esos momentos, te ruego que me recuerdes que me amas tal como soy.

Músicos

Aplaudan, pueblos todos; aclamen a Dios con gritos de alegría. Canten salmos a Dios, cántenle salmos; canten, cántenle salmos a nuestro rey.

(SALMOS 47.1, 6)

El instrumento más antiguo del mundo es una flauta hecha de hueso. Aunque tiene millares de años, esta flauta muestra que la música, el ritmo y el baile han estado con nosotros desde hace mucho tiempo. En realidad, es posible que tu grupo favorito toque instrumentos que se originaron en otros más sencillos usados durante los tiempos bíblicos, como la lira y la flauta. Las personas que vivieron durante el Antiguo Testamento amaban la música. Algunos de sus instrumentos se siguen tocando en la actualidad: flautas, arpas, címbalos, trompetas y salterios. Componían canciones en el acto cuando ocurría algo maravilloso, o cantaban con tristeza cuando alguien moría. Los reyes y las reinas tenían cantantes y músicos que interpretaban piezas y canciones en la corte real. Los salmos eran, con frecuencia, cánticos y el rey David compuso muchos de ellos.

La música es un don maravilloso. Los cultos de la iglesia siempre incluyen cánticos. Incluso los ángeles en el cielo crean música para Dios. De modo que si amas la música o tocar algún instrumento, ¡ánimo! Cantar produce gozo en los demás y en Dios. Hasta puede mejorar tu humor (David interpretaba música para el rey Saúl para apaciguarlo) y ayudarte a aprender. Así que mantén las melodías en tu vida.

Oración

Señor, veo que la música es importante para ti. Quiero que todo lo que yo cante y la música que interprete te glorifiquen y te produzcan gozo.

En todas partes

¿A dónde podría alejarme de tu Espíritu? ¿A dónde podría huir de tu presencia? Si subiera al cielo, allí estás tú; si tendiera mi lecho en el fondo del abismo, también estás allí.

(SALMOS 139.7–8)

Este mundo es un lugar gigantesco. Si empezaras en el ecuador, tus pobres pies caminarían (¡y nadarían!) casi cuarenta mil trescientos kilómetros para volver al punto desde el que saliste en los Estados Unidos. De hecho, la tierra es lo suficientemente grande como para contener a más de noventa y cinco mil millones de campos de fútbol americano (¡eso es un montón de dedos de espuma!).

Podrías pasar toda tu vida viajando y no podrías ver cada país, montaña, desierto, ciudad o bosque. Aun así, independientemente de lo inmenso que es este mundo, no bastaría para apartarte de la presencia de Dios.

La mente del rey David divagaba en esta dirección mientras pastoreaba o tomaba el fresco en la azotea de su palacio. Tal vez pensaba: «Si siento la presencia de Dios aquí afuera, ¿habrá algún lugar donde pueda ir y él no esté? ¿Podría alguien escapar del Señor?». ¡No!

Algunos piensan que la presencia de Dios solo está en la iglesia, así que intentan escapar de él. Se entierran en trabajo, en la escuela o en sus *hobbies*. Sin embargo, tal como David lo indicó, esa táctica no funcionará.

Podrías ser un astronauta que viajara en un cohete a la luna o un submarinista que explorara el océano. De una u otra forma, Dios está allí.

Así que explora el mundo y hasta la galaxia. Y es que dondequiera que vayas, Dios estará contigo.

Oración

Señor, me encanta soñar con los lugares a los que iré algún día. ¡Este mundo es maravillosamente asombroso! Pero resulta tan consolador saber que estás conmigo todo el tiempo. Gracias por estar vigilante y por guiarme.

Un amigo para siempre

Los he llamado amigos, porque todas las cosas que oí de mi Padre, se las he dado a conocer a ustedes.

(JUAN 15.15B, RVC)

En Génesis, Adán y Eva tenían una buena amistad con Dios. No disponían de templo ni iglesia a la que acudir. Solo pasaban tiempo con él cada día. Adán y Eva se deleitaban en Dios, y él también con ellos. Ese es el tipo de amistad que Dios quiere tener contigo.

Sin embargo, después de la Caída (Génesis 3), Adán y Eva perdieron esa relación con su Padre. Solo unos cuantos en los tiempos del Antiguo Testamento tuvieron el privilegio de la amistad con Dios. Moisés y Abraham fueron llamados amigos de Dios. A David se le catalogó como un hombre según el corazón de Dios. Y Job, Enoc y Noé mantuvieron una estrecha relación con Dios.

Cuando Jesús vino a la tierra, cambió la situación. Pagó por nuestros pecados en la cruz e hizo posible que todos tuvieran un acceso directo a Dios de nuevo. De manera que tú puedes tener una relación con él como la de Adán y Eva antes de la Caída. Sería la mejor que pudieras tener jamás.

Oración

Señor, gracias por ser mi amigo. Enséñame a ser tan buen amigo para los demás como tú lo eres para mí.

El amor de Dios

Amados, si Dios nos ha amado así, nosotros también debemos amarnos unos a otros.

(1 JUAN 4.11, RVC)

De algunas maneras, amar a Dios es la cosa más fácil del mundo. Él es perfectamente digno de confianza, cuida de nosotros, quiere lo mejor para nosotros y nos ama por completo. Antes de que se lo pidiéramos siquiera, sacrificó a su amado Hijo para rescatarnos.

Amar a personas imperfectas es la parte difícil. A diferencia de Dios, pueden ser excéntricos, malos, hirientes, arrogantes y mucho más egoístas que sacrificiales.

Piensa en la cruz en la que Jesús murió. Tenía la pieza vertical y el travesaño horizontal. Dios quiere que lo amemos (la expresión vertical) y que amemos a los demás (la expresión horizontal).

Parece imposible hacerlo hasta que miras al ejemplo de Jesús cuando caminó por la tierra. Nos mostró cómo se podía hacer y cómo es «conocer y confiar en el amor que Dios tiene para nosotros» (1Juan 4.16). Y ofrece el Espíritu Santo para que nos ayude a hacerlo. Si estamos en relación con él, podemos hacerlo.

Oración

Señor, ayúdame a amar como Jesús ama. Gracias por el Espíritu que puede ayudarme a hacerlo.

¿Te conozco?

Simón Pedro estaba de pie, calentándose, y le preguntaron: "¿No eres tú también uno de Sus discípulos?" "No lo soy," dijo Pedro, negándolo. Uno de los siervos del sumo sacerdote, que era pariente de aquél a quien Pedro le había cortado la oreja, dijo: "¿No te vi yo en el huerto con El?" Y Pedro lo negó otra vez, y al instante cantó un gallo.

(JUAN 18.25–27, NBLH)

¿Te has escabullido alguna vez lentamente de un amigo cuando se ha visto en problemas, cuando ha hecho demasiado ruido o cuando ha dicho algo tonto en medio de una multitud?

Pedro, uno de los mejores amigos de Jesús actuó así. Sin embargo, en lugar de escabullirse y desaparecer él negó conocerlo. ¡Valiente cobarde!

Ahora imagina cómo te sentirías si tu mejor amigo te abandonara de esa forma. ¡Ay! Eso dolería. Pedro sabía que Jesús era el poderoso Hijo de Dios, pero tenía miedo de admitirlo. Por hiriente que fuera para Jesús escuchar cómo lo negaba, perdonó a Pedro. Continuaron siendo amigos. Más tarde, Pedro superó sus temores y habló de Jesucristo con valentía.

Sentir miedo es algo normal. No te sorprendas si te asusta reconocer a cierto amigo ni te avergüences por ir a la iglesia. Esta es la verdad que ahuyentará el temor fuera de ti: Nada es más grande que Dios. El miedo viene de creer que hay algo o alguien mayor que él. Dios siempre es lo más grande.

Oración

Señor, me he sentido incómodo cuando me han asociado contigo. Desconozco por qué me asustan las opiniones que otros tengan de ti. Tú eres más grande que nadie y que nada. Ayúdame a recordarlo.

Todo el tiempo

Bendigan a Dios en la gran congregación; alaben al Señor, descendientes de Israel.

(SALMOS 68.28)

Confecciona una lista con lo que te venga a la mente cuando piensas en adorar a Dios. Apunta lo que significa para ti. Tal vez sea ponerte en pie y cantar durante un culto o leer un salmo en voz alta. A veces, el término «alabanza» parece ser una palabra de beatos que no encaja en nuestra rutina semanal. ¿Podrías alabar en medio de una clase de geografía? ¿Durante el desayuno? ¿Cómo sería?

La alabanza es algo que podemos llevar a cabo en cualquier momento, en cualquier lugar. No significa que tengamos que estar de pie y empecemos a cantar un himno a todo pulmón en el autobús escolar. La alabanza puede ser algo tan sencillo como darle gracias a Dios en nuestros pensamientos: «Gracias, Señor, por los huevos de esta mañana». Alabanza también es pensar en la bondad de Dios: «Eres asombroso, Señor. ¡Me encanta la forma en que hiciste esas montañas!».

La alabanza es algo que todos podemos realizar, cada día, todo el tiempo. No tenemos más que pensar en lo que nos gusta de Dios y decírselo, en nuestros pensamientos, en voz alta o incluso por escrito. Fuimos hechos para alabarle, y es mucho más fácil de lo que creemos.

Oración

Señor, ayúdame a recordar que te alabe hoy. Muéstrame todas las cosas maravillosas sobre ti para que yo pueda referirlas en mis pensamientos y en mis palabras.

¿Necesitas empuje?

Aunque el ejercicio físico trae algún provecho, la piedad es útil para todo, ya que incluye una promesa no sólo para la vida presente sino también para la venidera.

(1 TIMOTEO 4.8)

«¡Cómete la verdura!». ¿Cuántas veces lo has oído? ¿Por qué tus padres o tu niñera te dice esto? Porque las verduras son parecidos a paquetes de energía para tu cuerpo. Cuando las comes, es como si tu organismo repostara vitaminas y nutrientes. Tu cuerpo funciona mejor cuando obtiene todas esas sustancias buenas. Estar activo es igual; entrena tus músculos, tus órganos y tu cerebro para que crezcan y se hagan más fuertes.

Para aumentar aún más de energía, Pablo le dijo a Timoteo que procurara la piedad. Conocer a Dios te ayuda en la vida presente y en la posterior. ¿Sabes? Cuando pasas mucho tiempo con un amigo, los dos acaban por tener similitudes. Entrenarse en la piedad es como acercarse cada vez más a un amigo. Cuanto más tiempo están juntos, más se ríen de las mismas cosas, más perciben cuando el otro está triste o contento, y ambos se comunican sin palabras. La piedad se va acumulando en ti a medida que te vas asemejando más a Dios. Y afecta a tu mente y tu corazón de formas poderosas.

Pero no abandones todavía tus verduras. Tu cuerpo las sigue necesitando.

Oración

Señor, piedad parece una gran tarea. Sin embargo, igual que comer de forma saludable y estar activo, entiendo por qué es buena para mí. Por favor, entréname en tus caminos para que pueda crecer en piedad.

Compañero de conversación

Pues en él vivimos, nos movemos y existimos.

(HECHOS 17.28A, NTV**)**

¿No sería extraño tener un amigo silencioso? Desde luego sería una amistad muy extraña si no oyeras nunca a esa persona decir ni pío.

Tener amistad con Dios significa que él quiere tener una relación contigo en la que habléis. Quiere algo más que una cita dentro de tu horario. Existe una idea errónea común y es que muchos creen que pasar tiempo con Dios significa estar a solas con él o ir a la iglesia. Por supuesto, estas dos cosas son necesarias, pero solo constituyen una pequeña parte de las horas que pasas despierto.

Dios quiere estar incluido en cada actividad, cada conversación, cada problema y hasta en cada pensamiento. Comparte, pues, todas las experiencias de tu vida con él, del mismo modo en que lo harías con tu madre, tu padre o con tu mejor amigo. Puedes mantener una conversación continua y abierta con él a lo largo de tu día, charlando con él sobre cualquier cosa que estés haciendo o pensando, en cualquier momento. Invítale a formar parte de todo lo que haces. Empezarás a notar cada vez más su presencia y se convertirán en amigos de verdad.

Oración

Señor, lamento las veces en que me olvido de hablar contigo. Ayúdame a conversar contigo más a menudo y a incluirte en cada pensamiento. Quiero que seamos los mejores amigos.

Un amigo lleno de misericordia

*Pedro estaba sentado afuera en el patio, y una sirvienta se
le acercó y dijo: «Tú también estabas con Jesús el Galileo."
Pero él lo negó delante de todos ellos… Pedro se acordó
de lo que Jesús había dicho: «Antes que el gallo cante, Me
negarás tres veces." Y saliendo afuera, lloró amargamente.*

(MATEO 26.69–70, 75, NBLH)

Pedro era uno de los amigos más cercano de Jesús en la tierra.
Se le catalogó como el primer discípulo, y con frecuencia hablaba en
nombre del resto de los seguidores de Jesús. De modo que era el
cabecilla entre los hombres y las mujeres que rodeaban a Jesús. Sin
embargo, también cometió grandes errores. En público. Delante de
Jesús. De formas incómodas. Durante el tiempo más difícil que pasó
Jesús, incluso negó conocerlo. ¡Qué decepción!

¿Pero sabes una cosa? Jesús siempre acogió a Pedro con los
brazos abiertos. El discípulo reconoció de inmediato sus faltas y las
confesó. Jesús sabía que Pedro no era perfecto ni esperaba que lo
fuera. Sabía que jamás encontraría unos discípulos perfectos; de
todos modos no los habría querido. Él buscaba hombres y mujeres normales, que cometen equivocaciones. De esos que meten la
pata. Los que se impacientan. Los que dicen cosas incorrectas. Los
seguidores imperfectos le dan la oportunidad a Jesús de mostrarles
su amor y su gracia. Él da ambas cosas a cada uno. Y a todos los
que confiesen sus ofensas y quieran hacer lo correcto, él los llama
amigos. ¿Eres tú una de esas personas?

Oración

Señor, gracias por pedirme que sea uno de tus seguidores. Quiero
ser uno de tus amigos. Ayúdame a ver mis errores y a querer hacer
aquello que es correcto.

Rumia esto

Señor se revelaba a Samuel en Silo por la palabra del Señor.
(1 SAMUEL 3.21B, NBLH)

Para ser amigo de Dios tienes que saber lo que él dice. No puedes amarle a menos que lo conozcas. No puedes conocerle sin conocer su Palabra. La Biblia declara que Dios se reveló a Samuel por medio de su palabra. Y sigue usando hoy ese mismo método.

Aunque no puedas pasar todo el día estudiando la Biblia, puedes pensar en ella a lo largo del día. Recuerda los versículos que has leído y rúmialos en tu mente. Esto se llama «meditación». Meditar es, sencillamente, enfocar el pensamiento o poner toda tu atención en una sola cosa. Cualquiera puede aprender esta habilidad y usarla.

Cuando piensas sin cesar en un problema y no puedes apartarlo de tu mente, eso se denomina preocupación. Cuando reflexionas una y otra vez en la Palabra de Dios, estás «meditando». Solo tienes que pasar tu atención de tus problemas a los versículos de la Biblia. Cuanto más meditas en la Palabra de Dios, menos cosas tendrás de las que preocuparte. Y mejor conocerás a Dios.

Oración

Quiero meditar en tu palabra, Señor, en vez de preocuparme. Cuando lea la Biblia, ayúdame a centrarme en esas palabras para que pueda recordarlas cuando empiece a sentirme preocupado.

Dormir como un bebé

*Él se levantó y reprendió al viento y a las olas; la tormenta
se apaciguó y todo quedó tranquilo.*

(LUCAS 8.24B)

Jesús y los discípulos se encontraban en un barco de pesca, en el mar de Galilea. Se desató una tormenta. Algunos de los discípulos eran pescadores de gran experiencia. Habían vivido muchas tempestades. Sin embargo, estaban convencidos que de esta no saldrían. En medio de toda la conmoción del barco, Jesús estaba profundamente dormido.

¿Cómo podía dormir? Él sabía algo que los discípulos desconocían: Dios estaba en control. Entonces, con una sola palabra de Jesús la tormenta se detuvo.

Pedro, el discípulo, aprendió algo de este incidente con respecto a tener una buena noche de descanso. Unos años más tarde, el rey Herodes lo arrestó y lo encarceló (Hechos 12.1–19). Dios envió a un ángel para rescatarlo. Este tuvo que tocarlo en el costado para despertarlo, ¡porque Pedro dormía como un bebé! ¿Por qué? Porque sabía que el Señor estaba en control. Pedro confiaba en Dios. ¡Esta es la verdadera paz!

Oración

Amado Señor, quiero tener paz y seguridad como la de Pedro y Jesús, y saber que siempre estás conmigo. Cuando cuestione si estás ahí, recuérdame tu presencia.

La clase correcta de temor

El temor del Señor es el principio de la sabiduría; los necios desprecian la sabiduría y la instrucción.

(PROVERBIOS 1.7, LBLA)

¿Quieres saber cómo ser más listo, no solo en la escuela, sino en todos los ámbitos? Pues teme a Dios.

¡Espera un minuto! ¿Significa esto que tienes que tenerle miedo a Dios?

En la Biblia, «temer» a alguien no significaba asustarse de él. El tipo de temor sobre el que Salomón —el hombre más sabio que vivió jamás— es diferente. Él aprendió que Dios era asombroso y poderoso. Cuando respetó quién era Dios, descubrió que él le dio la inteligencia para que se ocupara de las disputas en su reino y en las decisiones difíciles que tomara al dirigir su país. Salomón también tenía claro que si desobedecía los preceptos de Dios, las consecuencias serían graves.

Cuando eres listo y obedeces a tus padres, en realidad estás mostrando el tipo de temor del que hablaba Salomón. Piensa que cuando obedeces a tus padres y los respetas, tu vida se desarrolla sin problemas. Sin embargo, cuando les desobedeces, es natural que haya consecuencias. Cuando respetas las palabras de Dios (la Biblia) y sigues sus mandamientos, estás temiendo a Dios. Escoge temerle y empezarás a notar que serás más sabio con respecto a tus amigos, la escuela y tus padres. Y es que cuando haces las cosas a la manera de Dios, estás siguiendo la senda más inteligente.

Oración

Señor, quiero aprender más sobre ti para poder llegar a ser más sabio. Enséñame quién eres y cómo vivir según tus caminos.

Una fórmula que funciona

Si alguno de ustedes está afligido, que ore. Si alguno está contento, que cante alabanzas. Si alguno está enfermo, que llame a los ancianos de la iglesia, para que oren por él y en el nombre del Señor lo unjan con aceite.

(SANTIAGO 5.13–14, DHH)

Al principio del año escolar descubres los temas que aprenderás. Te dicen qué libros leer, qué ecuaciones matemáticas memorizar y cuántas palabras deletrear correctamente. La fórmula es la misma: estudiar duro, memorizar, aprobar.

Numerosas cosas tienen fórmulas probadas: haz esto y ocurrirá esto. Sé amable con los demás y ellos lo serán contigo. Obedece a tus padres y evitarás ser castigado. Mezclar azúcar, harina, huevos, mantequilla y levadura y tendrás la base para unas galletas.

Dios también ofrece «fórmulas» sobre la oración. Cuando suceden ciertas situaciones, es hora de hablar con Dios. ¿Tienes problemas? Puedes apostar que la oración es una buena solución. ¿Estás verdaderamente contento? No te lo guardes para ti; alaba a Dios. ¿Enfermo? Informa a los líderes de tu iglesia para que oren por ti. Dios no quiere que le dejes fuera de los momentos importantes de tu vida. Y la oración es la fórmula de mantenerlo al tanto.

Oración

Señor, gracias por tus claras directrices sobre cómo y cuándo orar. Sé que puedo hablar contigo en cualquier momento.

Más fuerte que el temor

El temor al hombre es un lazo, pero el que confía en el Señor estará seguro.

(PROVERBIOS 29.25, NBLH**)**

Piensa en las cosas que temes. Es normal asustarse de la oscuridad, de las serpientes, de los bichos, de los bosques, etc. El mundo contiene muchas cosas que producen miedo. Y el pecado hace que las personas hagan cosas aterradoras. Amenazan. Hieren a otros. Crean monstruos y películas de terror.

Sin embargo, el temor no es de Dios; ¡nunca! En realidad él quiere hacer que no tengas miedo. ¿Y sabes una cosa? Puede hacerlo.

No nos gusta sentir dolor, por tanto es normal temer a las cosas o a las personas que nos pueden herir. Aquí es donde entra Dios. Puede hacerte más fuerte interiormente que cualquier dolor que sentirías fuera de él. Aunque no detiene las cosas dolorosas y estas suceden, cambiará tu corazón y tu mente para que el temor no te gobierne. Después de todo, el Dios del universo te está ofreciendo fuerza y seguridad. Incluso la oscuridad o las criaturas escalofriantes no asustan a nuestro extraordinario gran Dios.

Oración

Señor, tengo miedo a [rellena el hueco]. Sin embargo, a ti no te asustan esas cosas. Te ruego que me llenes de tu paz y que hagas que no tenga miedo, para ti.

Enciende la luz

Tu palabra es una lámpara a mis pies; es una luz en mi sendero.

(SALMOS 119.105)

En una fiesta de pijamas, jugar al escondite en la oscuridad o con linternas puede resultar divertido. Se cubren de almohadas. Se ríen y chocan unos contra otros. Sin embargo, por la mañana alguien sugiere preparar el desayuno a oscuras. ¿Eh? Sin luz podríamos cocinar el yogur accidentalmente y echar los huevos con la fruta, por no mencionar el riesgo de incendiar la casa.

A pesar de ello, tropezar en la oscuridad es exactamente lo que muchas personas hacen; no en la cocina, pero sí en la vida. Pueden haber oído hablar de Dios y de la Biblia, pero creen poder ocuparse ellos mismos de sus problemas. No quieren la luz de la verdad.

David sabía que esta idea tenía tanto sentido como cocinar en la oscuridad. La Palabra de Dios toma una situación turbia y la hace clara. La Biblia nos dirige entre obstáculos, nos protege de las fuerzas enemigas y nos muestra nuestro siguiente movimiento.

¿Estudiarás los versículos de la Biblia como si tu vida dependiera de ello? ¿O tal vez dejarás las luces apagadas e intentarás hacer las cosas tú solo?

Oración

Dios, quiero que tus palabras, no las de mis amigos ni las del mundo, sean mi luz. Gracias por darme la Biblia para ayudarme. Cuando me encuentre en la oscuridad, haz que mi primer pensamiento sea leer tu Palabra.

El cuerpo importa

«El que tenga llagas de lepra, deberá llevar rasgada la ropa y descubierta la cabeza, y con la cara semicubierta gritará: "¡Impuro!, ¡Impuro!"...».

(LEVÍTICO 13.45, DHH)

Gran parte de Levítico es como un libro de medicina. Erupciones. Llagas en la piel. Hinchazones. ¿Qué diantres hacía Dios con un libro así? Bueno, él lo sabe todo sobre el cuerpo humano. Y vio que los israelitas necesitaban alguna ayuda médica. No contaban con microscopios, radiografías y hospitales como nosotros. Si no eran cuidadosos, una persona enferma podría contagiar a toda la tribu. Dios tenía cuidado de ellos.

Dios les dio a los líderes israelitas un libro de directrices sobre la salud. Lo usaban para examinar las dolencias, las enfermedades, infestaciones, plagas, y otros asuntos desagradables. Si alguien era contagioso, lo que significa que podría infectar a los demás, los líderes o sacerdotes enviaban al enfermo fuera de la ciudad hasta que se recuperara. Los sacerdotes no estaban siendo malos. Estaban protegiendo a todos los demás.

Así es como Dios cuida a su pueblo. Sabe lo que necesitan y les dice lo que tienen que hacer. De no haber actuado así con los israelitas, jamás habrían conseguido salir del desierto ni habrían vivido para contarlo.

Oración

¡Vaya, Señor! Sabes muchas cosas, incluso sobre mi cuerpo. Gracias por crearlo y por todas las cosas asombrosas que hace. Conozco a alguien que está enfermo en estos momentos y necesita tu ayuda. Te ruego que lo sanes.

El guardián secreto

He guardado tu palabra en mi corazón, para no pecar contra ti.

(SALMOS 119.11, NTV)

Piensa en tus amigos. ¿Quién es tu mejor amigo? ¿Qué te gusta de esta persona?

Dios consideró a Job y a David como amigos cercanos. ¿Sabes por qué? Valoraron su Palabra más que cualquier otra cosa. Y pensaron en ella una y otra vez. De modo que conocían a Dios realmente bien. Job admitió: «He atesorado sus palabras más que la comida diaria» (Job 23.12b, NTV). David afirmó: «¡Oh, cuánto amo tus enseñanzas! Pienso en ellas todo el día» (Salmos 119.97, NTV).

Los amigos confían unos en otros y se cuidan mutuamente. También comparten secretos. Es cierto; Dios comparte sus secretos contigo si conviertes en un hábito el pensar en su Palabra. Se los transmitió a Abraham, y también a Daniel, a Pablo a los discípulos y a otros amigos (Génesis 18.17; Daniel 2.19; 1 Corintios 2.7–10). Quiere estar también igual de cerca de ti. ¿Estás preparado para tener un nuevo mejor amigo?

Oración

Señor, me parece realmente genial que seas mi mejor amigo. Al leer la Biblia y hablar contigo, muéstrame cómo ser los mejores amigos y aprender más de ti.

Come hasta hartarte

Dios mío, ¡tú eres mi Dios! Yo te buscaré de madrugada. Mi alma desfallece de sed por ti; mi ser entero te busca con ansias, en terrenos secos e inhóspitos, sin agua... Mi alma quedará del todo satisfecha, como si comiera los mejores platillos, y mis labios te aclamarán jubilosos.

(SALMOS 63.1, 5, RVC)

«¡Tengo tanta hambre que me podría comer una vaca entera!». ¿Has estado alguna vez así de hambriento? O tal vez hasta hayas dicho: «¡Me estoy muriendo de hambre!». En realidad no es verdad, pero los calambres del hambre te gritan pidiendo algo que comer. En un día súper caluroso de verano, sientes el mismo deseo de agua; ¡estás tan sediento que podrías beberte cuatro litros en tres sorbos!

No bebes ni comes a Dios. Sin embargo, ¿sabes que tu cuerpo y tu mente pueden habituarse tanto a pasar tiempo con él que puedes sentir punzadas de hambre o sentirte «sediento» si lo echas de menos unos cuantos días? Sí; del mismo modo en que tu cuerpo te avisa de que ha pasado la hora de comer, tu mente y tu corazón te dirán que llevas demasiado tiempo si hablar con Dios o sin escuchar su Palabra. Le echarás de menos. ¿Te parece extraño? El hambre y la sed de Dios crece en ti, porque tu cuerpo empieza a experimentar lo bueno que él es para ti. Sencillamente no puedes vivir sin él. Por tanto, hártate de Dios hoy.

Oración

Señor, estoy empezando a comprender lo que significa sentir hambre o sed de ti. Quiero que seas tan importante como la comida y la bebida para mí. Ayúdame a crecer en ti y a habituarme a tenerte en mi vida.

Dios va dondequiera que vayamos

Dios es nuestro refugio y nuestra fuerza; siempre está dispuesto a ayudar en tiempos de dificultad. Por lo tanto, no temeremos cuando vengan terremotos y las montañas se derrumben en el mar.

(SALMOS 46.1–2, NTV)

¿Has sentido alguna vez un terremoto? ¿Has visto la destrucción de un huracán? ¡Es poderoso! Tal vez hayas tenido que correr a un lugar seguro cuando las sirenas del tornado se apagan. Pero es aterrador. Los desastres naturales nos hacen sentir como pulgas. Nos sentimos tan indefensos. No hay nada que hacer, sino esperar que acabe.

No cabe duda de que nos sentimos asustados. A todo el mundo le ocurre. Por esta razón, merece la pena leer el salmo 46 una y otra vez. Es un recordatorio de que cada vez que la naturaleza parece enojada, nuestro Padre celestial tiene el control. Él es mayor que el más grande de los incendios forestales, de las tormentas de nieve, de los tsunamis, de los terremotos, de los tornados y de los huracanes.

En ocasiones, el problema al que nos enfrentamos llega como una «tormenta» personal, como una lesión grave, una enfermedad o que tus padres pierdan su empleo. Estas clases de problemas pueden sacudir también nuestro mundo. Cuando todo estalla, nos sentimos asustados e inseguros.

Pero presta atención a estas extraordinarias noticias: Dios está siempre con nosotros. Dondequiera que vayamos, él también va. Dondequiera que estemos, allí está él. El Señor es lo suficientemente fuerte para mantenernos a salvo. Escribe Salmos 46.1–2 sobre un trozo de papel y cuélgalo en la pared de tu dormitorio si estás afrontando una tormenta.

Oración

Señor, resulta fácil olvidar que tú estás justo a mi lado cuando el viento sopla y suenan las sirenas. Gracias porque me mantienes a salvo. Gracias por ser más fuerte y más grande que cualquier problema.

¿Eh?

Hijo mío, presta atención a mis palabras; inclina tu oído para escuchar mis razones. No las pierdas de vista; guárdalas en lo más profundo de tu corazón.

(PROVERBIOS 4.20–21, RVC)

«Presta atención» suele querer decir que estás en dificultad o que te han pillado soñando despierto. Un amigo podría estar contándote una historia larga y aburrida. Te distraes y tu amigo lo nota. «Oye, que te estoy hablando a ti», protesta tu amigo. Si tu maestro te ve dando cabezadas en lugar de escuchar la lección, podría aclararse la garganta y echarte una de esas miradas con las que te advierte que más te vale escuchar.

Cuando el rey Salomón escribió este proverbio, es probable que estuviera familiarizado con niños que prestaban atención todo el tiempo. Y quería asegurarse de que su hijo no se perdiera nada importante: las palabras y la sabiduría de Dios. Escucha y observa estas cosas cuidadosamente. Todo lo que aprendas de Dios es tan importante que necesita estar escondido en el lugar más seguro que conoces: tu corazón. ¿Sabes por qué? Porque tu corazón está en el lugar de donde procede todo lo que haces y dices. Si guardas las palabras de Dios en tu corazón, vivirás para él. Ocurrirá solo por haberlo hecho. De modo que presta atención a las personas que enseñan la Palabra de Dios, a tus padres, a tus maestros y a tus amigos piadosos. De este modo no te perderás nada importante.

Oración

Señor, no es fácil prestar atención todo el tiempo. En ocasiones ni siquiera sé por qué importa tanto que escuche en la iglesia o en la escuela. Incluso mis padres dicen cosas que yo no entiendo. Ayúdame a prestar atención a las cosas importantes.

Importante recordatorio

Deberán confeccionarse flecos, y coserlos sobre sus vestidos con hilo de color púrpura. Estos flecos les ayudarán a recordar que deben cumplir con todos los mandamientos del Señor.

(NÚMEROS 15.38B–39)

Mira la puerta de la nevera. ¿Qué hay en ella? ¿Un dibujo que hiciste el año pasado? ¿Una lista de tareas para la semana? ¿Una tarjeta de un misionero? Cualquier cosa que se encuentre allí es un recordatorio, como por ejemplo que no olvides hacer tus tareas. Aprecia tus habilidades artísticas. Ora por la familia en Japón. Las fotos son similares. Es probable que tu familia tenga fotos por toda la casa, una en la que estás montando en bicicleta o tu última fiesta de cumpleaños. Las fotos te recuerdan un buen tiempo que pasaron juntos.

A Dios le gusta que recordemos los días importantes y las celebraciones. Aún más, le gusta que recordemos su Palabra, la Biblia. Es tan grande que no podrías memorizarla entera. Sin embargo, podrías crear recordatorios para leerla. Los israelitas cosieron flecos en su ropa para que esto les ayudara a recordar a Dios. Los flecos no son realmente algo elegante en estos días, pero tal vez podrías poner una cruz en tu habitación. O tal vez ponerte una camiseta cristiana. Si estás constantemente delante de tu computadora, pon una alarma para leer la Biblia u orar. Cada vez que mires uno de estos recordatorios, dedica unos cuantos minutos a estar con Dios para que no te olvides de él.

Oración

Señor, los recordatorios me ayudan a hacer mis deberes y mis tareas, pero los necesito para otras cosas importantes, como tú. ¿Qué me ayudará a recordar que pase tiempo contigo? ¿Me lo mostrarás?

Habla libremente

Dios… es amigo de la gente honrada.
(PROVERBIOS 3.32, TLA)

En la Biblia los amigos de Dios eran sinceros con respecto a sus sentimientos. Con frecuencia se quejaban, cuestionaban, acusaban y discutían con su Creador. A Dios no parecía importarle. De hecho, él alentaba este tipo de sinceridad.

Dios permitió que Abraham cuestionara y lo retara por la destrucción de la ciudad de Sodoma. El patriarca molestó a Dios preguntándole qué le haría perdonar a la ciudad. Dios también escuchó con paciencia las muchas acusaciones de David que lo culpaba de injusticia, de traición y de abandono. Dios no calló a Jeremías cuando afirmó que Dios lo había engañado. Job se desahogó expresando lo triste que estaba por haber perdido su familia y sus posesiones.

¿Puede Dios gestionar esa clase de sinceridad franca e intensa tuya? ¡Rotundamente, sí! Esta es la cuestión: Dios siempre te devuelve sinceridad. Te dice toda la verdad absoluta. La amistad genuina está construida sobre la franqueza. Dios escucha las palabras apasionadas de sus amigos. Para ser amigo de Dios tienes que ser sincero y compartir tus verdaderos sentimientos.

Oración

Quiero ser sincero contigo sobre mis sentimientos, Señor. Pero resulta difícil recibir de vuelta la verdad sincera. Ayúdame a crecer en franqueza y a ser capaz de escuchar la verdad de ti.

Feliz de obedecer

Así como el Padre me ha amado a mí, también yo los he amado a ustedes. Permanezcan en mi amor. Si obedecen mis mandamientos, permanecerán en mi amor, así como yo he obedecido los mandamientos de mi Padre y permanezco en su amor. Les he dicho esto para que tengan mi alegría y así su alegría sea completa.

(JUAN 15.9–11)

Mira lo que Jesús declaró en Juan 15. Espera que solo hagamos lo que él hizo con el Padre. Su relación con su Padre es el modelo para nuestra amistad con él. Porque Jesús amó a Dios Padre, hizo todo lo que el Padre le pidió que hiciera; no hizo una sola pregunta.

El amor es la razón por la que Dios nos creó. El amor es la razón por la que Jesús vino a la tierra. El amor es la razón por la que Jesús perdona nuestros pecados. Solo tiene sentido que le obedezcamos, por lo amoroso que él es con nosotros.

Es posible que oigas que los cristianos obedecen a Dios por deber, por culpa o por temor al castigo, pero la verdad es justo lo contrario. Dios quiere que entendamos su amor por nosotros. Entonces obedecemos a Dios, porque le amamos y confiamos en que él sabe qué es lo mejor para nosotros. Seguimos a Cristo por agradecimiento. Hemos sido perdonados y liberados del pecado. ¡Esta es la razón de nuestro gozo!

Oración

Jesús, quiero tener una fuerte amistad contigo. Estoy agradecido de que Dios me ame tanto, y quiero seguir dondequiera que él me guíe.

Siempre disponible

Al instante, el fuego del Señor cayó desde el cielo y consumió el toro, la leña, las piedras y el polvo. ¡Hasta lamió toda el agua de la zanja! Cuando la gente vio esto, todos cayeron rostro en tierra y exclamaron: «¡El Señor, él es Dios! ¡Sí, el Señor es Dios!».

(1 REYES 18.38–39, NTV)

Dios no pierde el tiempo. Cuando su pueblo clama a él, enseguida está ahí. Por desgracia para ellos, los profetas de Baal no tenían a Dios de su parte. Intentaron sin cesar que su dios respondiera a sus oraciones. Saltaron. Danzaron. Se sajaron con espadas. «Nadie respondió ni prestó atención», declara el versículo 29.

Las cosas no les iban bien ese día.

Entonces Elías invocó al Señor Dios y este se manifestó de una forma tremenda. Incendió el altar empapado y el sacrificio, y todo lo que había a su alrededor delante de todos esos profetas.

La historia es extraordinaria, no solo por mostrar lo asombroso que es Dios, sino también porque es el mismo Dios que escucha nuestras oraciones y nos responde. Por tanto, podemos correr a él con cualquier cosa que nos esté preocupando.

¿Tienes algo en tu pensamiento hoy? Díselo a Dios y verás cómo contesta. Siempre está escuchando.

Oración

Señor, gracias porque puedo venir a ti con cualquier cosa que me preocupe. Me alivia tanto saber que escuchas mis oraciones y que cuidas de mí.

Privilegio especial

Pero no ruego solamente por éstos, sino también por los que han de creer en mí por la palabra de ellos, para que todos sean uno; como tú, oh Padre, en mí, y yo en ti, que también ellos sean uno en nosotros; para que el mundo crea que tú me enviaste.

(JUAN 17.20–21, RVC)

Imagina que el presidente viene a la ciudad. Pasa el día en tu escuela. Cuando se marcha, te da su número de teléfono. «Llama cuando quieras —te indica—. Puedes contar conmigo para cualquier necesidad que tengas durante el resto de tu vida». ¿En serio? ¿El presidente te acaba de dar su número personal? Sería asombroso.

Jesús hizo algo semejante. Realizó una visita especial a la tierra. Justo antes de marcharse para regresar al cielo, oró por sus seguidores. Incluso oró por ti. Sabía que tú te encontrarías aquí un día. Es como si hubiera establecido un teléfono móvil especial para cualquiera que crea en él. Y cuando volvió al cielo, dispuso citas regulares con Dios para orar por tus necesidades. Con el número privado de Jesús —la oración— tienes línea con el poder más importante del universo. ¿Cuándo vas a llamarlo? Está esperando para informar a Dios de tus peticiones.

Oración

Jesús, gracias por el asombroso privilegio de oración. Es asombroso saber que cuidarás de mí durante toda mi vida.

Apunta

En mi corazón se agita un bello tema mientras recito mis versos ante el rey; mi lengua es como pluma de hábil escritor.

(SALMOS 45.1)

El rey David escribió cánticos y poemas —muchos— alabando a Dios y mostrando admiración. Escribir era su forma de exponer sus sentimientos delante de Dios. María la profetiza y Débora la jueza escribieron cánticos después de los grandes momentos de su vida. Dejaron brotar sus sentimientos, crearon hermosas poesías para Dios. Usar su pluma era beneficioso para su alma y las ayudaba a recordar todo lo que Dios había hecho.

Intenta escribir. Durante las dos próximas semanas, en cualquier momento que te sientas triste o feliz, agarra un bolígrafo y un cuaderno o tu tableta. Apunta tus pensamientos y sentimiento. Sé completamente sincero. Si estás que echas humo, enfadado, escríbelo. Si estás contento de que Dios ha respondido una oración, crea una nota de agradecimiento dirigida a él. Incluso si sientes que odias a alguien, anótalo en un papel o en tu computadora. Transcurridas dos semanas, vuelve a leer lo que has escrito. Repíteselo en voz alta a Dios si estás orgulloso de él o si necesitas su ayuda. Si notas que precisas ocuparte de un problema o de un pecado, confiesa. A continuación escribe una oración concluyente sobre todo lo que sentiste y pensaste durante esas dos semanas. Realiza este ejercicio de escritura en cualquier momento que necesites descifrar tus sentimientos o cuando sepas que necesitas pasar más tiempo con Dios. Al rey David le funcionó. También te irá bien a ti.

Oración

Señor, escribir parece [difícil o fácil]. No sé si me ayudará, pero si le funcionó al rey David y a otros muchos en la Biblia, podría servirme a mí también. Te ruego que me muestres cómo puedo usar la escritura para edificar mi relación contigo.

Escapar

Jonás se fue, pero en dirección a Tarsis, para huir del Señor. Bajó a Jope, donde encontró un barco que zarpaba rumbo a Tarsis. Pagó su pasaje y se embarcó con los que iban a esa ciudad, huyendo así del Señor.

(JONÁS 1.3)

Estás harto y cansado de las normas de tus padres. Sencillamente no te entienden. Así que preparas una mochila y te diriges hacia la puerta. ¿Hasta dónde irías para escapar de ellos?

Jonás no estaba huyendo de sus padres, pero con toda seguridad estaba furioso. Dios quería que fuera a hablar de su amor a esos malvados y canallas corruptos de Nínive. ¡De ninguna de las maneras! Jonás no quería hacerlo. Escaparía antes de visitar siquiera aquella ciudad.

¿Puedes entender cómo se sentía? Sencillamente no parecía justo darles a los ninivitas una segunda oportunidad de enderezarse. Habían cometido demasiadas ofensas y demasiadas veces.

Dios entendía cómo se sentía Jonás, de modo que primero permitió que el profeta huyera. Le dejó ir lo suficientemente lejos hasta que Jonás empezó a replantearse sus elecciones. ¡El vientre apestoso de un gran pez era un lugar asqueroso adonde escapar!

Cuando no entiendes algo que Dios o tus padres te piden que hagas, háblalo con Dios. Desahoga tu frustración. No la contengas; de otro modo podrías huir y acabar en un apestoso desastre.

Oración

Señor, ¿por qué hay tantas normas en casa, en la escuela y en la iglesia? Parece ser que las normas, normas, normas están por todas partes. Sé que supuestamente están hechas para ayudarme y protegerme, pero necesito fe para creer que esto es verdad.

¡Más vale que lo creas!

El centurión le respondió: «Señor, yo no soy digno de que entres a mi casa. Pero una sola palabra tuya bastará para que mi criado sane...» Al oír esto Jesús, se quedó admirado y dijo a los que lo seguían: «De cierto les digo, que ni aun en Israel he hallado tanta fe».

(MATEO 8.8, 10)

Si tu maestro te comunicara que tendrías una fiesta de pizza cuando toda la clase haya aprendido todas las palabras de vocabulario correspondientes de la forma adecuada, ¿lo creerías? ¡Por supuesto que sí! Esto se debe a que conoces a tu profesor. ¿Pero qué me dices si le pidieras a un hombre que pasara por la calle cien dólares y él te respondiera que sí? ¿Le creerías? ¡De ninguna manera! No lo conoces.

¿Y en el caso de Jesús? Cuando le pides algo, ¿de verdad crees que te va a responder? Esta pregunta es más difícil de contestar, ¿verdad?

El centurión respondió que sí en un segundo. Ni siquiera había visto antes a Jesús. Sin embargo, había oído hablar mucho de él. Sabía lo suficiente sobre su reputación como el Hijo de Dios que hacía milagros. Por tanto, tan solo le pidió que sanara a su siervo y creyó que Jesús lo haría. Ni siquiera necesitó que fuera a su casa ni mandó buscar a médicos para que demostraran que su criado había mejorado.

Puedes confiar en Jesús, el Hijo de Dios. Cuando hablas con él o le pides alguna cosa, te responderá a través de la Biblia, de alguna persona o en tu corazón. Puedes contar con ello.

Oración

Jesús, me pides que confíe en ti, pero a veces resulta difícil ya que no te he visto cara a cara. ¿Me mostrarás cómo creer en ti y ver tus respuestas?

Contento como unas pascuas

El obedecer es mejor que un sacrificio.

(1 SAMUEL 15.22B, LBLA)

Jesús fue un desconocido durante la mayor parte de su vida. No salió a enseñar la verdad y a salvar el mundo hasta la edad de treinta años. A pesar de todo, cuando Juan bautizó a Jesús, Dios habló desde el cielo: «Éste es mi Hijo. Yo lo amo mucho y estoy muy contento con él» (Mateo 3.17b, TLA). ¿Qué había estado haciendo Jesús durante treinta años que hizo que Dios estuviera tan contento? La Biblia solo pronuncia una frase en Lucas 2.51: «Entonces Jesús volvió con sus padres a Nazaret, y los obedecía en todo» (TLA). ¡En estas tres palabras se resume treinta años de complacer a Dios: «obedecía en todo»!

Antes de que Jesús fuera famoso, obedeció a Dios de muchas formas, en las pequeñas cosas, cuando nadie excepto su familia podían verlo. Las grandes oportunidades pueden llegar una sola vez en la vida, pero las pequeñas nos rodean cada día. Incluso en actos sencillos como decir la verdad, ser amable y obedecer a nuestros padres, provocamos una sonrisa en el rostro de Dios. Dios atesora los actos simples de obediencia. Es posible que nadie los note, pero a él no se le escapan. Él considera estos actos de adoración y estos te acercan más a su corazón.

Oración

Quiero seguir el ejemplo que Jesús dejó siendo obediente. Señor, ayúdame en los momentos cotidianos, como cuando me resulta difícil obedecer o ser amable con otras personas.

Charla constante

Oren en todo momento.

(1 TESALONICENSES 5.17, TLA)

¿Cómo es posible orar todo el tiempo? Déjame decirte cómo lo han hecho muchos cristianos durante siglos: «respira oraciones». Escoge una frase breve o sencilla para decírsela a Jesús, como «Estás conmigo». «Dependo de ti». «Quiero conocerte». «Soy tu hijo, Señor». «Ayúdame».

Puedes usar, asimismo, una corta frase de las Escrituras, como «Dios es mi fuerza». «Nunca me dejarás». Repítelo en oración tan a menudo como puedas para que quede arraigado en lo profundo de tu corazón.

También puedes crear recordatorios de que Dios está contigo y quiere saber de ti. Podrías pegar pequeñas notas que expresen: «¡Dios está conmigo ahora mismo!».

Esta práctica te ayudará a elaborar una costumbre de oración. Así como los músicos practican escalas a diario para interpretar una hermosa melodía, practica el pensar en Dios en distintos momentos de tu día. Pronto estarás orando todo el tiempo.

Oración

Señor, parece difícil orar todo el tiempo. Sin embargo, yo quiero que la oración sea un hábito constante para poder hablar contigo más y más.

¿A quién estás intentando agradar?

Yo no puedo hacer nada por mí mismo. Yo juzgo según lo que oigo; y mi juicio es justo, porque no busco hacer mi voluntad, sino hacer la voluntad del que me envió.

(JUAN 5.30, RVC)

No puedes agradar a todo el mundo. Cuando un amigo está contento contigo, otro se molesta. Ni siquiera Dios complace a todo el mundo. ¿Por qué intentarías, pues, hacer algo que ni él hace?

No obstante, Dios quiere que le hagas feliz. Jesús lo sabía y vivió el ejemplo de contentarlo. No tenía preguntas al respecto: «Voy a agradarle a Dios Padre». Y lo llevó a cabo. En Mateo 3.17 (TLA) Dios Padre declaró: «Éste es mi Hijo. Yo lo amo mucho y estoy muy contento con él».

Si nos centramos en complacer a Dios, siempre haremos lo correcto independientemente de lo que cualquier otro piense. ¿Cómo contentamos, pues, a Dios? Recurre a la Biblia y aprende sobre él y sobre sus instrucciones para la vida. Síguelas y concéntrate en él. Entonces, un día, él declarará: «Estoy contento contigo».

Oración

¡Señor, espero el día en que declares que estás contento conmigo! Guíame en tus caminos, porque quiero hacerte feliz.

Sigue al líder

Reconócele en todos tus caminos, y El enderezará tus sendas.

(PROVERBIOS 3.6, LBLA)

Muchos de nosotros intentamos estar a cargo. Queremos tomar nuestras propias decisiones. «¿Debería ponerme esto o aquello?». «¿Debería ir aquí o allí?». «¿Con quién debería sentarme a la hora del almuerzo?». Sin embargo, existe una forma mejor. Cuando confío en el Señor, él puede estar a cargo. Y siempre hace las mejores elecciones.

El apóstol Pablo estaba en paz, porque sabía que Dios dirigía su vida. Incluso cuando estaba encerrado en una cárcel romana, podía escribir: «En todo y por todo he aprendido en secreto tanto de estar saciado como de tener hambre, de tener abundancia como de sufrir necesidad». (Filipenses 4.12b, LBLA). ¿Cuál es el «secreto» que aprendió? Dependía de la fuerza de Dios. A eso se le llama confianza.

Pablo tuvo que aprender a confiar en Dios. No fue algo que le llegara de manera natural. Una vez conseguido, estaba satisfecho y lleno de paz. Tú también puedes aprender a confiar en el Señor y permitirle guiarte. El lugar más seguro donde estar es siguiendo a Dios dondequiera que él quiera llevarte.

Oración

Señor, quiero la paz asombrosa que Pablo tenía. Aun no siendo fácil confiar y depender de ti solo, sé que de verdad tú tienes el control y que cuidarás de mí.

El único juez

Por mi parte, no me preocupa mucho ser juzgado por ustedes o por algún tribunal humano; es más, ni siquiera yo mismo me juzgo. Y aunque mi conciencia no me acusa de nada, no por eso quedo justificado; quien me juzga es el Señor.

(1 CORINTIOS 4.3–4, RVC)

¿Has observado alguna vez un desfile de belleza? Docenas de muchachas atractivas intentan impresionar a todo un jurado con su cuerpo, su sonrisa y su inteligencia. Finalmente, esos jueces premian con una tiara gigantesca y una banda reluciente a una sola de ellas. Lo que toda esa ostentación declara es: «Esta joven es más bella, más inteligente y mejor que todas las demás». ¡Y la audiencia se lo traga!

Los desfiles de belleza no son algo nuevo, por supuesto. Ester se convirtió en reina, porque ganó uno de estos certámenes (lee Ester 2). Las personas no han cambiado; les encanta juzgar. «No te quiero en mi equipo; estás demasiado gordo». «Nunca ganarás el premio de ciencia, porque no eres lo suficientemente listo». «No me gusta tu hermana, así que tú tampoco». ¡Este tipo de palabras de crítica apestan!

Pablo sabía que ser juzgado no era divertido. De modo que habló sobre las palabras de alguien a las que deberíamos prestar realmente atención: a las de Dios y no a las de las personas. ¿De modo que a tus compañeros de equipo no les gustan tu vestimenta y tus zapatos? ¿Tu vecino afirma que eres raro porque vas a la iglesia? ¿Los niños populares se burlan de ti porque no ves los mismos programas de televisión? Esto te puede doler en el momento, pero al final no tiene importancia.

No intentes impresionar a las personas. En vez de ello, céntrate en Dios, el juez supremo que mira más allá de tu cuerpo, tus talentos, tus antecedentes y tus defectos y ve quién eres en realidad... y ama lo que ve.

Oración

Las personas creen que me conocen, porque saben cosas de mí. Sin embargo, Señor, no es quien soy en realidad. Cuando otros me juzguen, ayúdame a concentrarme en agradarte a ti, no a la multitud.

Culto de labios

Señor y Dios mío, yo te alabaré con todo el corazón.

(SALMOS 86.12A, RVC)

Estás hecho a imagen de Dios, de modo que eres un espíritu que vive en un cuerpo. Y Dios diseñó tu espíritu para comunicarse con él. La adoración es la forma en que tu corazón responde a Dios. Una de las formas en que puedes adorar es a través de la alabanza.

La alabanza no es tan solo cuestión de pronunciar o cantar las palabras adecuadas; lo que afirmas debe tener sentido para ti. Dios mira más allá de nuestras palabras para ver nuestra actitud. Dios te dio emociones para que pudieras alabarlo con profundo sentir, pero esas emociones tienen que ser verdad.

En la Biblia se mencionan muchas formas de alabanza: confesar, cantar, gritar, estar de pie para honrar, de rodillas, bailar, manifestar el júbilo con ruido, testificar, tocar instrumentos musicales y alzar las manos (Hebreos 13.15; Esdras 3.11; Salmos 149.3, 150.3; Nehemías 8.6). El mejor estilo de alabanza es el que mejor representa tu amor hacia Dios, basado en la personalidad que Dios te concedió. ¿Cómo alabarás hoy a Dios?

Oración

¡Señor, quiero alabarte! Gracias por aceptar todo tipo de alabanza y porque cada ser ha sido creado de forma exclusiva para alabarte. Muéstrame hoy formas de honrarte.

¿Dónde está Dios?

Desnudo salí del vientre de mi madre, y desnudo volveré al sepulcro. El Señor me dio, y el Señor me quitó. ¡Bendito sea el nombre del Señor!

(JOB 1.21, RVC)

Cuando Dios parece distante, tú puedes sentir que está enojado contigo por algún pecado. En realidad, el pecado nos desconecta de la comunión íntima con Dios. No obstante, con frecuencia este sentimiento de estar a solas no tiene nada que ver con el pecado. Es una prueba de fe y todas las personas se tienen que enfrentar a estas pruebas. ¿Seguirás amando, confiando, obedeciendo y adorando a Dios, incluso cuando no sientas su presencia?

Esto le ocurrió a Job. En un solo día lo perdió todo. ¡Y lo más desalentador es que Dios no dijo nada durante varios días!

¿Cómo alabas a Dios cuando no entiendes qué está sucediendo? ¿Cómo mantienes tus ojos en Jesús cuando están llenos de lágrimas? No te preocupes. Dios está ahí. Por ello, haz lo mismo que Job. Alaba a Dios por seguir siendo Dios, siempre lo mismo incluso cuando la vida cambie a tu alrededor. La próxima vez que estés pasando dificultades, recurre a la alabanza. Dios se encontrará contigo y edificará tu fe.

Oración

Señor, siento mucho las veces que he pecado contra ti. No entiendo por qué ocurren algunas cosas en mi vida, pero gracias por seguir siendo Dios y tener el control.

Fe en acción

Cuando Jesús lo vio acostado, y se enteró de que llevaba ya mucho tiempo así, le dijo: «¿Quieres ser sano?» El enfermo le respondió: «Señor, no tengo a nadie que me meta en el estanque cuando el agua se agita; y en lo que llego, otro baja antes que yo.» Jesús le dijo: «Levántate, toma tu lecho, y vete.»

(JUAN 5.6–8, RVC)

«No tengo a nadie que me ayude», le contestó el discapacitado a Jesús.

Y la respuesta de Jesús no parece muy amable: «Levántate y anda». Jesús sabía que el hombre no podía usar sus piernas. Sin embargo, quería ver la fe del hombre y su disposición a emprender una acción si Jesús le indicaba que hiciera algo.

Dios nos dice que tengamos fe. La fe es creer en el poder de Dios para hacer cualquier cosa. En ocasiones, significa estar preparado para actuar. Por ejemplo, si le pides a Dios que ayude a tus padres a pagar sus facturas, ellos podrían recortar sus gastos caminando más. Pero creen que Dios se cuidará de proporcionar suficiente dinero para saldar las facturas que no pueden pagar por sí mismos.

Cuando necesites la ayuda de Dios, cuéntale la verdad sobre lo que necesitas, pero estate preparado a edificar tu fe actuando. Cuando ores pidiendo ayuda con respecto a una prueba o mejorar en un deporte, es muy posible que Dios quiera responder «sí». No obstante, puede indicarte que estudies al máximo o que practiques mucho. Como le dijo al hombre paralítico, es tiempo de levantarse y hacer algo.

Oración

Querido Dios, no sé cuánta fe tengo en realidad. Resulta difícil actuar cuando desconozco en qué consistirá tu respuesta. Te ruego que aumentes mi fe.

En tinieblas

*Entonces los que estaban reunidos con él le preguntaron:
«Señor, ¿es ahora cuando vas a restablecer el reino a
Israel?». «No les toca a ustedes conocer la hora ni el
momento determinados por la autoridad misma del Padre»,
les contestó Jesús.*

(HECHOS 1.6–7)

¿Cuántas veces has fastidiado a un maestro o a tu padre o
madre preguntando «¿Por qué?», ¿o cuando lees un libro o artículo
que no entiendes y quieres que alguien te lo explique? La curiosidad
es natural. Sin embargo no siempre obtenemos las respuestas que
contestan nuestras preguntas.

Los discípulos le formularon a Jesús gran cantidad de preguntas.
Con frecuencia él se sentaba y explicaba los caminos de Dios hasta
que ellos comprendían. Y en ocasiones tenía que recordarles lo que ya
les había expuesto. Sin embargo, este no era siempre el caso. Antes
de que Jesús abandonara la tierra para regresar al cielo, los discípulos
querían conocer el plan completo de Jesús. «¿De qué se trata?», preguntaron básicamente. «Explícanoslo, por favor». La única respuesta
que Jesús les dio fue que ellos no necesitaban conocer. Jesús les
señaló que ellos harían grandes cosas para él, pero eso fue todo.

Aunque no sabemos por qué Jesús no respondió a sus preguntas finales, sí tenemos claro que él sabía que no estaban preparados
para recibir la respuesta. Es posible que te responda a ti de la misma
manera. Si le pides que te explique por qué alguien de tu familia
enfermó o la razón por la que tu familia tuvo que mudarse. Tal vez
Jesús no te lo diga, porque sabe que una respuesta no te será de
ayuda. Esto podría dificultar el tener fe. Sin embargo, Jesús siempre
te dará lo que necesites. Será así aunque lo que necesites no sea
aquello que quieras saber.

Oración

Jesús, quiero comprender tus caminos y saber por qué ocurren las
cosas malas. Es difícil aceptar que no siempre me lo expliques todo.
Aun así, dame fe para confiar en ti cuando no me pongas al corriente
de las cosas.

¿Todavía estás inseguro?

Pero ellos, aterrorizados y asustados, pensaron que veían un espíritu. Y El les dijo: ¿Por qué estáis turbados, y por qué surgen dudas en vuestro corazón? Mirad mis manos y mis pies, que soy yo mismo; palpadme y ved, porque un espíritu no tiene carne ni huesos como veis que yo tengo.

(LUCAS 24.37–39, LBLA)

Pensemos en esto: Si a los discípulos les costó creer que Jesús había regresado para estar entre ellos, probablemente nosotros también tendremos nuestros momentos en los que dudemos de que él esté cerca, observando lo que nos pasa y ayudándonos cuando lo necesitemos. A Jesús no le sorprende cuando tenemos preguntas o dudas.

No obstante, Jesús no se enfureció con los discípulos ni tampoco se enoja con nosotros cuando tenemos dudas. En realidad quiere que formulemos preguntas. Quiere que miremos más de cerca. Preguntar no significa que no tengamos fe. Tan solo quiere decir que necesitamos dedicar más tiempo para conocer a Jesús.

Oración

Señor, tú conoces mi corazón. Conoces mis preocupaciones, mis temores y mis dudas. Enséñame a hacerte preguntas, sabiendo que escucharás y responderás.

Aprovecha lo sobrenatural

Los que confían en el SEÑOR son como el monte Sion, que es inconmovible, que permanece para siempre.

(SALMOS 125.1, LBLA)

¿Has intentado alguna vez mover una montaña? ¿Qué me dices de empujar una pequeña colina? ¿Deslizar un montón de tierra, quizás? Necesitarías una excavadora para el montón y un terremoto para la colina y la montaña, a menos que tengas poderes sobrenaturales.

¿Por qué no aprovechar el poder sobrenatural de Dios? Es gratis para aquellos que confían en él, aunque él no lo pasa de cualquier manera para que las personas puedan ir por ahí moviendo estructuras geológicas.

Cuanto más confías en Dios y menos en ti mismo, él desarrolla tu fuerza interior. Su estabilidad te hace más sólido y seguro, como una montaña. Las excavadoras de la vida, los problemas que sacuden y las pruebas que estremecen no te moverán. Es evidente que experimentarás las emociones que llegan con los problemas de la vida, como cualquier otra persona. Y no serás inmune a la tristeza, al temor o a los nervios. Sin embargo, cuando confías en Dios, esas cosas no son tan temibles, porque tú tienes a la única superpotencia cuidando de ti.

Oración

Señor, te ruego que desarrolles mi confianza en ti. Tú conoces mi corazón. Estás al tanto de mis preocupaciones, mis temores y mis dudas. Enséñame a hacerte preguntas, sabiendo que escucharás y responderás.

¿De qué tienes miedo?

En el amor no hay temor, sino que el perfecto amor echa fuera el temor.

(1 JUAN 4.18A, RVC)

❧

¿Has tenido alguna vez miedo de la oscuridad? ¿De que se burlen de ti? ¿De suspender una asignatura? ¿De que te hagan daño? Existen centenares de cosas que causan miedo y que pueden conducir tu vida.

Muchos niños —y adultos— permiten que el temor esté a cargo de su vida. Los miedos pueden resultar de un accidente o trauma, de un fracaso o incluso de un impulso genético. Algún temor es una protección natural como permanecer alejado de una serpiente de cascabel o del borde de un acantilado. Pero el temor de probar algo nuevo, de ser valiente para Dios, de decir la verdad o de adoptar un riesgo es como meterte en una prisión. El miedo puede mantenerte cautivo. Independientemente de la causa, las personas dirigidas por el temor se pierden con frecuencia grandes oportunidades, porque están asustadas de hacer cualquier cosa. En vez de ello, van a lo seguro.

Estar asustado todo el tiempo te impedirá convertirte en lo que Dios quiere que seas. ¿Adivinas qué lucha contra el temor? La fe y el amor. De modo que deja atrás el temor depositando tu fe en Dios y aceptando su amor.

Oración

Señor, ayúdame a vivir con valentía, sabiendo que me amas y que cuidas de mí. Quiero ser todo aquello que tú querías que fuera cuando me creaste.

Entrégalos

Así dice el Señor, tu Redentor, el que te formó desde el vientre: «Yo soy el Señor, el que todo lo hace; el que extiende los cielos sin ayuda; el que extiende la tierra por sí mismo».

(ISAÍAS 44.24, RVC)

Hay tantos problemas que son tan grandes. ¿Cómo puede Dios ayudar a las familias que no tienen bastante para comer? ¿A los niños de todo el mundo que están muriendo de enfermedad? ¿A las personas que tienen que huir de sus hogares a causa de la guerra? Estos problemas tan grandes parecen imposibles de resolver. *¿De verdad* puede Dios hacer algo en cuanto a ellos?

A Dios le gusta recordarnos lo grande que es. Él creó a todas y cada una de las personas. Antes de que Dios te pusiera siquiera en el vientre de tu madre, diseñó tus ojos, orejas, dedos de las manos y de los pies. Resolvió cada detalle para hacer que cada persona fuera especial; esto significa más de siete mil millones de creaciones únicas sobre la tierra ahora mismo. Si con esto solo Dios no te parece lo bastante grande, mira las estrellas y los planetas. Nuestra galaxia, la Vía Láctea, consta de entre doscientos a cuatrocientos mil millones de estrellas. Esos números no son más que la cuenta de dos de las creaciones de Dios.

Nada es demasiado grande para que nuestro Dios lo maneje. Podemos contarle casi cualquier cosa que nos inquiete. Podemos orar por nuestra familia, nuestros amigos, y todas las malas noticias que suceden en el mundo. Nuestro Dios es grande y poderoso, fuerte y capaz. Si puede hacer la Osa Mayor y algo tan pequeño como un diente, puede ocuparse de cualquier problema que le lancemos.

Oración

Señor, ayúdame a recordar que no hay nada demasiado grande que tú no puedas gestionar. ¡Gracias!

Verdadera paz

No se inquieten por nada; más bien, en toda ocasión… presenten sus peticiones a Dios y denle gracias. Y la paz de Dios… cuidará sus corazones y sus pensamientos en Cristo Jesús.

(FILIPENSES 4.6–7)

¿Qué es la paz? Es un sentimiento de calma y silencio en tu corazón. La preocupación es lo contrario a la paz. Si te estás afanando, no puedes sentir paz. Si estás tranquilo, no puedes estar preocupándote.

Dios es el único que proporciona verdadera paz. Si queremos la paz de Dios, es necesario pedirla. Nota el orden en Filipenses 4: primero la oración y después la paz. Esto es causa y efecto. La oración es la causa; la paz es el efecto. Si no estás orando, probablemente te estás preocupando.

De modo que cada vez que empieces a preocuparte, convierte tus desvelos en oraciones. Dios no se estresará por lo que le cuentes. Él ya lo sabe todo y te ama mucho.

Cuando Jesús está a cargo de tu vida, experimentarás la paz verdadera. Esto no significa que no tendrás ningún problema, sino que la presencia de Dios calmará tu corazón en cualquier situación.

Oración

Es un consuelo saber que si te pido ayuda tú te ocuparás de mis preocupaciones. Me prometes paz si oro y te doy las gracias por ello.

Llámale

Clamo al Señor a voz en cuello, y desde su monte santo él me responde.

(SALMOS 3.4)

Dios vive en el cielo. Desde allí lo ve y lo oye todo. Incluso aunque un millón de personas estén orando todas al mismo tiempo, puede escuchar a cada una de ellas. Podrías estar orando por algo relacionado con la escuela al mismo tiempo que un chico o una chica al otro lado del mundo en Tailandia ruega por una apacible noche de descanso. Dios no recibe las oraciones tan solo durante unas cuantas horas del día. Puedes hablarle en cualquier momento. Él quiere saber de ti. Quiere saber qué te preocupa, cuándo estás contento y estar al tanto de tus situaciones aterradoras. Cada vez que alguien le habla a Dios él se acerca más a esa persona. Es como si dijera: «Estaba esperando para venir a verte. Gracias por llamarme». ¿Cómo sabes que Dios te está hablando a ti? Sus palabras están en la Biblia. También usa la naturaleza y a otras personas para compartir lo que quiere decir. En ocasiones habla directamente a tu corazón o por medio de una situación al día siguiente.

El rey David, uno de los reyes más importantes de Israel, donde se escribió gran parte de la Biblia, creía que podía hablar con Dios en cualquier momento. Confiaba en cualquier cosa que Dios dijera. Tú también puedes hablar con Dios a cualquier hora. Dale las gracias por escuchar tus oraciones y pídele que te ayude a aceptar sus respuestas.

Oración

Señor, gracias por prestar oído a mi oración y la de cada persona de la tierra. Quiero escuchar tus respuestas.

Dudas

Pedro le dijo: «Señor, si eres tú, manda que yo vaya hacia ti sobre las aguas». Y él le dijo: «Ven». Entonces Pedro salió de la barca y comenzó a caminar sobre las aguas en dirección a Jesús.

(MATEO 14.28-29, RVC)

¡Ojalá que la historia acabara en el versículo 29! Pedro salta de la barca y camina hacia Jesús. ¡Vaya! ¿Puedes imaginarte toda la escena? ¡Pedro camina sobre las aguas! El viento sopla, de modo que probablemente el agua le cubre las sandalias. Tal vez una o dos olas salpican sus piernas. Aparta los ojos de Jesús y empieza a asustarse. ¿Cómo pueden cambiar sus pensamientos con tanta rapidez? Es muy posible que empezara a pensar: «¡Esto es tan asombroso! ¡Estoy caminando sobre el agua! ¡Lo estoy haciendo de verdad!». Y entonces... «Me pregunto cuánta profundidad habrá justo aquí. ¿Les gustará a los peces la carne de pescadores? ¿Y si me hundo? Podría ser un problema. ¡Esto podría ser un verdadero problema!».

Pero no sabemos si esto fue lo que Pedro pensó. No obstante, sabemos que pasó de confiar en Jesús lo suficiente como para caminar sobre las aguas a dudar de él y empezar a hundirse.

¿Te ocurre esto a ti también? ¿Crees que Jesús te ayudará con algo, pero después te sientes asustado por lo que te rodea? Tal vez Dios te haya llamado a hablarle a un amigo sobre Jesús, a intentar un deporte o a iniciar una nueva amistad. Sea lo que sea, no apartes tus ojos de Jesús. No te dejes convencer por las dudas que pueden hundirte. Jesús tiene fe en que puedes lograrlo, así que mantén tus ojos fijos en él.

Oración

Señor, ¡quiero caminar sobre las aguas! Quiero hacer fielmente cualquier cosa que me pidas y confiar en que tú me darás todo lo que necesito.

Desahógate

Los que me odian sin motivo suman más que los cabellos de mi cabeza. Muchos enemigos tratan de destruirme.

(SALMOS 69.4A, NTV)

¿Has sentido alguna vez que todo el mundo se mete contigo? David sí. Como rey famoso, rico y poderoso, tenía muchos enemigos. También tenía una familia llena de disputas y de sucesos dramáticos, y todo un país que dirigir. ¡Uff!

Para relajarse y cargar pilas, escribió un diario. Desconociendo que miles de millones de personas leerían alguna vez sus palabras, se desahogó de verdad. No endulzó nada; le expresó a Dios cómo se sentía. David se vio con frecuencia entre la espada y la pared.

¿Te suena familiar? Tal vez no tengas soldados ni miembros de tu familia intentando atropellarte con carrozas, pero tal vez tengas nuevos hermanastros con los que llevarte bien o te estés enfrentando al acoso de los chicos populares del colegio.

La vida es difícil, pero no tienes por qué luchar con todo esto tú solo. Al igual que David, tenemos a un Dios que escucha nuestras preguntas, dudas, gritos y gemidos. Ya sea un diario, un blog o cualquier otra cosa, al Señor le gusta cuando te desahogas con él.

Por tanto, la próxima vez que tengas ganas de arrancarte los pelos, intenta hablarle a Dios de ello en su lugar. Te acogerá con los brazos abiertos.

Oración

Dios, no siempre sé exactamente lo que estoy sintiendo, pero estoy seguro de que puedo decirte todo lo que quiero compartir contigo, ya sea mucho o poco. Enséñame a llevar mis pensamientos a ti por encima de todo. Ayúdame a convertirlo en una costumbre para toda mi vida.

Dale la bienvenida a Dios a casa

David también se construyó casas en la ciudad de David, y preparó un lugar para el arca de Dios y le instaló una tienda.

(1 CRÓNICAS 15.1, RVC**)**

Dirígete a tu dormitorio con un cuaderno o una tableta para hacer un inventario. Escribe lo que ocupa más espacio en tu habitación aparte de tu cama (como la ropa, los accesorios para el cabello o los libros). A continuación, anota lo que te gustaría hacer en tu cuarto (dormir, jugar a distintos juegos, leer novelas de misterio, etc.). Ahora ve por el resto de tu casa y apunta lo que esta dice de tu familia: ¿son ustedes desordenados o muy organizados? ¿Les gustan las habitaciones de muchos colores o sin colores llamativos? ¿Pasan tiempo todos juntos en las mismas habitaciones o prefieren su espacio privado?

Cuando David acabó de edificar su casa, quiso crear un lugar para Dios. De manera que erigió una tienda especial que sirviera de templo. De esa manera, David y todo el pueblo pudo visitar a Dios cerca de sus casas.

Ahora mira de nuevo en tu habitación y alrededor de tu casa. ¿Hay un lugar especial para Dios? De no ser así, ¿cómo puedes hacer un lugar que solo sea para leer las historias bíblicas, escribir oraciones o cantar cánticos? Si tus padres también creen en Dios, pídeles que hagan contigo un espacio para Dios en la casa.

Oración

Señor, eres lo suficientemente importante para estar en mi habitación y en la casa de mi familia. Necesitamos recordatorios de tu grandeza y de que siempre estás cerca de nosotros.

¿Cuál es tu parte en la familia de Dios?

Hecho para la familia

Y ustedes no recibieron un espíritu que de nuevo los esclavice al miedo, sino el Espíritu que los adopta como hijos y les permite clamar: «¡Abba! ¡Padre!». El Espíritu mismo le asegura a nuestro espíritu que somos hijos de Dios.

(ROMANOS 8.15–16)

Toda la Biblia cuenta la historia de cómo Dios construyó una familia. Es una familia que lo ama, lo honra y reina con él para siempre. ¡Según parece es una buena familia de la que formar parte!

Dios es amor; por esta razón atesora las relaciones. Incluso se identifica en términos de familia: Padre, Hijo y Espíritu. La Trinidad es la relación de Dios consigo mismo y está basada en el perfecto amor.

Dado que Dios ha existido siempre en tres personas, nunca ha estado solo. No necesitaba una familia. ¡Sin embargo, quiso tener una! Por tanto, nos creó; incluido tú. Fuiste formado para su familia. Quiso que tú fueras parte de ella antes que hubieras nacido. La elección es tuya. Si dices que sí, te acogerá y compartirá todo lo que tiene. Esto haría muy feliz a Dios.

Oración

Señor, ¡gracias por incluirme en tu familia! Me siento honrado de que quieras que cada uno de nosotros seamos parte de tu familia, y que a todos se nos llame hijos de Dios.

Niño de Dios

Bendito sea el Dios y Padre de nuestro Señor Jesucristo, quien según su gran misericordia, nos ha hecho nacer de nuevo a una esperanza viva.

(1 PEDRO 1.3A, LBLA)

Dios creó a todos los seres humanos, pero no todos son «hijos de Dios». La única forma de entrar en la familia de Dios es «nacer» en ella. Te convertiste en parte de tu familia humana cuando viniste al mundo, pero te haces miembro de la familia de Dios mediante un segundo nacimiento.

Cuando depositas tu fe en Cristo, Dios se convierte en tu Padre. Entonces tú pasas a ser su hijo y los demás creyentes son tus hermanos y hermanas. La iglesia es tu familia espiritual, que incluye a todos los cristianos del pasado, el presente y el futuro.

¿Y sabes qué? Tu familia espiritual es incluso más importante que la física, porque durará para siempre. Nuestra familia en la tierra es un regalo maravilloso de Dios, pero es temporal y frágil. Es posible que tus padres estén divorciados. Tus abuelos no están vivos, quizás. Hasta podría ser que no estuvieras cerca de tu familia terrenal. Y si lo estás, todos acaban envejeciendo y muriendo. A pesar de ellos, tu familia espiritual seguirá existiendo mucho después de esto. En el cielo disfrutaremos de la familia de Dios para siempre. Nunca que romperá ni se dividirá. Dios la mantiene unida. Es una unión mucho más fuerte y un vínculo más permanente que las relaciones de sangre.

Oración

Jesús, me diste la bienvenida a tu familia cuando te acepté como mi Salvador. Gracias por mi familia aquí en la tierra y por esa familia que dura para siempre.

¿Amar a todo el mundo?

Todos los que habían creído eran de un mismo sentir y de un mismo pensar. Ninguno reclamaba como suyo nada de lo que poseía... Y no había entre ellos ningún necesitado.

(HECHOS 4.32, 34A, RVC)

¿A cuántas personas amas? ¿Dos, tres, cinco, diez? Tal vez tengas una gran familia y un montón de buenos amigos y podrías decir que amas (o al menos te caen bien) a veinte personas. Ahora, piensa con cuántas de esas personas compartirías cualquier cosa que tuvieras. ¿Ha disminuido el número?

Justo después de que Jesús abandonara la tierra, sus seguidores estaban tan llenos de amor que se amaban los unos a los otros... literalmente. Se aseguraban de que todos tuvieran suficiente comida y un lugar donde dormir. Juntaban sus posesiones y las compartían. Era como la primera banda de Robin Hood y sus valientes.

Hoy en día resulta difícil amar a otras personas de la misma manera. O solo amamos lo bastante a unas cuantas como para ayudarlas siempre que lo necesiten. Pero lo fantástico es que Dios nos da su amor a nosotros para que podamos transmitirlo a otras. Y cuando amamos de verdad, no hay dificultad en compartir con ellas o ayudarlas. El verdadero amor fluirá sencillamente de nuestro interior. ¿Por qué no le pides a Dios que extienda tu círculo de amor? Algún día podría crecer a más de veinte personas.

Oración

Señor, ¿querrías llenar mi corazón de amor por quienes me rodean y hasta por las personas que no quiera amar? Tu amor verdadero es sorprendente.

Estás invitado

*Luego dijo a sus siervos: «El banquete de bodas está
preparado, pero los que invité no merecían venir. Vayan al
cruce de los caminos e inviten al banquete a todos los que
encuentren.»*

(MATEO 22.8–9)

A Jesús le gustaba contar historias llamadas parábolas. Cada
una de ellas encerraba una lección. Con frecuencia, aquellas personas que las escuchaban no entendían lo que él estaba enseñando.
Con la historia del banquete de boda, Jesús quería que las personas
supieran algunas cosas importantes acerca de Dios. Una de ellas
es que los dones divinos son para todos. Algunos judíos creían que
el Mesías o Salvador iba a ser solo para ellos. Querían privilegios
especiales y se consideraban mejores que los demás. Nadie más era
lo suficientemente exclusivo para recibir a Jesús, el don de Dios.

Sin embargo, los dones de Dios —el amor, la salvación y el
cielo— son para todos los que creen en él y piden que él esté en
su vida. No importa quién eres, cuál es tu aspecto, cuánto dinero
tiene tu familia, cómo te llamas o dónde vives. ¿No es fantástico?
¿No te parece que todo el mundo querría recibir dones de Dios?
Tristemente, muchos rechazarán estos maravillosos regalos, porque no entienden que son gratuitos ni que todas las personas son
iguales a los ojos de Dios. Corre la voz de que la mesa de Dios está
abierta a todos. No hay requisitos especiales; solo acepta su invitación a formar parte de su familia.

Oración

Señor, quiero ser parte de tu familia. Creo que tus dones son para
mí. Te ruego que te encargues de mi vida y que me permitas mostrar
tus maravillosos dones a otros.

Todas las partes

Si todo el cuerpo fuera ojo, ¿qué sería del oído? Si todo el cuerpo fuera oído, ¿qué sería del olfato? En realidad, Dios colocó cada miembro del cuerpo como mejor le pareció.

(1 CORINTIOS 12.17–18)

¿Sería descabellado que tu nariz decidiera hablar y mandara a tu boca a freír espárragos? «Estás haciendo un pésimo trabajo», le recrimina. «¡Este cuerpo estaría mucho mejor sin ti!». Primero, creerías estar soñando, porque nunca antes habías oído hablar a tu nariz (¡eso es trabajo de la boca!). En segundo lugar dirías: «¡Espera un momento! ¿Cómo voy a comer o beber sin boca? No puedes decirle a mi boca que se quite de en medio».

Los cristianos son como un gran cuerpo que funciona para Dios., Y aunque otras personas que siguen a Dios pudieran molestarte, todas tienen un lugar en el Cuerpo de Cristo. La unidad con todos los cristianos es la forma en que aquellos que no conocen a Dios pueden ver su amor. Sin embargo, la unidad es difícil de conseguir. Oyes cómo algunos cristianos se quejan de otros hermanos y te enteras de que algunas iglesias se dividen a causa de los desacuerdos. La unidad solo es posible si todos están conectados a un mismo corazón: el corazón de Dios. De este modo, su amor fluye por las venas de todos. Cierto es que las manos pueden no querer pasar mucho tiempo con las orejas, pero pueden trabajar juntas para difundir las Buenas Nuevas de Dios al mundo.

Oración

Señor, gracias por crear un lugar para que cada uno de tus hijos te sirvan a ti y a los demás. Te ruego que me muestres cuál es mi papel en el Cuerpo de Cristo.

Acto de familia

Por lo tanto, vayan y hagan discípulos de todas las naciones, bautizándolos en el nombre del Padre y del Hijo y del Espíritu Santo.

(MATEO 28.19, NTV)

¿Has sido bautizado? Jesús afirma que este hermoso acto es importante para todos los que componen su familia. ¿Por qué tiene tanta importancia el bautismo? Anuncia de forma pública al mundo: «No me avergüenzo de ser parte de la familia de Dios». Y simboliza uno de los propósitos divinos para tu vida: participar de su familia eterna.

Tu bautismo declara:

«Tengo fe en Dios».

«Jesús murió y resucitó para mí».

«Jesús me proporciona nueva vida».

«¡Me siento tan feliz de formar parte de la familia de Dios!».

En el Nuevo Testamento, las personas se bautizaban en cuanto creían. El día de Pentecostés, tres mil fueron bautizados el mismo día en que aceptaron a Cristo. Un dirigente etíope se bautizó en el acto, después de que Felipe, un discípulo, le hablara de Jesús. Pablo y Silas bautizaron a un carcelero filipense y a su familia a medianoche.

Tu bautismo es la imagen física de una verdad espiritual. No te convierte en miembro de la familia de Dios, ya que solo la fe en Cristo consigue esto. Sin embargo, el bautismo demuestra la realidad de que formas parte de su familia.

Oración

Señor, a veces puede resultar aterrador anunciar en público que soy un seguidor de Jesús. Es más fácil guardármelo para mí mismo. Ayúdame a ser valiente y a compartir mi fe con los demás por medio del bautismo.

Cierra la boca

El que es chismoso revela el secreto; no te juntes con gente boquifloja.

(PROVERBIOS 20.19, RVC)

A nadie le gusta contar chismes. Sin embargo, todo el mundo lo ha hecho alguna vez. Escuchamos una historia y no podemos creer que sea verdad. De modo que contamos las jugosas noticias en lugar de considerar a la persona de la que estamos hablando. Chismorrear o hablar de los demás a sus espaldas jamás es un acto amable.

Difundir un chisme también está mal. Hasta Dios afirma que los chismosos son causantes de problemas. Y tampoco deberías prestar oído a este tipo de cosas. Las personas que comparten un cotilleo contigo también chismorrearán sobre ti. No puedes fiarte de ellas. Si escuchas las habladurías, Dios se lo toma en serio. Es como aceptar propiedad robada: te hace tan culpable del delito como quien la robó.

Cuando alguien empieza a chismorrear delante de ti, debes tener el valor de decir: «Te ruego que te detengas. No quiero escuchar esto». O, «¿le has hablado directamente a esa persona?». Luego apártate a toda prisa del alborotador.

Oración

Resulta fácil involucrarse en el chismorreo, Señor. La próxima vez que cotillee ayúdame a recordar que debo pronunciar palabras alentadoras y edificantes, y no otras poco amables. Cuando otros chismorrean, te ruego que me ayudes a recordarles con afecto que también digan cosas que proporcionen ánimo.

Hermano mayor

La muchedumbre sentada a su alrededor le dijo: «Tu madre, tus hermanos y tus hermanas están allí afuera, y te buscan»... Miró entonces a los que estaban sentados a su alrededor, y dijo: «Mi madre y mis hermanos están aquí. Porque todo el que hace la voluntad de Dios es mi hermano, y mi hermana, y mi madre».

(MARCOS 3.32–35, RVC)

Jesús es tu hermano mayor. Tú eres su hermana o su hermano.

En esta escena de Marcos 3 a uno le podría preocupar que la familia de Jesús hubiera podido escucharle decir: «¿Quién son mi madre y mis hermanos?». Sin duda habrían pensado: «¿De veras? ¿Y nosotros qué somos entonces? ¿Un cero a la izquierda?».

Sin embargo, hay algo importante que debemos conocer sobre Jesús que nos ayuda a comprender esta escena familiar. Él es amor. Su familia sabía que él la amaba. Había crecido con ellos. Tenían una relación sólida. Jesús no estaba ofendiendo a su familia y ellos lo sabían. Estaba edificando a las personas sentadas allí, ante su presencia. Les estaba diciendo que al escogerle a él, haciendo su voluntad y llamándose seguidores de Cristo, no eran solamente parte de una congregación. No eran miembros de un club de admiradores popular. Eran verdaderamente parte de su familia.

Y nosotros también. Somos una familia con el Salvador del mundo. Él es nuestro hermano mayor con todos los mejores rasgos de un hermano mayor: fuerte, protector, amoroso, juguetón, amable y bueno.

Así es tu Jesús.

Oración

Jesús, ¡qué asombroso pensamiento! Eres ciertamente mi familia. Mi hermano. Cuando las cosas se ponen difíciles, recuérdame que soy tu hermana (o tu hermano), que me amas y que me protegerás. Gracias.

Obreros de la iglesia

Esdras había dedicado su corazón a estudiar la ley del SEÑOR, y a practicarla, y a enseñar sus estatutos y ordenanzas en Israel.

(ESDRAS 7.10, LBLA)

¿Qué esperas ser un día? ¿Piloto de coches de carrera? ¿Maestro? ¿Veterinario? Independientemente de lo que hagas cuando crezcas, pasarás años reuniendo las aptitudes para ello. Estudiarás. Practicarás. Observarás. Aprenderás.

Esdras pasó su tiempo aprendiendo a ser sacerdote, que es como el pastor o el ministro de hoy. ¿Puedes imaginarte pasar horas y días y semanas estudiando la Biblia? Es un trabajo duro, pero importante. Los pastores y los líderes de la iglesia estudian la historia de la Biblia, su significado y cómo dirigir a las personas. Tienen que predicar, enseñar, aconsejar, visitar, orar por las personas y escucharlas día a día, año tras año. ¿Querrías hacer todo esto por un grupo de fieles exigentes? Dirigir una iglesia y enseñar la Palabra de Dios son grandes responsabilidades. No obstante, como cualquier llamado, Dios pone el deseo del corazón en aquellos a los que llama a ser ministros. También pone ese deseo en ti; tal vez sepas ya de qué se trata.

Aunque quizás no recibas el llamado a convertirte en un líder de la iglesia, da las gracias a tu pastor por todo lo que hace para servir a Dios y a su pueblo.

Oración

Señor, trabajar en una iglesia debe ser duro. Te ruego que bendigas a los líderes de mi iglesia por su difícil tarea y dedicación.

Amor – sacrificio

En esto conocemos el amor: en que El puso su vida por nosotros; también nosotros debemos poner nuestras vidas por los hermanos… Hijos, no amemos de palabra ni de lengua, sino de hecho y en verdad.

(1 JUAN 3.16, 18, LBLA)

Probablemente, «¡Te amo!» no es algo que digas a menudo. Tal vez tus padres te lo digan cuando se marchan al trabajo o cuando te dejan en la escuela. Puede ser que oigas cómo las chicas se lo dicen todo el tiempo a sus mejores amigas. Incluso se dice como si nada en la televisión como cuando, por ejemplo, los participantes de un concurso de canciones se lo dicen a sus admiradores, o viceversa. Es probable que lo afirmes cuando alguien hace algo bueno. «Oye, mi madre ha preparado un tentempié de más para ti» —te comenta un amigo—. Y tú le respondes: «¡La amo!».

Pero el amor no es tan sencillo, de manera que pensar antes de usar esas palabras está decididamente bien.

Jesucristo estableció las normas del amor: fue ese amor lo que le llevó a morir por nuestros pecados. Tus padres podrían estar dispuestos a morir por ti. Sin embargo, nadie más en su sano juicio moriría por un cantante, un grupo musical o un amigo de la escuela… y desde luego no por el tentempié favorito.

El amor es, en realidad, una especie de sacrificio. Si de verdad amamos a alguien, renunciaremos a algo grande por esa persona. La mayor parte del tiempo, cuando se dice que se «ama» a alguien o algo, se está indicando «me gustas», «creo que eres asombroso» o «muchas gracias».

Un «te amo» real procede de un lugar más profundo. ¿Hay, pues, alguien a quien ames de verdad?

Oración

Señor, no sé si estoy dispuesto a amar de veras a alguien. Pero tú me amas y me llamas a amar a los demás. Muéstrame cómo hallar ese profundo lugar del que procede tu amor.

Comparte un poco o mucho

Todos ellos dieron sus ofrendas de lo que les sobraba; pero ella, de su pobreza, echó todo lo que tenía para su sustento.

(LUCAS 21.4)

¿Qué te costaría más, compartir una galleta si solo tuvieras dos o compartir tres si solo tuvieras seis? A menos que no te gusten las galletas, sería más difícil renunciar a una si te quedaras solo con otra. Ahora piensa en la persona a la que más amas de todas. Si tuvieras que compartir con tu persona favorita, ¿te sentirías mejor renunciando a esa galleta?

La medida en que amas a alguien dificulta o facilita el compartir. También lo hace cuánto tengas. Jesús señaló a una pobre mujer que apenas tenía nada. De hecho, cuando ofrendó en el templo, renunció a lo último que le quedaba. Sin embargo, amaba tanto a Dios que no le importó sacrificar sus últimas monedas para él. Dar o compartir cuando solo tienes un poco se denomina sacrificio. A Dios le gusta el sacrificio. Puede ser que te lo pida muchas veces durante tu vida. No siempre estarás dispuesto a dar lo que posees. El sacrificio es, a menudo, algo difícil de hacer. No obstante, cuando el amor llena tu corazón, te sientes feliz de compartir con los demás.

Oración

Señor, el sacrificio no parece tan malo si puedo escoger con quien compartirlo. Sin embargo, sería difícil renunciar a algo que me guste realmente o compartir con alguien que no me guste. Llena mi corazón de amor por ti y por los demás, para que pueda dar con alegría cuando tú me lo pidas.

En serio, el amor es difícil

Cuando se acercaba a Jerusalén, Jesús vio la ciudad y lloró por ella.

(LUCAS 19.41)

«Oye» —le dices al chico mayor y más malo de tu clase. «¿Necesitas ayuda con tus tareas de matemáticas? Conozco un truco fantástico para resolver fracciones».

Hay que tener agallas para hablarle así a ese muchacho. Al parecer, no apreció tu gesto, porque te acabas de enterar de que te está buscando, y no para darte las gracias. Tragas saliva. ¿Por qué querría hacerte daño? ¡Solo intentabas ayudarlo! Desde luego, ese chico malvado no provoca en ti sentimientos agradables de amor y preocupación. No tendría sentido.

¿Qué le ocurrió, pues, a Jesús en Lucas 19? Sabía que las multitudes llenas de odio pronto pedirían a gritos su muerte. Con todo, la Biblia afirma que Jesús lloró por las personas perdidas de Jerusalén, aquellos que querían matarlo. ¿Por qué?

La misma razón por la que estaba dispuesto a morir por nosotros: su gran amor. Había estado intentando ayudar a aquellas personas, incluso cuando se burlaron de él y le escupieron. A pesar de ello, Jesús afirmó numerosas veces: «Si no muero, todos pasarán una eternidad lejos de mi Padre». Aquel pensamiento era un millón de veces peor que el horrible dolor y humillación a los que se enfrentaría. No se sentía triste por la forma en que la gente lo estaba tratando. Lo que lo apenaba era que se estaban perdiendo el amor de Dios.

Quiere que tú también conozcas ese amor. Cuando lo hagas, y creas en él, también querrás que otros descubran el amor de Dios, independientemente de la forma en que te traten.

Oración

Jesús, resulta difícil comprender tu profundo amor por mí. ¡Es una locura! Gracias por proporcionarme vida cuando el pecado de todos, incluido el mío, causó tu muerte. Acepto el regalo de la salvación de tu parte.

¡Muéstrame!

Dios mío, yo te invoco porque tú me respondes; ¡inclina a mí tu oído, y escucha mis palabras! Tú, que salvas de sus perseguidores a los que buscan tu protección, ¡dame una muestra de tu gran misericordia!

(SALMOS 17.6–7, RVC)

David sabía que podía contar con Dios. Tenía la certeza de que escucharía su voz, y no solo eso, sino que estaba seguro de que contestaría. Jamás rehuyó pedirle a Dios su amor. «Dame una muestra de tu gran misericordia», rogó. La mayoría de los chicos no piensan en ser tan atrevidos con Dios. Algunos de ustedes incluso se preguntan si Dios los ama. Pero David no. Incluso cuando cometió errores sumamente graves, tuvo la confianza de que Dios estaba loco de amor por él.

Dios no es roñoso con su amor. Te ama y te lo demostrará de un millón de formas distintas. Lo manifestará mediante increíbles puestas del sol, montes majestuosos y océanos rugientes. Puedes sentirlo en la calidez del sol y en la fresca brisa... mientras te das un paseo en bicicleta o atraviesas un campo corriendo. El amor de Dios también llega a través de la lealtad de un amigo, de la sonrisa de un extraño y de la risa de las personas a las que amas.

Pídele a Dios ojos para ver su amor por ti. Búscalo. Luego responde. Dile: «Yo también te amo». Y observa cómo crece tu relación con él.

Oración

Señor, gracias por amarme. Gracias por derramar tu amor de tantas formas distintas. Dame ojos para ver tu amor y un corazón para responder a él.

¿Dónde está el amor?

Si tengo el don de profecía y entiendo todos los misterios
y poseo todo conocimiento, y si tengo una fe que logra
trasladar montañas, pero me falta el amor, no soy nada.

(1 CORINTIOS 13.2)

Piensa en el monte más alto cerca de tu hogar. Si no hay ninguno, imagina la colina más alta. Figúrate que estás caminando afuera un día y ves que el monte o la colina ha desaparecido. Alguien lo ha trasladado de una parte de la ciudad a la otra. ¡Vaya! Ahora imagínate que fue un amigo tuyo quien pronunció una oración y —¡puf!— así fue como se movió la montaña.

Creerías que tu amigo está supercerca de Dios, que esto implica una fe increíble. Dios enseña que una persona puede hacer, de veras, cosas asombrosas a través de la fe en él, incluidos los milagros que te dejan asombrado, pero si esa persona no tiene amor, no significa nada en absoluto.

A Dios le importa el amor. Para él es más importante que los milagros, mover montes o hacerlo todo bien. Él quiere que lo amemos y que nos amemos los unos a los otros. De modo que cuando examinas tu día, piensa de qué manera puedes amar a Dios y a los demás. Esto le alegrará el día... ¡y a ti también!

Oración

Señor, me gustaría hacer los grandes milagros, pero lo mejor que puedo hacer es amarte a ti y a las demás personas. Lléname hoy de amor.

Tratar con los enemigos

Si tu enemigo tiene hambre, dale de comer; y si tiene sed, dale de beber. Así Dios te premiará, y harás que a tu enemigo le arda la cara de vergüenza.

(PROVERBIOS 25.21–22, TLA)

Si ganaste una fiesta de pizza para diez, es evidente que invitarías a tus mejores colegas. ¿Qué me dices de añadir un lugar para la persona que siempre se burla de tu ropa? De ninguna manera. Arruinaría la fiesta. Además, es muy probable que no viniera.

Cuando eres amable con alguien que no lo merece, ocurre algo interesante. Lo sorprende desapercibido. ¿Por qué sería agradable con él alguien a quien está maltratando? Esto le da que pensar, porque no tiene sentido. Al final, extender amabilidad a un enemigo traspasa su corazón.

Tratar bien a tus amigos no tiene mérito, pero cuesta mucho ser amable con la gente malvada. Tratar a un enemigo como a un amigo requiere una bondad a la altura de la de Dios. Él te bendecirá por ello. Y que no te sorprenda que la persona malvada cambie para bien.

Oración

Señor, es una instrucción difícil de seguir. Las personas malas no merecen ser tratadas con amabilidad. No obstante, si es la mejor manera de hacer las cosas, necesito tu ayuda para lograrlo.

La fabulosa familia del Rey

*Pero vosotros sois linaje escogido, real sacerdocio, nación
santa, pueblo adquirido para posesión de Dios, a fin de
que anunciéis las virtudes de aquel que os llamó de las
tinieblas a su luz admirable.*

(1 PEDRO 2.9, LBLA)

Mejor que cualquier club. Mejor que ser popular. Más importante que cualquier equipo: ¡pertenecemos a la realeza! Cuando nos unimos a la familia de Dios nos convertimos en príncipes y princesas. Dios es nuestro Rey y somos sus hijos e hijas.

Suena maravilloso, pero vivir según nuestra condición puede resultar difícil. No es como si pudieras aparecer en la escuela con una corona en la cabeza y un cetro en la mano. (Bueno, podrías, pero seguro que provocaría burlas). No vives en un castillo ni llegas a la iglesia en un carruaje. No obstante, alguien muy importante te llama para que entres a formar parte a su propia familia, y un día compartirá sus riquezas contigo.

¿Saber esto hace que te sientas más grande? ¿Es tu sonrisa más radiante? ¿Te sientes agradecido? Si un rey terrenal te adoptara, sin lugar a duda te sentirías así.

Dale las gracias a Dios por incluirte en su familia. Luego coméntale lo maravilloso que él es y díselo también a otros. Deja brillar tu condición real siguiendo las leyes divinas y preocupándote de sus súbditos.

Oración

Señor, no conozco ninguna realeza, pero he leído suficientes historias como para saber que sería estupendo ser un príncipe o una princesa. Gracias por invitarme a entrar en tu familia real. Quiero servirte bien y mostrar tu Reino a otros.

Muéstralo

*Que nunca te abandonen el amor y la verdad: llévalos
siempre alrededor de tu cuello y escríbelos en el libro de
tu corazón.*

(PROVERBIOS 3.3)

¿Cómo se supone que ates el amor y la verdad alrededor de tu
cuello o que los escribas en tu corazón? No hay forma de acercar
una pluma al corazón. Además, aunque fuera posible, nadie lo vería.
Tal vez podrías pasearte llevando un collar con un gran corazón de
plata o con un cartel colgado al cuello que dijera «Amor y verdad,
aquí». Sin embargo, Dios tiene otra cosa en mente.

No estaba diciendo exactamente que uno se colgara un cartel
ni que escribieras, de forma literal, algo en tu corazón (¡de todos
modos sería imposible!). Ciertas ideas de Dios son tan importantes que usa una ilustración para exponer lo que pretende. Estaba
afirmando que el amor y la verdad (ser fiel a sus caminos) tienen que
ser parte de tu identidad, de quien eres. Entonces otros los verán.
Cuando amas a Dios y a tu familia —cuando eres fiel— es como si
llevaras un cartel luminoso con letras doradas. Otros notarán de
inmediato cómo actúas. Si tu corazón está en sintonía con los caminos de Dios, tú lo mostrarás de forma externa. Podrías destacarlo
con una joya, por supuesto, pero es incluso mejor que tus actos
manifiesten de forma natural lo que Dios ha puesto dentro de ti.

Oración

Señor, muéstrame cómo poder ser más amoroso y leal para que
otros lo vean y pregunten sobre ti.

Tranquilízate

Bienaventurados los pacificadores, porque ellos serán llamados hijos de Dios.

(MATEO 5.9, RVC)

Jesús no declaró: «Benditos son los que aman la paz», porque es algo que le gusta a casi todo el mundo. Tampoco afirmó: «Benditos los pacíficos», que jamás se incomodan por nada. Él señaló que aquellos que trabajan por la paz son bendecidos.

Los pacificadores son escasos, porque imponer la paz es una tarea difícil. No significa evitar los problemas. Fingir que no existe el conflicto o temer a hablar de ello es, en realidad, cobardía. Pacificar significa trabajar para llevarse bien con los demás, preocuparse por ellos y acabar las peleas o los desacuerdos. Jesús es el Príncipe de Paz, porque nos restaura a una relación pacífica con Dios, a pesar de nuestro pecado.

Puedes poner paz en cualquier problema que tengas con otra persona. Esta es la manera: ora pidiendo la dirección continua del Espíritu Santo. Habla con Dios sobre el asunto. Todas tus relaciones fluirían de una forma más suave si oraras más por ellas.

Enfatiza la paz y una buena relación con otra persona en lugar de resolver un problema. Cuando nos centramos en la reconciliación (corregir la relación), el problema se vuelve menos importante.

Por tanto, usa más tus oídos que tu boca. Escucha cómo se sienten las personas. Reconoce tus propios errores o pecado. Jesús declaró que esta es la forma de ver las cosas con mayor claridad (Mateo 7.5).

Oración

Aunque resulta abrumador pensar en crear la paz mundial, ayúdame a centrarme en establecerla con alguien de mi entorno cercano. Señor, muéstrame a alguien en mi vida con quien tú quieres que me reconcilie.

Enemigos

Si solo aman a quienes los aman a ustedes, ¿qué mérito tienen? ¡Hasta los pecadores aman a quienes los aman a ellos! Y si solo hacen bien a los que son buenos con ustedes, ¿qué mérito tienen? ¡Hasta los pecadores hacen eso!

(LUCAS 6.32–33, NTV)

Tratar con amigos y enemigos habría sido muchísimo más fácil si Jesús no hubiera hecho este tipo de declaraciones. Después de todo, ¿no te gusta lo agradable que es estar con los buenos amigos? Sin embargo, cuando alguien hiere tus sentimientos, te apuñala por la espalda o te deja plantado resulta difícil no retirarse, no enfadarse o no hablar mal de esa persona: «Qué asqueroso, desgraciado, inútil...».

¿Pero amar a esa persona que es mala? *¿Cómo podemos hacerlo, Señor?*

Entonces Dios nos recuerda que ese es exactamente el tipo de amor que él da (Lucas 6.35). Dios te ama incluso cuando no lo conoces, cuando tomas decisiones equivocadas, cuando te portas mal con otros o te desentiendes de ellos.

Dios te pide que ames a los demás de esta manera. Sin embargo, la única forma de hacerlo es cuando crees que él te ama, aun cuando no te comportas muy bien. Al recordar que él te ama sabiendo que no eres perfecto resulta más fácil amar a otros que tampoco lo son.

Oración

Señor, no es fácil amar a las personas que me enojan. ¿Me ayudarás? ¿Me darás tu amor para ellos? Quiero amar a los demás de la misma forma en que tú me amas a mí.

Mano amiga

Es mejor no comer carne, ni beber vino, ni hacer nada que sea causa de que tu hermano tropiece.

(ROMANOS 14.21, DHH)

¿Qué tenía que hacer, pues, un cristiano judío recién convertido cuando comía con un amigo cristiano gentil? Los gentiles podían comer cualquier cosa, pero a los judíos no se les permitía comer cerdo. ¿Debía ofender el judío a su anfitrión no comiendo? ¿O tal vez debía comerse el cerdo y vivir con la culpa?

Pablo tenía la respuesta. Les indicó a los seguidores de Cristo que no había necesidad de ceñirse a una regla legalista solo por jactarse de haberlo hecho. Advirtió, asimismo, que no debes restregar tu libertad propia de hacer algo por la cara de tus amigos. En vez de actuar así, considera sus sentimientos y la forma en que tus actos puede afectar a su caminar con Dios.

Por tanto, si tus padres te permiten ir a ver una película de un tipo concreto, pero los padres de tu amigo no, considera cómo te sentirías en el lugar de esa persona. No querrías que otros se burlaran de ti ni te presionaran para que desobedecieras a tus padres. Preferirías oírlos decir: «No importa. Juguemos mejor a un juego de mesa».

Todos somos diferentes. Algunos podemos ser nuevos cristianos, mientras que otros nacieron prácticamente en el banco de una iglesia. No obstante, todos somos llamados a amarnos y alentarnos los unos a los otros, como Jesús hace con nosotros. No seas tú la causa de que tu hermano o hermana caiga, sino sé una mano amiga.

Oración

Señor, ayúdame a ver cómo se sienten mis amigos. No quiero ser piedra de tropiezo para ellos. Quiero ser el punto de partida de su fe, alentarlos a esforzarse en construir una relación más estrecha contigo.

Únete al club

Luego de haber creído en él, fueron sellados con el Espíritu Santo de la promesa, que es la garantía de nuestra herencia hasta la redención de la posesión adquirida, para alabanza de su gloria.

(EFESIOS 1.13–14, RVC)

Por regla general, podrías evaluar a otros chicos y adivinar dónde encajan. Sus accesorios (o la falta de ellos), la mochila y el tipo de ropa te indican cuáles son sus preferencias.

Resulta agradable verse asociado a un grupo de amigos que te gustan de verdad y que tienen cosas en común contigo. ¿Qué me dices de un club del que siempre pudieras formar parte? Cuando crees en Dios y le pides a Jesucristo que perdone tus pecados, recibes una marca especial. Es el Espíritu Santo. Está en ti para siempre y te identifica como uno de los hijos eternos de Dios. Todo aquel que está en este club recibirá una extraordinaria herencia de Dios: el regalo del cielo. Desde luego es un grupo al que merece la pena asociarse.

Oración

Señor, gracias por la oportunidad de unirme a tu club celestial. Te ruego que perdones mis pecados y me envíes tu Espíritu Santo para que me selle como hijo tuyo para siempre.

Vida de amor

En esto conocerán todos que ustedes son mis discípulos, si se aman unos a otros.

(JUAN 13.35, RVC)

Una de las mejores cosas del mundo es sentirse amado. Piensa en las personas que te aman: tu mamá o tu papá, tu abuelo o abuela, un mejor amigo. ¿Cómo les demuestras tu amor?

Dios es todo lo que tiene que ver con el amor. De hecho, fue él quien lo creó. Y es el acto más importante que quiere que aprendamos. Cuando amas a los demás, estás actuando de la forma más parecida a él.

Sin embargo, aprender a amar con generosidad no siempre es fácil. ¿Por qué? Porque con frecuencia somos egoístas. Aunque tu relación con Cristo sea personal, Dios nunca pretendió que fuera privada. El amor no puede aprenderse si estás siempre solo. Por tanto, Dios nos dice que tengamos una relación estrecha con sus seguidores, y nos da toda una vida para que aprendamos a amar.

Por supuesto, Dios quiere que amemos a todos, pero de manera particular a los demás que están en su familia. Esta es la razón: Dios quiere que su familia sea conocida por su amor. Jesús indicó que el amor que sentimos los unos por los otros es —más que cualquier otra cosa— nuestro mayor testimonio al mundo.

¿Estás dispuesto a empezar a amar a los demás? Cuanto más lo practiques, más llenará Dios tu corazón de amor.

Oración

Señor, no permitas que guarde mi fe solo para mí. Ayúdame a amar a otros sin egoísmo y a ser un gran testimonio para aquellos que me rodean.

La gran casa

Pero yo, por tu gran amor puedo entrar en tu casa; puedo postrarme reverente hacia tu santo templo.

(SALMOS 5.7)

En ocasiones, sentarse en la iglesia parece aburrido, ¿verdad? ¿No te preguntas por qué es tan importante? Es posible que no entiendas todo lo que predica el pastor, pero la iglesia es el lugar que Dios considera su casa.

Piensa en la iglesia como cuando vas a visitar a un amigo. Acudes para estar con ese amigo y jugar. Tal vez coman juntos un tentempié, escuchen música o vean una película. Ir a la iglesia es como ir a casa de Dios de visita. Sin embargo, él quiere que las personas vayan a adorarlo a su casa. Adorar significa reconocer lo maravilloso que él es y decírselo. La adoración suele incluir cantarle canciones, orar a él y disfrutar de las demás personas que están allí contigo. La casa de Dios siempre es un lugar donde aprender. El sermón es una lección que nos enseña sobre Dios. Y la escuela dominical o el grupo de jóvenes son donde chicos y chicas pueden aprender también. Él quiere incluso que las personas se cuiden unas a otras cuando van a su casa. Si una familia necesita dinero o ropa, o si hay enfermos, Dios quiere que aquellos que están en su casa los ayuden.

La próxima vez que vayas a la iglesia, piensa en ella como la casa de Dios.

Oración

Señor, gracias por invitarme a tu casa. Quiero disfrutar de mis visitas y aprender más sobre ti cuando estoy allí.

Profundo y ancho

El Señor es clemente y compasivo, lento para la ira y grande en amor... Tan grande es su amor por los que le temen como alto es el cielo sobre la tierra.

(SALMOS 103.8, 11)

La próxima vez que estés en la parte superior de un edificio alto o volando en avión, mira hacia abajo para ver si puedes percibir cualquier cosa que esté en la superficie. Todo está tan lejano. Si tuvieras que escalar un monte que te hace adentrarte en las nubes, estas no estarían ni a mitad de camino del cielo. ¡Es un camino muy largo! El borde del espacio se encuentra a entre ochenta y ciento doce kilómetros de la tierra (los científicos están intentando descubrir exactamente dónde acaba la atmósfera y dónde empieza el espacio).

El amor de Dios es así de grande; en realidad es aún más grande. Piensa en la persona más paciente y amorosa que conozcas. Ahora imagina que esa persona fuera diez veces más amorosa y paciente. El amor de Dios es aún mayor que eso. Él espera y espera. Perdona y perdona. Ama, ama y ama. La próxima vez que alces tus ojos al cielo o mires desde un avión, dale gracias a Dios por su amor grande y extraordinario.

Oración

Señor, gracias por tu asombroso y enorme amor por mí y por todas las personas que están en el mundo. No lo entiendo por completo, pero quiero experimentarlo y mostrárselo a los demás.

Dar con alegría

Todos los jefes del país, y el pueblo en general, se alegraron y llevaron sus ofrendas al cofre hasta llenarlo... El rey y Joiadá les daban el dinero a los encargados de las reparaciones del templo, y éstos les pagaban a los albañiles y carpinteros, y a los que trabajaban el hierro y el bronce para reparar el templo de Dios.

(2 CRÓNICAS 24.10, 12, TLA)

Has ahorrado tu asignación durante meses para comprarte esa asombrosa tableta nueva. Pero cuando el domingo llega, te pasan el plato de la ofrenda. Tu madre te llama la atención con el codo. ¿De verdad tienes que entregar tu dinero?

Las iglesias necesitan dinero, porque así como ocurre en las casas, las cosas se rompen y se gastan. Las personas que trabajan en la iglesia, como los pastores y los conserjes, tienen que comer. ¡Y todas esas cosas cuestan dinero!

El templo de Dios en la Biblia no era diferente. En realidad, cuando Joás era rey, el templo fue destrozado por completo. De modo que él, junto con Joiadá, el sacerdote, colocaron un cofre para el dinero delante de las puertas del templo. Las personas llevaron con alegría sus contribuciones hasta que hubo lo suficiente para repararlo y restaurarlo.

¿Lo has oído bien? ¡Hombres y mujeres dieron con alegría! Sabían que nunca podrían dar tanto a Dios como para quedar totalmente despojados. Él siempre se ocuparía de ellos y bendeciría sus ofrendas.

Esperamos que los pilares de tu iglesia no se estén desmoronando como los del templo. A pesar de ello, el Señor nos sigue llamando a dar como los israelitas. ¿Ofrendarás con renuencia o con alegría?

Oración

Señor, todo lo que poseo te pertenece a ti, incluida mi hucha. ¿Cambiarás mi corazón para que en lugar de aferrarme a ella, dé con alegría cuando así tú me lo pidas?

¿Quién está a cargo?

Entonces los líderes de la tribu de Leví fueron a consultar un asunto con el sacerdote Eleazar, con Josué, hijo de Nun, y con los líderes de las otras tribus de Israel. Se presentaron ante ellos en Silo, en la tierra de Canaán y dijeron: «El Señor le ordenó a Moisés que nos diera ciudades donde vivir y pastizales para nuestros animales».

(JOSUÉ 21.1-2, NTV)

Piensa en alguien a quien admiras. Podría ser un maestro, el capitán de un equipo, un pastor o el presidente. Los líderes enseñan, proporcionan consejo, resuelven problemas y usan la sabiduría para tomar decisiones. Ayudan a otros. Siempre piensan en los demás.

Dios llama a algunos para que sean líderes de la iglesia, como los pastores, los ancianos o los maestros. Cuando les pide a las personas que dediquen su vida a trabajar en una iglesia o en un ministerio especial, Dios solicita a otros cristianos que cuiden de esos líderes. Esta idea comenzó hace muchos años en Israel. Dios llamó a la tribu de los levitas para que fueran los sacerdotes, que equivalía a ser pastor. Ellos se ocupaban del tabernáculo, enseñaban a otros y realizaban los sacrificios. Llegar a ser sacerdote era algo que requería mucho tiempo. No tenían tiempo para cultivar ni para ganarse la vida fuera de la iglesia. De modo que Dios ordenó a las demás tribus que compartieran su tierra y su comida con los levitas.

No todos los líderes de hoy son voluntarios y no reciben un sueldo. Como tus maestros de la escuela, tus entrenadores y el presidente, la mayoría de los pastores y de los líderes de la iglesia reciben un salario por hacer su trabajo. Sin embargo, aun así Dios quiere que muestres tu amor y tu apoyo a los líderes de tu iglesia. Pregúntale a tu madre o a tu padre cómo podría contribuir tu familia.

Oración

Señor, mi pastor y el pequeño grupo de maestros son líderes, pero yo no pienso en la forma en que puedo apoyarlos. Como niño, ¿qué puedo hacer para cuidar de mis líderes?

Amor loco

Estando Jesús en Betania, en casa de Simón el leproso, se acercó a El una mujer con un frasco de alabastro de perfume muy costoso, y lo derramó sobre Su cabeza cuando estaba sentado a la mesa. Pero al ver esto, los discípulos se indignaron, y decían: «¿Para qué este desperdicio?...».

(MATEO 26.6–8, NBLH)

¿Cuál es tu posesión más valiosa? ¿El autógrafo de una estrella de los deportes? ¿Una moneda rara? ¿Tu *iPhone*? ¿Tal vez ese viejo animal de peluche que tienes desde que eras pequeño? ¿Has pensado alguna vez en regalarlo? Quizás tan solo a alguien muy especial. Renunciar a algo que significa tanto resultaría sumamente difícil.

Unos pocos días antes de que Jesús muriera en la cruz por nuestros pecados, cenó con algunos amigos cercanos. Una mujer interrumpió el acto y empezó a derramar un frasco de un perfume carísimo sobre la cabeza de Jesús. Él y sus amigos quedaron impresionados. Pensaron que la mujer estaba siendo derrochadora. Podría haberlo vendido por una gran cantidad de dinero y dárselo a los pobres o usarlo para el ministerio. Sin embargo, aquello no molestó a Jesús en absoluto. Sabía que la mujer le estaba demostrando su amor entregando su mejor regalo.

Decir que amas a alguien es fácil. Mostrar tu amor puede ser más difícil. Una manera de demostrarle al Señor cuánto lo amas consistiría en darle algo a alguien que esté necesitado. ¿Conoces a alguna persona que esté en el hospital o en casa, enfermo y en la cama? ¿Qué me dices de algún amigo que esté triste? Da tus mejores regalos. Puede parecer una locura, pero el amor de Dios es así de loco.

Oración

Señor, quiero estar dispuesto a dar algo que valore a un amigo que esté atravesando un tiempo difícil. Tal vez mis amigos no lo entiendan, pero yo sé que te hará feliz a ti y que será una demostración de amor.

Llamado misionero

... con el poder de señales y prodigios, en el poder del Espíritu de Dios; de manera que desde Jerusalén y por los alrededores hasta el Ilírico he predicado en toda su plenitud el evangelio de Cristo. De esta manera me esforcé en anunciar el evangelio, no donde Cristo ya era conocido.

(ROMANOS 15.19–20A, LBLA)

Amy Carmichael y Bertha Smith fueron dos valientes mujeres que viajaron a lugares remotos para ayudar a los pobres y a los necesitados. Ambas dedicaron muchos años a hablarles a las personas sobre el amor de Dios. En su tiempo y a su edad, unas mujeres que viajaban solas —y mucho menos como misioneras— era algo poco común.

El llamado misionero como el que Pablo recibió de Dios llega con el entusiasmo de compartir el mensaje divino de salvación con otros por todo el mundo. El apóstol viajó por todo el Mediterráneo y Oriente Medio. Amy Carmichael trabajó en la India. Bertha Smith lo hizo en China. Dios les proporcionó la confianza y el entusiasmo para abandonar su hogar y vivir con muy pocos medios.

Dios sigue llamando misioneros. Pide a muchas personas que pasen su vida viajando cerca y lejos para predicar su mensaje. Es posible que un día te llame a ti o a alguien que conozcas para el servicio misionero. Vayas o no puedes formar parte de las misiones mediante la oración por los misioneros, escribiéndoles cartas y enviándoles regalos. Necesitan el aliento de amigos y familiares, igual que tú en casa.

Oración

Ser misionero parece un llamamiento especial, Señor. Si esto va a formar parte de mi vida, te ruego que empieces a prepararme. De no ser así, muéstrame de qué forma puedo apoyar a quienes van a las misiones.

Romper cántaros para Dios

Así dice el SEÑOR: «Ve a un alfarero, y cómprale un cántaro de barro. Pide luego que te acompañen algunos de los ancianos del pueblo y de los ancianos de los sacerdotes, y ve al valle de Ben Hinón, que está a la entrada de la puerta de los Alfareros, y proclama allí las palabras que yo te comunicaré... Rompe después el cántaro en mil pedazos, a la vista de los hombres que te acompañaron...».

(JEREMÍAS 19.1–2, 10)

Jeremías era alguien poco usual. Le correspondió el duro trabajo de ser profeta cuando su país estaba actuando de una forma muy mala. De modo que fue creativo para lograr captar la atención y exponer lo que Dios le comunicaba.

Mucho antes de que los maestros usaran en la iglesia video clips, las manualidades o los juegos para ilustrar los caminos de Dios, Jeremías fue muy avanzado. En lugar de limitarse a informar al pueblo de lo que Dios iba a hacer con ellos, el profeta solía anunciar: «Tengo algo que mostrarles». Agarraba un cántaro de arcilla y lo estrellaba contra el suelo. «Ahora que tengo su atención, damas y caballeros...». Incluso cuando lo sujetaron a un cepo de madera, él lo convirtió en un momento de enseñanza.

Dios habla en toda una diversidad de formas: a través de los profetas, mediante un gran despliegue de poder, suaves susurros, nómadas y simplones. Puede enviar un mensaje a través de alguien que te desagrade o de las mascotas de tu vecino. Él sabe cómo captar tu atención y es creativo. ¿Qué está intentando enseñarte? ¿Estás escuchando?

Oración

Señor, te ruego que me hables por medio de personas y cosas específicas. Necesito aprender a estar abierto a tu palabra, cualquiera que sea la forma en que llegue a mí.

Tiempo de juego

Preocupémonos los unos por los otros, a fin de estimularnos al amor y a las buenas obras. No dejemos de congregarnos, como acostumbran hacerlo algunos, sino animémonos unos a otros, y con mayor razón ahora que vemos que aquel día se acerca.

(HEBREOS 10.24–25)

Los jugadores de fútbol no salen por sí solos a enfrentarse a un equipo adversario. Van con su equipo. Saben que se precisan los unos a los otros. Los cristianos también tienen esa necesidad mutua. Estamos del lado de Dios, pero ahí afuera hay fuerzas opositoras espirituales de maldad (Efesios 6.11–18). Sin embargo, los cristianos que conocen el resultado se dan cuenta de la necesidad que tienen unos de otros. Consideran la iglesia como un lugar donde pueden llenarse, sintonizarse y prepararse para regresar al campo.

Los cristianos romanos formaban un fuerte equipo de cristianos para Dios. Su secreto era que estaban bien juntos (Romanos 15.14–15). Se reunían con regularidad. Se desafiaban, se alentaban y se apoyaban unos a otros en su fe.

Nuestra cercanía con otros creyentes está diseñada para estimularnos a vivir una vida buena en un mundo perverso. Dios es aquel que nos proporciona la fuerza y nos protege del mal, pero una de las formas más poderosas de hacerlo es mediante un equipo de hijos suyos que trabajan juntos.

Oración

Señor, me alegra no tener que vivir mi fe a solas. Me hace feliz que estés junto a mí.

La casa de Dios

¡Más vale estar un día en tus atrios, que mil fuera de ellos!
Prefiero ser portero del templo de mi Dios, que vivir en
lugares de maldad.

(SALMOS 84.10, DHH)

Piensa en tu lugar favorito o en un sitio que de verdad, de verdad, querrías visitar. ¿Te gustaría vivir en Disney World todo un año e ir al parque gratis todos los días? ¡Desde luego! Tal vez querrías vivir en Hawái, nadar y surfear cada día.

El rey David tenía un lugar preferido, pero no es el que uno esperaría en un rey. Él amaba por completo la casa de Dios. A David le encantaba adorar a Dios y hablar con él. Cuando se encontraba allí, no podía imaginar ningún otro sitio donde le gustara más estar.

Esto podría sonar a locura, porque para ti la iglesia podría no parecerte el mejor puedas hacer. Incluso es normal que algunas veces temas ir allí. No obstante, la próxima vez pídele a Dios que te ayude a ser consciente de su presencia cuando estés allí. Una vez comprendas lo que él quiere que tú experimentes en su casa, Disney World no tendrá ni comparación.

Esto es lo que David te diría: «De haber podido, habría pasado cada día en la casa de Dios». ¿Será esto una de tus prioridades?

Oración

Señor, quiero experimentar el estar en tu presencia, ya sea en la iglesia o cuando estoy en casa hablando contigo. Me gustaría conocer el mismo asombro y sobrecogimiento que David sentía cuando pasaba tiempo contigo.

Mejor juntas

El cuerpo humano tiene muchas partes, pero las muchas partes forman un cuerpo entero. Lo mismo sucede con el cuerpo de Cristo.

(1 CORINTIOS 12.12, NTV)

Para que los órganos de tu cuerpo funcionen de forma correcta, deben estar conectados a tu cuerpo. No puedes dejar tu cerebro o tu estómago en casa todo el día. Si se corta un órgano de su cuerpo, de alguna manera, se secará y morirá. No puede existir por sí solo ni tú tampoco como parte del Cuerpo de Cristo.

Fuiste creado para un papel específico en la vida. Descubres cuál es a través de las relaciones con los demás. Si estás desconectado y cortado de otros cristianos, tu fe se secará.

La Biblia declara que un cristiano sin iglesia (un grupo de creyentes) es como un órgano sin cuerpo, una oveja sin rebaño o un niño sin familia. No es natural. Cuando nos juntamos en amor, como una familia eclesial de distintos trasfondos, razas y estatus social, actuamos como el Cuerpo de Cristo y llevaremos su mensaje de gracia y amor al mundo.

Oración

Señor, sé que he sido creado para un papel especial en tu comunidad de creyentes. Gracias por esta familia eclesial diversa en la que puedo adorarte y servirte. Ayúdame a permanecer conectado a los demás y a ti.

Si no eres capaz de decir algo agradable...

Me dije a mí mismo: «Mientras esté ante gente malvada vigilaré mi conducta, me abstendré de pecar con la lengua, me pondré una mordaza en la boca.» Así que guardé silencio, me mantuve callado. ¡Ni aun lo bueno salía de mi boca!

(SALMOS 39.1–2A)

Si tu padre te indicara: «Ponte la cremallera», cerrarías de inmediato la boca, porque entiendes que está hablando en serio. ¿Alcanzas a imaginar lo callado que estarías si de verdad te pusieran una cremallera en la boca? Podrías emitir una especie de zumbido o hacer ruidos, pero no podrías pronunciar una sola palabra.

El rey David se sujetaba la lengua cuando estaba cerca de gente malvada. Sin embargo, siendo el rey, ¿por qué debería preocuparse de lo que decía delante de otros? Porque no quería verse absorbido por las malas conversaciones.

Cuando te encuentras con niños malvados, engreídos o acosadores, puedes caer en el insulto o en hablar mal de otros o reírte de los chistes verdes que nunca contarías en casa. La presión de ir con otros chicos puede acercarse sigilosamente a ti. Antes de que te des cuenta, maldices, insultas a un amigo o te ríes a espaldas de alguien; y lamentarás esas palabras. Nunca sabes cuándo una conversación puede estropearse, así que practica el ponerte un bozal en la boca. Cuenta hasta diez antes de estar de acuerdo, disentir o decir algo malvado. Cuanto más tiempo mantengas tus labios bien cerrados, menos probable será que de tu boca salgan esas palabras mal intencionadas.

Después de todo, si no tienes nada agradable que decir, saca el bozal o ponte la cremallera.

Oración

Señor, no es fácil mantener la boca cerrada cuando otros chicos están diciendo cosas malas. Te ruego que me recuerdes que debo refrenar mi lengua o no decir más que buenas cosas, cuando quienes me rodean hablan más de la cuenta.

Capacitación de grupo

Consideremos cómo estimularnos unos a otros al amor y a las buenas obras, no dejando de congregarnos, como algunos tienen por costumbre, sino exhortándonos unos a otros, y mucho más al ver que el día se acerca.

(HEBREOS 10.24–25, NBLH)

Los nadadores, los jugadores de fútbol, los levantadores de pesas y los velocistas pueden pasar hasta veinticuatro horas por semana adquiriendo fuerza y resistencia durante muchos años. No te acercarías a un levantador de pesas olímpico, campeón del mundo, pidiéndole: «Vamos, pásame esa barra con pesas de cien kilos. Yo puedo levantarla». Es decir, a menos que quieras romperte las costillas.

Podrías estar ahí, en el gimnasio, vistiendo una camiseta escotada de tirantes para exhibir la musculatura. Podrías llevar una faja lumbar. Podrías untarte los brazos de aceite. Sin embargo, ¡seguirás sin ser un levantador de pesas!

En ocasiones, los cristianos intentan atajos espirituales similares. Dormimos hasta bien tarde los domingos, pensando que ya nos pondremos al día con la iglesia a la semana siguiente. O decides que tampoco es tan grave saltarse el grupo de jóvenes ya que tu líder preferido se mudó a otro lugar, hace meses.

Así como los levantadores de pesas pueden practicar con un equipo y un entrenador, los cristianos necesitan que otros los ayuden con su entrenamiento. Dios nos hizo para que necesitáramos a otros. Adorar, leer la Biblia y aprender sobre él con otros seguidores de Dios equivale a largas horas en el gimnasio. Estas actividades crecen y nos estiran hasta llegar a ser creyentes maduros. De modo que no abandones las prácticas con tu equipo (la iglesia) ni dejes de escuchar a tu entrenador (Dios).

Oración

Señor, no siempre tengo ganas de ir a la iglesia y leer la Biblia es duro. Sin embargo, sé que esas cosas edificarán mi fuerza espiritual. ¿Me proporcionarás un amor nuevo hacia mi iglesia de manera que pueda compartir sus bendiciones con mi familia y mis amigos?

Más diversión con los demás

Más valen dos que uno solo, pues tienen mejor
remuneración por su trabajo. Porque si uno de ellos cae,
el otro levantará a su compañero; pero ¡ay del que cae
cuando no hay otro que lo levante!

(ECLESIASTÉS 4.9–10, LBLA)

Tener un amigo, hermano o pariente con quien jugar, hablar y compartir (¡tal vez no el postre!) hace que la vida sea más divertida. Dios disfruta de la compañía de su Hijo Jesús y del Espíritu Santo, y le gusta tener una relación contigo. Quiere que tú experimentaras el mismo placer.

Aunque existe un lugar y un tiempo para estar callado y a solas, Dios nos diseñó para estar en una comunidad, un grupo de personas que cuidan las unas de las otras. A medida que creces, tu comunidad cambiará y dejará de ser el patio de la escuela para ser el vecindario, el lugar de trabajo y, posiblemente, alrededor del mundo.

Dios no pretende nunca que estemos solos. También está siempre contigo. Si te estás sintiendo solo, pídele que traiga a ti amigos y familiares. Y cuando tengas la oportunidad de incluir a personas que están solas, invítalas a tu comunidad. La vida es más divertida cuando la compartes con otros.

Oración

Señor, en ocasiones sencillamente no quiero estar con otra gente, pero tú has afirmado que las personas son importantes. Te ruego que me muestres lo valiosos que son los demás para mi vida y cómo puedo ser un amigo.

Sé como Tito

Pero Dios, que consuela a los humildes, nos consoló con la llegada de Tito; y no sólo con su llegada, sino también con el consuelo que él había recibido de parte de ustedes, pues nos habló del gran afecto que recibió por parte de ustedes, así como de su profunda tristeza y de su preocupación por mí, lo cual me hizo alegrarme aún más.

(2 CORINTIOS 7.6–7, RVC)

Si te gustan los paseos en avión, aquí tienes un récord que batir: el hombre que ha viajado más del mundo ha volado más de veinticuatro mil kilómetros. ¡Es como lanzar un cohete a la luna y vuelta treinta veces!

Los métodos de transporte del apóstol Pablo no incluían aviones, pero sin lugar a dudas recorrió el mapa antiguo mientras enseñaba sobre Jesús. ¿Puedes imaginar cuántos «puntos de recompensa vía camello» debió de acumular?

Ir a un lugar nuevo es apasionante. Sin embargo largas horas en el camino también pueden resultar aburridas, agotadoras y hasta solitarias. Y aunque Pablo tenía una fuerte relación con Dios, también necesitaba amigos como nos ocurre a nosotros. Esta es la razón por la que Pablo se sentía tan emocionado cuando su buen amigo Tito se unió a él y a Timoteo en Macedonia.

Dios sabe que necesitamos a personas que nos comprendan y que se diviertan con nosotros. En ocasiones, solo con ver el rostro feliz de un amigo es suficiente para convertir un mal día en uno bueno. El Señor nos consuela, pues, enviando amigos.

¿Conoces a un Pablo, alguien que pueda estar solo? Sé un Tito, ofrécele una sonrisa e invita a esa persona para pasar un rato entretenido. Tal vez seas el consuelo de Dios para alguien que lo necesita de veras.

Oración

Señor, mis amigos son importantes para mí. Desde luego me alegran cuando me siento desanimado. ¿Hay algún chico o chica a mi alrededor que necesite un amigo así hoy?

Hay que tener agallas

Si se nos arroja al horno en llamas, el Dios al que servimos puede librarnos del horno y de las manos de Su Majestad. Pero aun si nuestro Dios no lo hace así, sepa usted que no honraremos a sus dioses ni adoraremos a su estatua.

(DANIEL 3.17–18)

¡Hablando de tipos con agallas! Sadrac, Mesac y Abednego no cedieron. Ya los habían apresado. Habían perdido sus familias y sus hogares. Hasta donde sabemos, solo se tenían unos a otros —y a Dios—; solo podían contar consigo mismos. No obstante, para ellos eso era suficiente. Los buenos amigos y un buen Dios eran lo último que les quedaba en la vida.

El rey Nabucodonosor estaba a cargo, y ¡esperaba que todos obedecieran cualquier cosa que dijera! Pero estos tres amigos no iban a traicionar su fe, a su Dios ni a su país. No tenían nada que perder, de modo que de ninguna de las maneras iban a sacrificar su fe.

¿Cuántas agallas tienes? ¿Le harías frente a un maestro severo o a un amigo difícil? Esto no parece fácil. No hay diversión en arriesgarse a no gustarles a los demás, a ser rechazado o herido. Estos tres amigos de la época de Daniel son un gran ejemplo de lo asombroso que es Dios. Quiere demostrarte lo sorprendente que es, para que en caso de tenerte que enfrentar a algo como lo que afrontaron Sadrac, Mesac y Abednego no tengas la menor duda de cuál será tu respuesta. ¡Tus agallas te lo dirán!

Oración

¡Vaya, Señor! Desconozco si tengo las agallas para arriesgarme a enfrentarme a semejantes amenazas por ti. Enséñame más sobre tu genialidad, y proporcióname buenos amigos para que nunca dude de que tú eres mejor que cualquier riesgo terrenal.

¡Levántate!

Al oír esto, Rubén trató de librar a José de sus hermanos, para luego llevárselo a su padre. Por eso les dijo: «No está bien que lo matemos. ¿Para qué matarlo? Si quieren, échenlo en este pozo del desierto; ¡pero no le hagan daño!».

(GÉNESIS 37.21–22, TLA)

José era el hijo favorito y recibía un trato especial por parte de su padre. Esto era fabuloso para él, pero hizo que sus hermanos se enfurecieran. Cuando era adolescente, sus hermanos odiaban tanto a José que intentaron matarlo. Mientras conspiraban, Rubén, el hermano mayor supo que no podían llegar tan lejos. Por tanto, persuadió a los demás hermanos para echar simplemente a José dentro de una cisterna. Su plan secreto consistía en regresar más tarde para rescatarlo. Durante su ausencia, los demás hermanos lo vendieron como esclavo. Cuando él regresó para salvarlo, había desaparecido.

Rubén no dio la cara por lo que era correcto cuando debió hacerlo. Intentó actuar a hurtadillas. De haberlo protegido desde el principio, lo habría salvado y habría impedido que los demás hermanos hicieran una elección tan terrible.

Puede resultar difícil defender lo que es correcto, sobre todo cuando las demás personas quieren hacer lo que está mal. No obstante, Dios quiere que sus hijos actúen de la manera adecuada, incluso si con ello enfurecen a otros o si es algo poco popular. Respalda lo que sea correcto y así podrás ayudar a impedir que alguien cometa un gran error. Incluso si las personas no escuchan, Dios te recompensará por obedecerle.

Oración

Señor, te ruego que me des el valor de defender siempre aquello que sea correcto. No quiero lamentar no haber ayudado a proteger a alguien y a evitar que fuera herido por otros.

Duro trabajo

*Ustedes deben responder así a sus hermanos y amigos:
«¿Qué ha dicho el Señor? ¿Qué ha respondido?». Y nunca
más se acordarán de decir: «Profecía del Señor», pues lo
que cada uno de ustedes diga le servirá de profecía, ya
que ustedes pervirtieron las palabras del Dios vivo, nuestro
Dios, el Señor de los ejércitos.*

(JEREMÍAS 23.35–36, RVC)

Los israelitas, que tan mal se estaban comportando, odiaban a los profetas enviados por Dios. No escatimaron a Jeremías. Estaban tan hartos de escuchar las profecías que empezaron a burlarse de él. En versiones antiguas de las Escrituras se indica que Jeremías solía declarar: «Carga de Jehová...», y empezaba a predicarle al pueblo. De manera que este volvió esta palabra contra él: «¡Tú, vieja carga de Jehová!», y así lo llamaban. Entonces empezaron a burlarse de él preguntando con sarcasmo: «¿Qué es la carga de Jehová?». ¡Qué multitud tan dura!

Jeremías fue expulsado, rechazado y odiado. A pesar de ello, vivía para servir a Dios. ¿Cómo siguió Jeremías adelante? Dios era más importante que lo que cualquier otro pudiera decirle o hacerle. Y Dios le proporcionó la fuerza para proseguir con su dura tarea.

Los pastores y los líderes de iglesia también tienen un duro trabajo. No a todos les gusta lo que tienen que decir, y trabajan duro día y noche. Incluso cuando no estés de acuerdo con ciertos pastores o ministros ni te gusten, están sirviendo a Dios y viviendo para él. Escucha. Considera tus palabras. Dales las gracias por su servicio. Dios te bendecirá por reconocer el trabajo desafiante que tienen que realizar.

Oración

Señor, te ruego que bendigas al pastor y a los líderes de mi iglesia. Tienen una difícil tarea y necesitan tu fuerza para llevarla bien a cabo, sobre todo cuando las personas son duras con ellos.

¡No desalientes! ¡Levanta!

Ustedes no tienen derecho de criticar al esclavo de otro. Es el dueño del esclavo quien decide si su esclavo trabaja bien o no.

(ROMANOS 14.4, TLA**)**

¿Qué es más fácil, alentar o criticar?

La Biblia llama a Satanás «el acusador de nuestros hermanos» (Apocalipsis 12.10). La tarea del diablo consiste en culpar, quejar y criticar a los miembros de la familia de Dios. Cada vez que hacemos lo mismo somos engañados para hacer el trabajo de Satanás.

Independientemente de cuánto discrepes de otro cristiano, esa persona no es tu enemiga.

Dios nos advierte una y otra vez que no critiquemos, comparemos ni nos juzguemos los unos a los otros. Cada vez que juzgo a otro creyente ocurren cuatro cosas de manera instantánea:

Pierdo la cercanía con Dios.

Manifiesto mi propio orgullo.

Me expongo a ser juzgado por Dios.

Perjudico la intimidad de la familia de Dios.

Cuando criticas a otro creyente estás interfiriendo en los asuntos de Dios. Es mejor permitir que él sea el juez. Es el único que conoce el corazón de la persona y que lo ve todo. En vez de ello, dedica tiempo a construir la unidad con palabras alentadoras y no a resaltar los defectos de alguien.

Oración

Señor, tú me dices que no juzgue a los demás, sino que los aliente. Cuando empiezo a criticar o juzgar a otro creyente, ¿podrías recordarme que, en vez de actuar así, diga algo alentador?

Palabras amables

La congoja abate el corazón del hombre, pero una buena noticia lo alegra.

(PROVERBIOS 12.25, RVC)

La preocupación aparece de todas las formas y de todos los tamaños. Como vivimos en un mundo desordenado, resulta fácil inquietarse sobre todo tipo de cosas: los amigos, la escuela, el dinero, los padres, los hermanos y las hermanas, y la lista sigue y sigue. Y cada uno tenemos nuestro propio conjunto de problemas. Podrías preocuparte por tu padre, mientras que tu mejor amigo piensa más en las clases de matemáticas y en lo poco que le gustan.

¿Cómo podemos, pues, ayudarnos los unos a los otros? A veces solo necesitamos prestar atención, notar lo que podría estar incomodando a nuestros amigos, y, entonces, como afirma Proverbios, decir algo de aliento: «Sé que ha sido un duro examen de matemáticas, pero no te preocupes; lo harás muy bien la próxima vez. Tal vez pueda ayudarte a estudiar».

Cuando de nuestra boca sale algo amable, esto ayuda al corazón preocupado. Y esto no solo es válido para nuestros amigos, sino que suele ayudarnos a dejar de pensar en las cosas que también nos vuelven locos.

Oración

Señor, ayúdame a prestar atención a mis amigos hoy. Quiero ser un buen amigo. Ayúdame a decir lo correcto cuando lo necesiten.

Los levitas de hoy

Ellos [los levitas] podrán comer de las ofrendas de cereales y de los animales que los israelitas me presentan. Todo lo que los israelitas aparten para mí, será para ellos.

(EZEQUIEL 44.29, TLA)

Los levitas eran la tribu especial de Israel. Todas las demás debían ocuparse de ellos, alimentarlos, vestirlos, pagarles. ¡Qué buen trato! Sin embargo, debían trabajar mucho. A diferencia de las demás tribus, ellos no poseían su propia tierra y, por tanto, no tenían que cultivar. El trabajo que desempeñaban era específico: eran los sacerdotes de todo el país. Como los pastores y los ministros actuales de las iglesias, se ocupaban de las necesidades espirituales de los demás.

Los deberes sacerdotales incluían dirigir las festividades y las celebraciones, quemar los sacrificios, limpiar los altares y el templo (como una iglesia), orar por los pecadores, enseñar las leyes de Dios y mucho más. No tenían tiempo para ocuparse de nada más, y mucho menos de preocuparse de su propia tierra o de buscar un modo de sustentarse. De modo que era el pueblo el que se ocupaba de ellos.

Los deberes cotidianos de los pastores de hoy son distintos a los de los sacerdotes levitas. No obstante, siguen comprometidos al servicio, al cuidado y también a prepararnos para servir y cuidar de otros. Siguen contando con nosotros, el Cuerpo de Cristo, para alentarlos y apoyarlos y así puedan proveer el liderazgo espiritual.

¿Cómo respalda tu familia a tu ministro o pastor?

Oración

Señor, gracias por el pastor de mi iglesia. Te ruego que bendigas a los líderes de nuestra iglesia y a sus familias, y muéstrame formas en que pueda ayudar a apoyarlos.

Personas que levantan a otras

¡Ya he escuchado esto muchas veces! ¡Valiente consuelo me resultan sus palabras! ¿No tienen fin sus palabras huecas? ¿Qué los lleva a no dejar de hablar?

(JOB 16.1–3, RVC)

En ocasiones, los amigos caen del vagón de la amistad. Cuando tienes un mal día, en lugar de defenderte dicen lo equivocado. Esto es lo que le ocurrió a Job. ¡En lugar de estar atentos a Job y ser buenos colegas, sus amigos le dicen que su miseria le ha venido por su propia culpa! ¿Quién necesita amigos como estos?

Tómate a pecho la historia de Job y sé un amigo que escoge sus palabras con cuidado. Si un amigo está pasando un mal día, ponte de su parte independientemente de lo que ocurra. Si su equipo pierde y sus padres le han gritado, o si un chico malvado lo ha empujado, sal con él y hazle saber que tiene un amigo en ti.

Resulta más fácil pensar en formas de criticar que de alentar. Hay un tiempo para corregir y rendir cuentas unos a otros, pero ora mucho antes de ofrecer una crítica constructiva. Aunque un mal día sea culpa de tu amigo, apóyalo. Señalar sus defectos justo en ese momento no ayudará en nada. Sé un amigo, alguien que levanta a otra persona y un compañero constante.

Oración

Señor, es fácil ver una respuesta a los problemas de los amigos, pero quizás no sea de utilidad. ¿Me darás sabiduría para saber qué decirle a un amigo que está abatido?

Llegar a ser como Cristo

Una perspectiva general

Dios ha dicho: «Nunca te dejaré; jamás te abandonaré.» Así que podemos decir con toda confianza: «El Señor es quien me ayuda; no temeré. ¿Qué me puede hacer un simple mortal?».

(HEBREOS 13.5–6)

Tienes un destino. El propósito de Dios es mayor que cualquier situación que experimentes jamás. Incluso tiene un plan que supera cualquiera de tus problemas. A causa de esto, resulta peligroso que te centres más en tus problemas que en tu propósito. Empezarás a desesperarte si mantienes los ojos fijos en el problema más que en el amor y en los planes de Dios.

No estás aquí en la tierra tan solo para ocupar un espacio. Nadie ha nacido por accidente. Dios tiene un plan específico para tu vida. Las tormentas son simplemente reveses temporales que llevan al cumplimiento de dicho propósito.

Nada en absoluto puede cambiar el propósito supremo de Dios para ti, a menos que escojas desobedecerle. Si eliges rechazar su plan, él te permitirá hacerlo, pero nadie más puede alterarlo. Puedes aceptarlo o rechazarlo. Solo depende de ti.

Oración

Señor, sé que tienes un plan para mí, pero en ocasiones me dejo enredar en mis problemas y lo olvido. Guíame para que pueda vivir mi verdadero propósito y ser obediente a ti.

Asombrosamente corrientes

Al ver el valor de Pedro y de Juan, y como sabían que ellos eran gente del pueblo y sin mucha preparación, se maravillaron al reconocer que habían estado con Jesús.

(HECHOS 4.13, RVC)

Pasar tiempo con Jesús hace que seamos más de lo que somos sin él. Basta con hacerte sonreír: Pedro y Juan no solo eran personas sin educación, sino también corrientes.

Esto significa que hay mucha esperanza para el resto de nosotros. ¿Quién no se ha sentido tonto en alguna ocasión? ¿Quién no se siente ordinario o corriente otras veces? Dios nos cuenta esta historia para hacernos saber que no importa. Jesús es quien nos hace especiales. Es quien nos hace extraordinarios. Quien nos hace más listos de lo que somos en realidad. ¡Qué Dios tan bueno!

Por tanto, en esos días en que podrías sentirte corriente, recuerda que estás en buena compañía. Pedro y Juan eran dos de los discípulos entrañables que marcaron una asombrosa diferencia para bien. Si Jesús pudo trabajar con ellos, desde luego puede hacerlo contigo.

Oración

Señor, gracias porque no tengo que ser un erudito para que me puedas usar. Soy especial sencillamente porque me hiciste y me siento muy agradecido.

Antigua celebridad

Entonces Abram partió como el Señor le había ordenado, y Lot fue con él. Abram tenía setenta y cinco años cuando salió de Harán.

(GÉNESIS 12.4, NTV)

A Abram se le llamó padre de Israel. Sus hijos iniciaron un nuevo país, y todo fue porque él amó y obedeció a Dios. Tuvo una fe que llegó a ser legendaria.

¿Puedes dar el nombre de alguien que haya tenido una fama duradera? Tal vez hayas oído h hablar de Gabrielle Douglas o de Michael Phelps, atletas de élite en la historia olímpica. Quizás reconozcas el nombre del escritor de un libro clásico, como Jane Austen que escribió *Orgullo y prejuicio* o como C. S. Lewis, autor de *Las Crónicas de Narnia*. Es posible que tengas algún conocimiento sobre Pocahontas, la nativa americana que ayudó a los colonos ingleses que llegaron a América. Ha sido ampliamente conocida durante más de quinientos años.

Abram (cuyo nombre fue cambiado posteriormente a Abraham) es más famoso que cualquiera de los que hemos citado. Millones de personas han sabido de Abram durante millares de años. En la actualidad se sigue hablando de él. Se le conoce como una de las personas más piadosas que vivió jamás. Se mudó cuando Dios así se lo ordenó. Oró cuando necesitó ayuda. Confió en Dios cuando era ya anciano. Dios bendijo a Abram por su fe. Seguir los caminos de Dios es el tipo de fama que nunca desaparecerá.

Oración

Señor, no quiero quedar atrapado en la persecución de la fama o de la atención por las razones equivocadas. Quiero que mi vida importe, porque haya vivido para ti. Ayúdame a ser un ejemplo como Abram.

Parecido de familia

Pues Dios conoció a los suyos de antemano y los eligió para que llegaran a ser como su Hijo, a fin de que su Hijo fuera el hijo mayor de muchos hermanos.

(ROMANOS 8.29, NTV)

¿Has oído alguna vez la frase «De tal palo, tal astilla»? Se refiere al parecido familiar. Me produce una inmensa felicidad que otras personas vean a mis hijos actuar como yo o parecerse a mí. A Dios le ocurre lo mismo contigo.

Solo los seres humanos son hechos a imagen de Dios. ¡Es genial! A continuación encontrarás unas cuantas maneras en que somos como él:

1. Nuestro espíritu sobrevivirá a nuestro cuerpo terrenal.
2. Podemos pensar, razonar y resolver problemas.
3. Podemos dar y recibir amor de verdad.
4. Podemos discernir el bien del mal.

Cada persona posee parte de la imagen de Dios. Sin embargo, esta ha sido perjudicada por el pecado. Por ello, él envió a Jesús con la misión de restaurar la imagen completa que habíamos perdido.

¿Cómo es la imagen completa de Dios? ¡Es como Jesucristo! La Biblia declara que Jesús es «la imagen exacta de Dios», «la imagen visible del Dios invisible» y «la fiel imagen de lo que él es» (2 Corintios 4.4; Colosenses 1.15; Hebreos 1.3).

Dios quiere que sus hijos también lleven su imagen y su semejanza. Quiere que crezcas espiritualmente y llegues a ser como Cristo.

Oración

Señor, no había comprendido lo que significa estar hecho a tu imagen, ¡pero en realidad es genial! Gracias por crearme. Ayúdame a crecer hasta llegar a ser más como tú.

Imítame

Entonces Jesús afirmó: Ciertamente les aseguro que el hijo no puede hacer nada por su propia cuenta, sino solamente lo que ve que su padre hace, porque cualquier cosa que hace el padre, la hace también el hijo.

(JUAN 5.19)

Al crecer, la mayoría de los niños observan a sus padres, sus abuelos, sus cuidadoras en la guardería, sus padres adoptivos y maestros, y siguen el ejemplo y los consejos de los adultos de su entorno que captan más su atención.

Jesús hizo lo mismo. Enseguida indicó a las multitudes que solo estaba haciendo lo que su Padre celestial hacía. Lo que Jesús estaba enseñando era exactamente lo que había aprendido de Dios. De modo que cuando sanaba a alguien que estaba sufriendo, solo se estaba comportando igual que su Padre.

Sin embargo, a diferencia de los niños, Jesús y su Padre son en realidad lo mismo. Esta era la forma en que él señalaba que es Dios, solo que en forma humana. Cuando eras pequeño e imitabas a un adulto, estabas fingiendo. Pero Jesús no pretende ser Dios. Él es verdaderamente Dios. Cuando lees los evangelios y ves todo lo que Jesús hizo, en realidad estás viendo el corazón de Dios y no una mera imitación.

Oración

Señor, me gusta la forma en que tratabas a las personas y nos mostrabas los caminos de Dios. Quiero imitarte en las cosas que hago y digo.

Por favor, ponme a prueba

*¡Ponme a prueba, Señor! ¡Examíname! ¡Escudriña mis
anhelos y mis pensamientos!*

(SALMOS 26.2, RVC)

El rey David le pidió a Dios que lo pusiera a prueba. ¿Quién, en su sano juicio, pediría ser probado? ¿Irías tú a clase y le pedirías a tu maestro que te hiciera un examen para demostrar lo bien que estás aprendiendo matemáticas? Ni siquiera los adultos les piden a sus jefes que les haga pasar una prueba. Desde luego no le pedirías a tu madre ni a tu padre que probaran tus aptitudes para la limpieza. (Sin embargo, sí podrías pedirles que repasaran tus deberes antes de presentarlos para nota).

Bueno, David había estado sirviendo al Señor durante años, pero su vida se estaba volviendo bastante dura. De modo que le preguntó a Dios por qué la vida era tan difícil cuando él estaba sirviéndolo con fidelidad. David confiaba en su relación con el Señor. Sabía que Dios sería sincero con él y que honraba a las personas que seguían sus caminos. Era, asimismo, consciente de que había vivido de la forma correcta y que había estado estudiando la Palabra de Dios. Por ello, David solicitó: «Ponme a prueba».

De vez en cuando no es mala idea pedir una prueba. Podría parecer una locura. Sin embargo, permitir que Dios te pruebe —y estar listo para su nota— te ayudará a ver si estás viviendo según sus caminos. Incluso podrías pedirles a tus padres, o a un amigo cercano, que te hagan un mini examen sobre cómo te estás comportando cuando la vida se hace difícil. Pueden ayudarte a aprender cómo tratar con la aflicción y los problemas de una forma inteligente que te hará conseguir tu calificación.

Oración

Señor, no estoy seguro de estar preparado para que me pongas a prueba, pero quiero aprender más de ti y de tu Palabra, para acudir a ti cuando la vida se vuelve difícil y perseverar en tus caminos.

Palabras por las que vivir

Jesús respondió: «Escrito está: No sólo de pan vive el hombre, sino de toda palabra que sale de la boca de Dios».

(MATEO 4.4, RVC)

La Palabra de Dios es distinta a cualquier otra. Está viva. Cuando Dios habla, las cosas cambian. Todo lo que te rodea —toda la creación— existe porque Dios ordenó que así fuera. Él habló y todo surgió. ¡Por su palabra fuiste puesto en el vientre de tu madre!

La Palabra de Dios es el alimento espiritual que debes tener para cumplir tu propósito. A la Biblia se la define como nuestra leche, nuestro pan, nuestro alimento sólido y se afirma que es más dulce que la miel (1 Pedro 2.2; Mateo 4.4; 1 Corintios 3.2; Salmos 119.103). Esta comida de cuatro platos es el menú del Espíritu para la fuerza y el crecimiento espirituales.

Millones de creyentes se «están muriendo de hambre» debido a una desnutrición espiritual. No seas uno de ellos. Para ser un discípulo saludable de Jesús, tu primera prioridad ha de ser alimentarte de la Palabra de Dios. Es la única forma de cultivar una fe firme para tu vida.

Oración

Señor, la Biblia puede resultarme confusa. Te ruego que produzcas en mí el apetito de leerla y que me ayudes cuando me sienta perdido. Quiero que tus palabras sean mi fuente suprema de combustible.

No está bien

Hijo mío, si los pecadores quisieran engañarte, no te dejes llevar por ellos.

(PROVERBIOS 1.10, RVC)

T–E–N–T–A–C–I–Ó–N. Una gran palabra para un gran problema. La tentación es cuando algo que está mal o que es ofensivo parece atractivo o divertido *antes de hacerlo.* ¿Has lanzado alguna vez piedras a una ventaja, porque un amigo te incitó a hacerlo? ¿Le has dicho alguna vez a tu maestro que hiciste tus deberes cuando, en realidad, te olvidaste? Es probable que estas cosas no te parezcan demasiado malas. Tal vez te hayas divertido lanzando piedras. Y si tu maestro nunca descubre lo de tus deberes, te irás a casa tan tranquilo.

A lo largo de tu vida otras personas te tentarán para que te unas a ellos. Pueden pedirte que te unas a ellos. O te sugerirán que fumes o que tomes drogas. Habrá alguno que te diga que le mientas por él a tu jefe. Quizás te dejes llevar e insultes a alguien débil y solitario.

La parte engañosa está en que ceder a la T–E–N–T–A–C–I–Ó–N puede hacer que te sientas bien durante un breve instante. Sin embargo, siempre implica mentir, engañar, robar, hacer daño o esconder la verdad. Si te sientes desgarrado por dentro, es una pista de que te estás enfrentando a la tentación. Considera si los chicos que te invitan a unirte a ellos están buscando hacer el bien o involucrarse en travesuras. Rendirse a la gran palabra que empieza por T siempre acabará hiriendo a otra persona, a Dios, o a ti mismo.

Oración

Señor, ayúdame a ver la tentación tal como es. Cuando otros intentan convencerme de que haga algo malo, quiero saber qué es lo correcto y lo que debo hacer.

¿Lo has oído?

Los discípulos salieron, entraron en la ciudad y encontraron todo tal y como les había dicho Jesús. Así que prepararon la Pascua.

(MARCOS 14.16)

¿Te preguntas si los discípulos se acostumbraron alguna vez a Jesús? En esta escena particular, él les manda ir a la ciudad donde se encontrarán con un hombre que tiene un gran aposento en el piso superior. Jesús les proporciona las palabras exactas que tienen que pronunciar cuando lleguen allí. Hasta les narra con exactitud cómo se desarrollará todo.

Los discípulos hicieron todo lo que les dijo. Tal vez hablarían sobre ello por el camino. Es posible que cuestionaran cómo sabía Jesús de aquel hombre propietario del aposento alto. ¿Se harían esas preguntas o les preocuparía de alguna manera? Quizás a esas alturas ya habrían aceptado que en lo tocante a Jesús, cualquier cosa podría ocurrir.

La genialidad de Jesús reside en que él no cambia nunca. Así como les indicó a los discípulos lo que tenían que hacer y lo que debían esperar, también puede decirnos cosas. Sabe lo que está por venir y hacia donde nos dirigimos. Nuestra tarea consiste en aprender cómo oír su voz y a continuación obedecer cuando él habla: será por medio de su Palabra, de adultos de confianza, de lecciones en la escuela y en la iglesia, de amigos y líderes, y de la oración. Puede ser que no siempre lo comprendamos de la manera correcta, pero a medida que crecemos con Dios, iremos perfeccionando nuestra capacidad de escuchar su voz y seguir su dirección.

Oración

Jesús, quiero escuchar tu voz. Como los discípulos, quiero tener confianza para actuar según tú me dices y confiar en que tú tienes un plan.

Comprobación de memoria

La palabra de Cristo habite ricamente en ustedes.
(COLOSENSES 3.16A, RVC)

¿Cómo es de buena tu memoria? La memoria es como un músculo. Cuanto más la usas más se fortalece. Tu capacidad de recordar es un don que se recibe de Dios. La verdad es que tienes miles de ideas, verdades, hechos y figuras memorizadas. Te acuerdas de aquello que es importante para ti. Si la Palabra de Dios es importante, te tomarás el tiempo de recordarla. Existen enormes beneficios en la memorización de versículos de la Biblia. Te ayudará a resistir a la tentación, a tomar sabias decisiones, a reducir el estrés, a confiar más, a ofrecer buenos consejos y a compartir tu fe con los demás (Salmos 119.11, 49–50, 105; Jeremías 15.16; Proverbios 22.18; 1 Pedro 3.15).

Empieza por seleccionar unos cuantos versículos bíblicos que te gusten y que entiendes. Escríbelos en algo que puedas llevar contigo (cuaderno, tableta, teléfono). Luego revísalos en voz alta a lo largo del día. Puedes memorizar las Escrituras en cualquier lugar: mientras juegas, comes o al acostarte. Las tres claves para memorizar las Escrituras son repasar, repasar y repasar. Tu memoria será cada vez más fuerte.

Oración

Señor, quiero conocer mejor tu palabra y ser capaz de tener esas palabras grabadas en mi mente cada día. Mantén tu Palabra cerca de mi corazón y de mi mente.

¿Cómo pasas tu tiempo?

Jesús le dijo a la gente que creyó en él: Ustedes son verdaderamente mis discípulos si se mantienen fieles a mis enseñanzas.

(JUAN 8.31, NTV)

¿A qué dedicas más tiempo? ¿A jugar a videojuegos, a leer libros, leer la Biblia o ver la televisión?

No podemos pasar tres horas viendo la televisión, leer la Biblia durante tres minutos y esperar crecer. En la actualidad existen más Biblias impresas de las que hubo jamás, pero tener una en el estante no sirve de nada.

Aunque hay mucho en la Biblia que puede resultar difícil de entender, es el libro más poderoso que leerás nunca. La Biblia es mucho más que un manual. La Palabra de Dios:

- Conduce a la vida
- Forma nuestra fe
- Nos cambia
- Sana nuestras heridas
- Forja el carácter
- Difunde el gozo
- Derrota la tentación
- Infunde esperanza
- Purifica nuestra mente
- Garantiza nuestro futuro para siempre.

No podemos vivir sin la Palabra de Dios. No la des jamás por sentada.

Oración

Señor, perdóname por las veces que he dado tu Palabra por sentada. Cuando no quiero estudiar o leer la Biblia, te ruego que me alientes a acudir a ella. Quiero conocerte mejor.

Escoge un bando

El que no está conmigo, está contra mí; y el que no recoge conmigo, desparrama.

(MATEO 12.30, RVC)

¿Te has metido alguna vez entre dos amigos que se están peleando? No suele ser divertido. Parece más fácil mantenerse al margen, evitar escoger bandos para que nadie se enfade contigo. Es lo más inteligente cuando se trata de amigos. Sin embargo, no funciona igual de bien cuando es el caso de la lucha entre el bien y el mal. En Mateo 12 Jesús acababa de discutir con los fariseos acerca de hacer buenas cosas. Estos señalaban con el dedo y afirmaban que la única forma en que Jesús podía luchar contra el mal era porque él mismo era ese mal. Por supuesto, esto es una tontería. El mal no derrota al mal. Tampoco el bien lucha contra el bien. Jesús va directo al grano y les hace ver esto. A continuación declara que a menos que las personas no se decidan por el bien, estarán tomando el partido del mal.

No hay forma de mantenerse fuera de la lucha cuando esta se libra entre el bien y el mal. O amamos a Jesús y defendemos el bien o estaremos trabajando en contra suya. No hay término medio. Hemos de escoger un bando.

Oración

Señor, ayúdame a estar de tu lado. No quiero acabar en el bando equivocado solo por temer a verme involucrado.

Radiante obediencia

La senda de los justos se asemeja a los primeros albores de la aurora: su esplendor va en aumento hasta que el día alcanza su plenitud.

(PROVERBIOS 4.18)

Levantarse demasiado temprano no es divertido. Ni siquiera lo es hacerlo a una hora normal cuando estás cansado. Por esta razón son más las personas que observan las puestas de sol que los amaneceres. Y son menos aún los que han visto lo que ocurre en el cielo aproximadamente una hora antes de que el sol salga. En el horizonte aparece un resplandor de luz que se va haciendo cada vez más brillante. Por fin el sol se levanta y el cielo se va haciendo cada vez más claro hasta que alcanza su mayor claridad al mediodía.

El escritor de Proverbios quiere que sepamos algo importante sobre el obedecer a Dios. Así como el sol se abre camino hasta colocarse en el punto más alto, la obediencia también brilla con intensidad. Es posible que nadie note al principio que estás haciendo lo correcto. Sin embargo, tu obediencia a Dios resplandecerá sobre los demás. Cuando más hagas lo que está bien, más verán los demás la luz de Dios en ti.

Algunos podrían creer que eres tonto por defender a un chico en la escuela. Tal vez te ridiculicen por negarte a hacer trampas en un examen (como ellos hacen). Pero la verdad siempre sale a la luz. Es entonces cuando brillarás intensamente.

Oración

Señor, ayúdame a brillar para ti, aun cuando no vea el valor de obedecerte. Recuérdame que la verdad requiere tiempo para revelarse.

Campeón para Dios

Corramos con perseverancia la carrera que tenemos por delante.

(HEBREOS 12.1B)

Quieres convertirte en campeón de ajedrez. Lees las normas, ganas una partida, y no vuelves a jugar nunca más. Sin embargo, afirmas ostentar el título de campeón extraordinario de ajedrez. Hmm, no es así como funciona.

Cualquier cosa que quieras hacer con tu vida, que merezca la pena, requiere trabajo y dedicación. Si de verdad quieres ser campeón de ajedrez, jugarás una y otra vez sin cesar, aprenderás estrategias y buscarás la forma de leer la mente de tus oponentes. Para convertirte en campeón jugarás durante años y seguirás practicando para no perder tu título.

Entregar tu vida a Dios no es tampoco cuestión de una sola vez. Puedes confesar tu pecado y pedirle a Jesucristo que entre en tu vida, pero esto no es el final de la historia. Él quiere hacer que tu fe y tu amistad con él crezcan. Esto requiere dedicación. Exige práctica. No puedes escatimar tiempo. ¿Estás listo para convertirte en un campeón para Dios? Está esperando para enseñarte las normas y la estrategia. ¿Te tomarás el tiempo para ello?

Oración

Señor, hay muchas cosas que quiero hacer con mi vida. Servirte a ti tiene que ser lo primero, pero también necesito dedicación para hacerlo. Te ruego que me muestres cuán gran campeón puedo llegar a ser para ti si empleo el tiempo suficiente.

Conseguir lo que pedimos

Pero el Señor le dijo: Considera seriamente todo lo que el pueblo te diga. En realidad, no te han rechazado a ti, sino a mí, pues no quieren que yo reine sobre ellos.

(1 SAMUEL 8.7)

Israel era claramente distinta a las demás naciones. Ninguno de sus vecinos tenía normas especiales sobre lo que podían comer, vestir o dónde podían vivir. Además de todo esto, ¡no tenía rey! A diferencia de otros países, era un Dios invisible quien guiaba a Israel y no un hombre con una corona.

Sin embargo, Israel se cansó de ser diferente de todos los demás. Quisieron un rey con palacio, grandes músculos y carros veloces. ¡Y lo querían *ahora*! De modo que Dios le dio un rey a Israel... con una gran advertencia. En ocasiones, incluso cuando pedimos algo que es malo para nosotros, Dios permite que lo tengamos, porque nos enseña que el camino divino siempre es lo mejor.

¿Y qué me dices de ti? Como los israelitas, a veces forzamos a Dios para que todo encaje. Dejamos que nuestros amigos, nuestros programas favoritos de televisión y las canciones nos guíen en lugar de seguir el consejo que Dios nos proporciona en la Biblia y por medio de la oración.

Fue una lección que Israel aprendió por las malas. Su larga lista de reyes llevó a menudo a la nación a la guerra, al pecado, a la muerte y a la pobreza. Querer tener amigos es bueno. No obstante, esconder nuestras diferencias —como creer en Dios y nuestra identidad como cristianos— tan solo para ser como los demás no lo es.

Oración

Señor, tú me hiciste para que necesitara tener amigos. Sin embargo, en ocasiones yo les doy mayor importancia que a ti en mi vida. Lamento rechazarte así. Ayúdame a mantenerte siempre como «Rey» en mi vida.

¿Eres un bebé?

*Al irse de allí, Jesús vio a un hombre llamado Mateo,
sentado a la mesa de recaudación de impuestos.
«Sígueme», le dijo. Mateo se levantó y lo siguió.*

(MATEO 9.9)

Dios quiere que crezcas.

Tristemente, millones de cristianos están atascados. Es como si fueran bebés espirituales con pañales; y no quieren crecer. ¿Pero quién quiere ser un bebé para siempre?

El objetivo de tu Padre celestial es que desarrolles las características de Jesucristo. El discipulado —proceso de llegar a ser como Cristo— siempre comienza con una decisión. Tienes que querer, decidir y hacer el esfuerzo de crecer. Cuando los primeros discípulos escogieron seguir a Jesús no entendían todo lo que él les pediría. Sencillamente respondieron a la invitación de Jesús. Eso es también lo único que necesitas para empezar.

Una vez decidas tomarte en serio tu crecimiento espiritual, empieza a actuar de forma distinta. Así como empezaste a vestirte y a alimentarte tú solo, hace unos pocos años, será necesario abandonar ciertas rutinas viejas. Desarrolla algunos nuevos hábitos como leer la Biblia tú solo, pregunta a tu madre, tu padre o a un maestro sobre Dios y ora por tu familia. El Espíritu Santo te ayudará con esos cambios. Y pronto dejarás atrás esos procederes de bebé.

Oración

Señor, quiero que mi fe madure y crezca. No parece sencillo, pero te ruego que me ayudes a entrar en una rutina que profundice mi fe.

Pensar en los demás

*Todos debemos apoyar a los demás, y buscar su bien. Así
los ayudaremos a confiar más en Dios. Porque ni aun Cristo
pensaba sólo en lo que le agradaba a él.*

(ROMANOS 15.2–3A, TLA)

¿Quieres crecer más? Empieza a pensar como Jesús. Él consideró a los demás y no solo a sí mismo. Parte de llegar a ser más maduro consiste en saber más de la Biblia y de lo que significa. Pero esta no es toda la historia. La madurez incluye tu conducta y tu carácter. Tus creencias deben ir respaldadas por un comportamiento como el de Cristo.

El cristianismo trata de las relaciones —con Dios y con los demás— y de tu forma de vivir. Pensar en los demás es la mejor prueba de crecimiento. ¿Cómo piensas en los demás? Consideras cómo afectan tus palabras y tus actos a otras personas. ¿Aquello que dices muestra amor o insultos? ¿Mostrarán tus actos que te preocupan los demás o que eres egoísta? Esta forma de pensar es escasa y difícil. Afortunadamente contamos con la ayuda del Espíritu Santo y el ejemplo de Jesús. Pídele al Espíritu Santo que guíe tus pensamientos y lee los evangelios para ver cómo trataba Jesús a los demás.

Oración

Espíritu Santo, guíame en mi caminar con Jesús. Quiero madurar, pensar y actuar como Cristo con aquellos que me rodean, pero necesito tu dirección.

Instruido

Porque ustedes tienen tan poca fe —les respondió—. Les aseguro que si tienen fe tan pequeña como un grano de mostaza, podrán decirle a esta montaña: «Trasládate de aquí para allá», y se trasladará. Para ustedes nada será imposible.

(MATEO 17.20)

Examen sorpresa: ¿quién es tu maestro favorito? Tal vez sea el divertido instructor de matemáticas o ese profesor de ciencias que te deja hacer volar las cosas. Es muy probable que, pase lo que pase, tus maestros favoritos no son nunca aburridos.

Los métodos de enseñanza de Jesús no eran en absoluto fastidiosos. En lugar de usar términos elaborados en un sermón complicado, como preferían hacer la mayoría de los maestros religiosos del pasado, él enseñaba al pueblo sobre Dios usando un lenguaje cotidiano y situaciones de cada día. En aquel tiempo, su estilo era bastante radical.

Veamos, por ejemplo, el caso del muchacho endemoniado de Mateo 17. Los discípulos de Jesús no pudieron sanarlo, pero él sí. Sus ignorantes discípulo no lo entendieron: ¿por qué no pudieron curarlo? En lugar de un diagrama que solo te arranca bostezos o de una extensa conferencia, Jesús respondió con un objeto que todos reconocieron de inmediato: un grano de mostaza. Supieron de inmediato de qué estaba hablando. No tenían que obrar un milagro. Solo tenían que creer en el poder de Jesús.

Si él estuviera hoy aquí, podría instruirte sobre la vida usando tu batería, tu tablero de ajedrez o tu teléfono móvil. Jesús no es un conferenciante soporífero; es un padre genuino que te ama y al que le interesa tu vida cotidiana. Utilizará cosas que conozcas bien para enseñarte sobre ti mismo.

Oración

Jesús, gracias por ser el maestro supremo que se preocupa por mi vida. Ayúdame a seguir tu ejemplo de ser real con mis amigos, mi familia y mis maestros cada día de la semana.

Cambia de canal

Aparta mis ojos de cosas inútiles y dame vida mediante tu palabra.

(SALMOS 119.37, NTV)

❧

¿Has visto alguna vez un anuncio de comida y de pronto has sentido hambre? ¿Has oído toser a alguien y de inmediato has sentido la necesidad de aclararte la garganta? Es el poder de la sugestión. Cuanto más piensas en algo, más fuerte te agarra.

Es como una compañera de clase que está a punto de leer el informe sobre su libro en voz alta y se repite una y otra vez: «No te pongas nerviosa...». ¡Por supuesto que va a estarlo!

Por esta razón, la batalla por el pecado se gana o se pierde en tu mente. Cualquier cosa que capte tu atención te poseerá. Cada vez que intentes bloquear un pensamiento en tu mente, lo harás entrar a mayor profundidad en tu memoria. No derrotas la tentación luchando por no sentirla.

Dado que la tentación empieza siempre con un pensamiento, la forma más rápida de neutralizarla es poner tu atención en otra cosa. Por ejemplo, la compañera de clase que está a punto de hablar debería centrarse en cualquier cosa excepto en sus sentimientos. Podría concentrase en Dios o en su libro. Por tanto, cuando la tentación se cruza en tu camino, no luches contra el pensamiento. Solo cambia el canal de tu mente e interésate en otra idea.

Oración

Señor, cuando la tentación venga a mi mente, ayúdame a desviar ese fuerte pensamiento hacia otra cosa. Tú eres quien proporciona pensamientos apacibles en los momentos en que los necesito.

¿Un tanto confundido?

El que halla su vida, la perderá; y el que pierde su vida por causa de mí, la hallará.

(MATEO 10.39, RVC)

Mientras vivió en la tierra, Jesucristo, el Hijo de Dios, afirmó muchas cosas que no tenían sentido cuando las personas las oían por primera vez. ¿Perder la vida para hallarla? ¿Encontrarla para después perderla? ¿De qué estaba hablando? Jesús se expresaba mediante lo que parecían adivinanzas. Quería que las personas se rascaran la cabeza de curiosidad. Además, hablaba acerca de los caminos de Dios y la mente humana no siempre consigue entenderlos.

Piensa en ello de esta forma: estás en la escuela elemental o secundaria, pero es muy probable que conozcas a alguien que asista al instituto. Podrías conversar fácilmente con este estudiante y él comprendería todo aquello que estuvieras compartiendo con él. Pero si él empezara a hablarte de sus deberes de cálculo, te sentirías perdido. Esto no significa que el estudiante del instituto no supiera de qué hablaba. Tan solo quiere decir que sabe más que tú.

Jesús sabe infinitamente más que nadie. Es el sabelotodo supremo, pero en un sentido positivo. De modo que cuando leas la Biblia o escuches algún pasaje de ella que no tenga sentido para ti, pídele a Jesús que te ayude a comprender. Si sigues sintiendo que estás en oscuridad, confía en que él sabe mucho más que tú.

Oración

Jesús, en la Biblia o en la iglesia hay muchas cosas que no comprendo. No obstante, quiero creer tus palabras entienda o no lo que significan en estos momentos.

La ayuda del Espíritu Santo

Nosotros... somos transformados a su semejanza con más y más gloria por la acción del Señor, que es el Espíritu.

(2 CORINTIOS 3.18)

La Biblia compara el crecimiento espiritual a una semilla, un edificio y un niño en periodo de crecimiento. Las semillas deben plantarse y regarse, los edificios deben construirse; no aparecen por sí solos. Y los niños deben comer y hacer ejercicio para crecer. Pero adivina quién es el encargado de que tú crezcas. Tú no. Es el Espíritu Santo.

No puedes reproducir el carácter de Jesús por tus propias fuerzas. Con las mejores intenciones o con desearlo firmemente no basta. Solo el Espíritu Santo tiene el poder de llevar a cabo los cambios que Dios quiere. A esto se le llama «santificación».

La mayor parte del tiempo el poder del Espíritu Santo viene a tu vida de manera silenciosa, hasta el punto de que ni siquiera eres consciente de ello ni lo puedes sentir. Con frecuencia te da un pequeño codazo con «un susurro apacible» (1 Reyes 19.12). ¿Cómo sucede esto en la vida real? Por medio de las elecciones que hacemos. Escogemos actuar de forma diferente y depender de su Espíritu para que nos ayude a hacerlo en realidad. Antes de saberlo estarás creciendo firme y seguro.

Oración

Señor, ayúdame a tomar las decisiones que te complazcan. Sé que no puedo conseguirlo por mí mismo, pero el Espíritu Santo me proporciona la sabiduría y la fuerza para actuar de un modo distinto. Gracias por el Espíritu Santo que obra en mi vida.

Sin compromiso

No es correcto mostrarse parcial con nadie. Hay quienes pecan hasta por un mendrugo de pan.

(PROVERBIOS 28.21)

Un joven afirma que jamás trabajará para la reina malvada. Entonces esta le ofrece una poción mágica que resuelve cualquier problema; sin embargo, tiene que hacerle un pequeño favor a la reina. La familia del muchacho es tan pobre que un poco de dinero le vendría bien para volver a empezar sus vidas y sabe que el bebedizo lo ayudará a conseguirlo. Por tanto accede; solo por esta vez. ¿El resto de la historia? Ya sabes cómo sigue: Acepta una y otra vez y se va hundiendo cada vez más en el reinado malvado de la reina.

Aunque las reinas malvadas son para los cuentos de hada, podrías enfrentarte a tentaciones similares. A medida que vayas creciendo tendrás amigos, compañeros de clase y tal vez miembros de tu familia que intentarán convencerte de que dejes a un lado lo bueno y lo malo. Descifrarán qué es lo que más te motiva: dinero, poder, popularidad, oportunidades, etc. Después lo usarán para hacerte transigir, solo una vez, por algo que de verdad necesitas o quieres.

Transigir o comprometerse a algo resulta difícil la primera vez, desafiante la segunda, y no tan malo la tercera; después de esto, ni te importará. Deja claro que sigues los principios de Dios que son más valiosos que ninguna otra cosa que cualquier otra persona pudiera ofrecerte.

Oración

Señor, veo lo fácil que sería aceptar hacer algo llevado por el sentimiento de desesperación por algo que se quiere. Necesito tu sabiduría para conocer mis debilidades y cuidarme de otros que intenten apartarme de tus caminos.

¿Ahogado o en pleno crecimiento?

La parte que cayó entre espinos son los que oyen, pero, con el correr del tiempo, los ahogan las preocupaciones, las riquezas y los placeres de esta vida, y no maduran.

(LUCAS 8.14)

¿Verdad que los juegos y las aplicaciones online son divertidos? Y cuanto más juegas, mejor llegas a ser. Enviar mensajes de texto a tus amigos también es bastante entretenido. La tecnología ha facilitado muchísimo la vida y la ha hecho más agradable. No tienes más que preguntarles a tus padres.

Ellos podrían contarte lo complicada que era la vida antes de las computadoras. Sin embargo, también te dirían cuánto más sencillo parecía el mundo antes de que tuvieran tantas cosas. El dinero te permite comprar juegos y artilugios geniales. Sin embargo, cuantas más cosas posees, más tienes de qué preocuparte. Y cuanto más sean esas cosas, más fácil te resultará olvidar a Dios.

Aunque Jesús no creció en una familia rica, conocía a gente de gran riqueza. Podía ver cómo el dinero y las cosas ahogaban lo más importante. Por encima de todo, él quería que sus discípulos maduraran en su fe. Y quiere esto mismo para ti.

¿Cómo haces, pues, para mantener tu crecimiento espiritual? En primer lugar, deja espacio para el Señor cada día. Antes de empezar a mandar mensajes de texto, comparte con el Señor lo que hay en tu mente. Dile que lamentas haber puesto otras cosas por delante de él. ¡Puedes estar seguro de que te perdonará!

Oración

Señor, hay tantas distracciones que apartan mi mente de ti. Resulta difícil centrarse cuando hay un nuevo juego con el que jugar u otra cosa que ver en la televisión. Te ruego que me ayudes hoy a ponerte a ti primero.

El camino

Jesús le contestó: Yo soy el camino, la verdad y la vida; nadie puede ir al Padre si no es por medio de mí.

(JUAN 14.6, NTV)

Durante la vida de Jesús les mostró a las personas cómo amarse unos a otros de verdad, incluso a sus enemigos. Era pacífico, amable, generoso y afectuoso. Sin embargo, a lo largo de la historia han existido numerosos hombres y mujeres famosos a los que se ha considerado pacíficos. Así pues, ¿era Jesús diferente a Buda, Confucio, Gandhi, Mahoma u otras figuras religiosas?

Muchos responden que no, que solo fue otro buen maestro. Pero lee de nuevo el versículo que figura aquí arriba sobre lo que Jesús tenía que decir.

¿Lo has entendido? Jesús no declaró: «Hay muchos caminos que llevan al Padre, siempre y cuando seas una buena persona». No; ¡él afirmó ser el único camino y que nadie podía tener vida eterna sin él!

En el mundo actual es sumamente popular tratar la fe como la fila en un restaurante bufé. «Oye, me gusta esta parte del cristianismo, así que lo tomo, pero esta otra cosa no; la voy a sustituir por un poco de esta religión de aquí». Esta forma de pensar no la acepta Jesús.

Como el Dios de todo o nada, no se conforma con la mitad de tu corazón. ¡Lo quiere entero! Las personas que afirman que Jesús fue un buen maestro tienen razón. Así que escucha lo que él dice: encuentra tu camino a Dios por medio de él.

Oración

Jesús, gracias por ser el camino, la verdad y la vida. No te asustan mis preguntas sobre ti y la Biblia, de modo que las traigo ante ti ahora, sabiendo que eres fiel para responderlas todas.

Despacio, despacio

Ese proceso continuará hasta que todos alcancemos tal unidad en nuestra fe y conocimiento del Hijo de Dios que seamos maduros en el Señor, es decir, hasta que lleguemos a la plena y completa medida de Cristo.

(EFESIOS 4.13, NTV)

Eres una obra en progreso. El crecimiento requiere años. Te harás más alto. Más fuerte. Más inteligente. Tu voz y tus gustos cambiarán. Así que no te preocupes por intentar crecer con demasiada rapidez. Dios te diseñó para que crecieras lentamente.

Ser como Cristo también es algo que exige tiempo. Es un proceso lento de crecimiento. Incluso cuando un día seas ya físicamente un adulto, la madurez espiritual se producirá durante el resto de tu vida. En ocasiones puede parecer que tarda una eternidad. ¡Y es que será así! Tu crecimiento no se completará aquí en la tierra. Por tanto, ¡relájate! Solo se acabará cuando llegues al cielo o cuando Jesús regrese. Cualquier obra que quede será concluida en ese momento. La Biblia asevera que cuando seamos por fin capaces de ver a Jesús a la perfección, nos volveremos perfectamente como él (1 Juan 3.2).

Oración

Jesús, espero el día en que pueda verte perfectamente. Cuando me desaliente por mi crecimiento espiritual, aliéntame tú a seguir esforzándome hacia la perfección.

La forma en que funciona la tentación

La tentación viene de nuestros propios deseos, los cuales nos seducen y nos arrastran. De esos deseos nacen los actos pecaminosos, y el pecado, cuando se deja crecer, da a luz la muerte.

(SANTIAGO 1.14–15, NTV)

Pensamos que la tentación se encuentra a nuestro alrededor, pero Dios afirma que empieza en nuestro interior. Queremos algo, de modo que una tentación nos atrae por el deseo que ya tenemos. Esta siempre se inicia en tu mente, no en las circunstancias.

La tentación comienza cuando Satanás sugiere (con un pensamiento) que te entregues a un deseo maligno o que cumplas un buen deseo de la forma errónea o en el momento menos adecuado. Podría tratarse de un deseo pecaminoso, como el de robar algo o mentir, o tal vez sea un deseo bueno normal, como el de ser amado o sentirse feliz. Satanás susurra: «¡Te lo mereces! ¡Deberías tenerlo ahora! Será emocionante... divertido... o te hará sentir mejor».

Cuando por fin actúa siguiendo un pensamiento con el que has estado jugueteando en tu mente, cedes a la tentación. Lo que comenzó como una idea nace como conducta pecaminosa. Te rindes a aquello que ya ha captado tu atención. Crees las mentiras de Satanás y caes en la trampa sobre la que Santiago nos advierte. Si estás en guardia, reconocerás la tentación cuando llega. Y Dios siempre estará ahí para ayudarte a resistirle.

Oración

Señor, conoces mi corazón y aquello contra lo que lucho. Sigue mostrándome los lugares donde soy tentado y ayúdame a resistir contra esos deseos pecaminosos.

Fruto maduro

Para que vivan de manera digna del Señor, agradándole en todo. Esto implica dar fruto en toda buena obra, crecer en el conocimiento de Dios.

(COLOSENSES 1.10)

¿Has comido alguna vez tomates gaseados? Son los que se compran en el supermercado. Si los agricultores recolectaran los tomates maduros y los enviara, se aplastarían de camino al mercado. Así que los recogen verdes y pulverizan dióxido de carbono sobre ellos justo antes de que salgan para los puntos de venta. Ese gas madura los tomates verdes que adquieren con rapidez el color rojo. Estos tomates no tienen nada malo. Sin embargo, si alguna vez has comido un tomate recién arrancado de un huerto, no hay comparación. El fruto necesita su tiempo para madurar, en la planta o en tu vida.

Dios requiere tiempo para hacer madurar el fruto espiritual en tu vida. Inicia el proceso diciéndole a Dios que quieres ser un cristiano productivo, lleno de fruto. Comprométete a leer, estudiar y memorizar la Biblia. Pídele a Dios que cambie tu forma de pensar. Ora y habla con él de todo. Solicita su ayuda para responder como lo haría Jesús a las personas difíciles y en las situaciones desagradables. Dios quiere producir el fruto del Espíritu en tu vida. ¿Lo dejarás madurar?

Oración

Señor, quiero ser un seguidor más firme de Cristo. Ayúdame a hablarte de todo lo que sucede en mi vida y a crecer. Quiero ser un seguidor que lleve fruto.

Transformador de vida

Lo acompañó Nicodemo, el hombre que había ido a ver a Jesús de noche. Llevó consigo unos treinta y tres kilos de ungüento perfumado, una mezcla de mirra y áloe. De acuerdo con la costumbre de los entierros judíos, envolvieron el cuerpo de Jesús untado con las especias en largos lienzos de lino.

(JUAN 10.39–40, NTV)

La mayoría de nosotros conocemos Juan 3.16: «Porque tanto amó Dios al mundo, que dio a su Hijo Unigénito, para que todo el que cree en él no se pierda, sino que tenga vida eterna». ¿Pero recuerdas con quién hablaba Jesús cuando pronunció estas palabras? Estaba con Nicodemo, fariseo y miembro del concilio judío gobernante. Este arriesgó su reputación al hablar con Jesús.

Al parecer, aquella conversación se le quedó grabada, porque cuando Jesús murió, Nicodemo hizo algo aún más arriesgado. Fue con José de Arimatea, otro individuo muy conocido y rico, a pedirle a Pilato el cuerpo de Jesús.

Nicodemo envolvió el cuerpo al estilo de una momia, con treinta y cinco kilos de especias y lociones, una muestra cara de amor y respeto. A continuación, los hombres depositaron el cuerpo de Jesús en la tumba familiar de José. ¡Los criminales no tenían jamás un entierro tan lujoso!

Jesús impactó la vida de Nicodemo. De repente, el fariseo pasó de ser un miedica espiritual a pedirle con valentía a un peligroso líder político si podía ignorar las reglas para demostrar su devoción a Cristo. ¿Te ha cambiado Jesús a ti de ese modo?

Oración

Jesús, a veces me siento como el primer Nicodemo. Me asusta admitir que hablo contigo o que te conozco. Te ruego que me cambies de adentro para fuera, y que me des el valor de vivir mi fe y mi creencia en ti.

La elección correcta

Entonces la ira de Balac se encendió contra Balán, y chasqueando los dedos le dijo: Te mandé llamar para que echaras una maldición sobre mis enemigos, ¡y estas tres veces no has hecho sino bendecirlos! ¡Más te vale volver a tu tierra! Prometí que te recompensaría, pero esa recompensa te la ha negado el SEÑOR.

(NÚMEROS 24.10–11)

El país de Moab tenía y rey malvado, el rey Balac. A él y a los moabitas no les gustaba el pueblo de Dios, los israelitas. Los moabitas temían que los israelitas entraran por la fuerza y se adueñaran de su territorio. De manera que el rey Balac contrató a Balán para que le ayudara.

El rey ofreció pagar una gran cantidad de dinero si Balán accedía a pronunciar una maldición sobre el pueblo de Dios. Pero Dios quería bendecir a Israel y Balán lo sabía. Tuvo que tomar una decisión difícil. ¿Hacer el mal y tener riqueza o hacer lo correcto y dejarle los resultados a Dios? Afortunadamente, Balán tomó la decisión adecuada incluso cuando el rey estaba enojado. Dios estaba contento con él.

¿Cómo te sientes cuando los niños de la escuela o tu equipo que piden que hagas algo malo con ellos? Parece tentador. Cuando escoges hacer lo correcto, Dios lo ve. Incluso cuando otros se apartan de ti por haber escogido lo adecuado, Dios te recompensará en formas que tus amigos no conocen. Ser una chica o un chico piadoso puede implicar soledad y parece costoso. Sin embargo, al final, Dios te bendecirá.

Oración

Señor, ayúdame a hacer lo correcto incluso cuando parezca difícil. Ayúdame a hacer lo correcto, porque sé que eso te hace feliz.

Soñar a lo grande

Y todo lo que hagan, de palabra o de obra, háganlo en el nombre del Señor Jesús, dando gracias a Dios el Padre por medio de él.

(COLOSENSES 3.17)

¿Has empezado a pensar en actividades que te gustaría realizar en el instituto? ¿O incluso qué te gustaría ser de mayor? Tal vez te guste la astronomía y quieras ir un día al campamento espacial. Tal vez disfrutes ayudando en la cocina y pensando que sería genial convertirte en *chef*. Es fantástico orar por sueños de este tipo. Dios pone algunos sueños en tu corazón que te guíen a los planes que él tiene para ti. ¿Pero sabes qué es más importante para él? Tu carácter.

Nos preocupamos cuando Dios parece callar sobre preguntas específicas como «¿Qué debería hacer este verano?» o «¿En qué debería inscribirme para después de la escuela?», o «¿Qué deporte debería probar?». La verdad es que existen numerosas actividades que podrían ser la voluntad de Dios para tu vida. Sin embargo, a él le interesa mucho más lo que *eres* que lo que *dices*. Somos *seres* humanos, no *hacedores* humanos. Dios está mucho más preocupado por tu carácter. Y esta es la razón: solo te llevas tu carácter a la eternidad; todo lo demás queda atrás.

Oración

Gracias, Señor, por interesarte en los pequeños detalles de mi vida. Aunque es importante pensar en lo que quiero hacer y ser, también quieres que sea una persona de carácter. Ayúdame a ser como Jesús.

Escuela para los sabios

Yo, la sabiduría, convivo con la prudencia y poseo conocimiento y discreción.

(PROVERBIOS 8.12)

Imagina que tu hermana pequeña es la típica sabelotodo. Cree que siempre está en lo cierto y que nunca se equivoca. Un día anuncia que ya no necesita más ir a la escuela: ¿Su razonamiento? Que ya no hay nada más que aprender; ya lo sabe todo.

Te reirías. Después de todo, si abandona la escuela ahora no aprenderá jamás las tablas de multiplicar, las capitales de los Estados Unidos, o cómo escribir una historia. Y no solo eso, sino que no lograría obtener su permiso de conducir o de unirse al equipo de animadoras.

¿Pero sabes una cosa? Con frecuencia jugamos a los sabelotodo con Dios. Pensamos que por haber memorizado los libros de la Biblia somos buenos cristianos. O porque solemos ser amables con los demás y obedecemos a nuestros mayores, ya no tenemos nada más que aprender de Jesús. Nos tenemos por personas bastante sabias.

La sabiduría no consiste solamente en conocer hechos; también supone saber qué hacer con ellos, y a esto se le llama juicio. Es posible que tu hermana pueda reconocer los números. Sin embargo, hasta que aprenda a conducir, una señal de limitación de velocidad a cincuenta y cinco kilómetros por hora no significará probablemente nada para ella.

Por tanto, ¿te conformarás con saber solamente *sobre* Dios? En vez de ello, aprende cómo usar ese conocimiento cada día. Como promete Proverbios 8.17 no quedarás decepcionado: «a los que me buscan, me doy a conocer».

Oración

Señor, sé que no puedo llegar a ser sabio por mí mismo. Te necesito a ti para ello. Ayúdame a corregir mi actitud de sabelotodo para que pueda encontrar tu sabiduría.

¡Sal de ahí!

No te dejes llevar por las tentaciones propias de tu edad.
Tú eres joven, así que aléjate de esas cosas y dedícate a
hacer el bien.

(2 TIMOTEO 2.22A, TLA)

La tentación empieza cuando capta tu atención. Aquello que logra nuestra atención estimula tus emociones. A continuación, estas activan tu comportamiento. Cuanto más te centras en «No quiero hacer esto», más fuerte te arrastra a su tela de araña.

Ignorar una tentación es mucho más eficaz que luchar contra ella. Una vez que tu mente está en otra cosa, la tentación pierde su poder. De modo que cuando la tentación te llame por teléfono, no discutas con ellas. ¡Solo cuelga! En ocasiones esto significa abandonar una situación de tentación.

Huir de ella está bien. Levántate y apaga el televisor. Apártate de tus amigos que están chismorreando. Márchate. Vete. Huye. Así como permanecerías alejado de una colmena para evitar las picaduras de las abejas, haz lo que sea necesario para apartarte de la tentación.

Oración

Señor, dame el valor y la fuerza de apartarme de las tentaciones. Resulta más fácil no hacer nada que luchar contra ella, de modo que necesito tu ayuda.

De una bellota a una encina

De cierto, de cierto les digo que, si el grano de trigo no cae en la tierra y muere, se queda solo; pero si muere, lleva mucho fruto.

(JUAN 12.24, RVC**)**

Dios toma dos días para hacer champiñones, pero requiere sesenta años para formar una encina. ¿Quieres ser un champiñón o una encina? El crecimiento se toma su tiempo.

Cuando examinas tu crecimiento, tal vez te preguntes: «¿Por qué me está llevando tanto tiempo? Nota lo que dijo Jesús en Juan 12.24. Hablaba de su muerte, pero también se aplica a nosotros. Cuando afirma «Ciertamente les aseguro» quiere decir «¡Entiendan esto! ¡Sintonícense! Esto es realmente importante».

La idea que Jesús estaba exponiendo es que la muerte precede la vida. Así como el grano de trigo debe morir para producir fruto, nosotros también debemos morir a nuestro propio egoísmo para ver el crecimiento. No obstante, nos gusta cavar para ver la semilla de vez en cuando y verificar su progreso en lugar de confiar e Dios para hacernos crecer. Cristo producirá el fruto en nuestra vida si permanecemos en él. Morar en Cristo significa depender de él, vivir para él y confiar en él.

Dios está complacido contigo en cada fase de tu crecimiento espiritual. No está esperando hasta que seas perfecto para empezar a amarte. Recuerda que el crecimiento requiere tiempo.

Oración

Señor, me impacienta mi crecimiento en Cristo. Sé que es algo que requiere tiempo. Ayúdame a permanecer en ti y a confiar en que estás obrando en mi vida.

Preparación del terreno

Pero el fruto del Espíritu es amor, gozo, paz, paciencia, benignidad, bondad, fe, mansedumbre, templanza. Contra tales cosas no hay ley.

(GÁLATAS 5.22–23, RVC)

Toda buena granja tiene sus cultivos —maíz, girasoles, trigo, semillas de soja—, y estos dependen del clima y de la tierra. Pero las cosechas no crecen de la noche a la mañana. El agricultor no sale y planta la semilla un día y después recoge algún maíz maduro al siguiente. Tienen que transcurrir meses para que el maíz crezca con la adecuada cantidad de sol y agua.

Del mismo modo que las cosechas, nuestro carácter requiere tiempo para crecer. Es fácil pensar que deberíamos ser amables, buenos, fieles y tiernos en el mismo instante en que le pedimos a Dios que nos salve del pecado y que cambie nuestra vida. Pensamos: «Si soy cristiano debería ser perfectamente bueno en todos los ámbitos».

Sin embargo, no es así como se desarrollan las cosas. El amor, el gozo, la paz y la bondad crecen en nosotros conforme pasamos tiempo con Jesús y leemos la Biblia. Entonces crecerá el fruto del Espíritu. Nuestra tarea consiste en hacer nuestra parte, pero dejando que Dios sea el agricultor que lo ayuda a crecer dentro de nuestro corazón.

Oración

Señor, ayúdame a hacer mi parte —pasar tiempo contigo, conversar y leer la Biblia—, para que tu fruto crezca en mi corazón.

¿Quién es tu ídolo?

No te harás imagen, ni semejanza alguna de lo que está arriba en el cielo, ni abajo en la tierra, ni en las aguas debajo de la tierra. No te inclinarás ante ellas, ni las honrarás.

(ÉXODO 20.4–5A, RVC)

¿Sabías que los Diez Mandamientos son más que un puñado de normas? Todos ellos tratan de las buenas relaciones con Dios, los padres, los amigos y los enemigos. El segundo mandamiento no parece encajar demasiado en el tiempo actual: ¿hacerse ídolos? ¿Inclinarse ante estatuas? ¿Conoces a alguien que viaje por todas partes buscando estatuas para sentarse frente a ellas y cantarles? No obstante, el segundo mandamiento sigue siendo importante.

Tal vez no te des cuenta de que tienes ídolos en tu vida. Quizás tengas a cierto cantante, actor o atleta en muy alta estima. ¿Cuál es la forma infalible de saber si alguien o algo es un ídolo? Piensas en esa persona o cosa *todo el tiempo.* Incluso piensas que tu vida será mejor si lograr encontrarte con esa celebridad o siendo como él o ella. Dios sabe que hay cosas que te pueden distraer fácilmente. ¿Están tomando los ídolos el lugar de Dios en tu vida? Solo él merece toda tu atención y el cien por cien de tu admiración. Y es el único que puede cambiar tu vida.

Oración

Señor, ¡qué fácil resulta distraerse con celebridades y cosas terrenales! No quiero idolatrar a nadie ni a nada, sino a ti. Te ruego que me recuerdes de ponerte a ti primero en mi vida.

Sé un ejemplo

Cuando Jesús se dio cuenta de lo que ellos pensaban, llamó a un niño, lo puso junto a él, y les dijo: «Si alguno acepta a un niño como éste, me acepta a mí. Y si alguno me acepta a mí, acepta a Dios, que fue quien me envió. El más humilde de todos ustedes es la persona más importante».

(LUCAS 9.47–48, TLA)

Jesús utilizó todos tipo de lecciones para enseñar a sus seguidores Se sirvió de unos peces. También del pan. Hasta usó olivos e higos. En unas cuantas oportunidades, Jesús usó a niños para enseñar a los adultos. Declaró que todos tenían que ser como un niño para poder formar parte de la forma de vida de Dios. ¿Significaba esto que no quería que las personas crecieran? En absoluto. Los niños también son importantes para Dios. Independientemente de su edad, las niñas y los niños pueden tener una relación con Dios.

Es probable que a tu edad no tengas que preocuparte por el trabajo, por ganar dinero, comprar comida o cuidar de una familia, porque confías en los adultos que hay en tu vida para que provean para ti. Jesús no quería que los adultos olvidaran que habían aprendido como niños. Quería que recordaran centrarse primero en Dios. Mantener la vida lo bastante sencilla como para no olvidar los caminos divinos. Dejar que fuera Dios quien estuviera a cargo en vez de preocupare por cómo ocuparse de su vida. De modo que indica: «Echen un vistazo a sus hijos. Ellos confían en ustedes. Yo quiero que ustedes sientan esa misma confianza en mí».

¿Has pensado alguna vez que pudieras ser un ejemplo para tus padres u otros adultos? Podrías ayudarlos a recordar que deben confiar en Dios.

Oración

Señor, gracias por mis padres o tutores que me aman y proveen para mí. Te ruego que tú proveas para ellos y les muestres tu amor. Ayúdanos a todos a confiar en ti independientemente del nivel de crecimiento alcanzado.

El equipo de Dios

Pues los sufrimientos ligeros y efímeros que ahora padecemos producen una gloria eterna que vale muchísimo más que todo sufrimiento.

(2 CORINTIOS 4.17, TLA)

Los atletas profesionales se esfuerzan para fortalecerse y ganar competiciones. Se despiertan temprano por la mañana para practicar. Pasan horas entrenando. Su cuerpo se cansa. Podrían sufrir un tirón muscular, que una pelota los golpee, o agotarse preparándose para los partidos. Sin embargo, lo hacen porque el esfuerzo y el dolor pueden conducir a un rendimiento máximo y a un equipo ganador.

La vida es parecida a un entrenamiento duro. Nos lanza desafíos como amigos que nos defraudan, padres que enferman o cosas malas que suceden. Dios quiere que consideremos estas dificultades como parte del programa de entrenamiento. Él es el entrenador que nos ayudará a hallar nuestro rumbo entre los obstáculos. Nos ayudará a recuperarnos del dolor. Él está a cargo, y no permitirá que nada nos derrumbe sin estar allí para recogernos y levantarnos. Nos está haciendo más fuertes. Nos está edificando. Nos está entrenando. El gran partido —el cielo— está al doblar la esquina y, para los que se han unido al equipo de Dios, tienen la garantía de la victoria.

Oración

Señor, a veces la vida es dura. Ayúdame a confiar en ti. A recordar que me estás entrenando para algo mejor.

Él lo entiende

Puesto que él mismo sufrió la tentación, es poderoso para ayudar a los que son tentados.

(HEBREOS 2.18, RVC)

La rivalidad entre hermanos debe de haber sido bastante intensa en la familia de Jesús. Medirse a un primogénito perfecto no pudo ser fácil para sus hermanos y hermanas. ¿Puedes imaginar los comentarios de parientes y vecinos? «Jacobo, ¿por qué no te comportas como Jesús?» o «Simón, ¿te portarás alguna vez como tu hermano?». Jesús debió poner el listón muy alto.

Jesús fue sin pecado desde su nacimiento, pero esto no significa que no quisiera pecar jamás. Tal vez pensaría en llamarle la atención a ese niño aburrido de la Escuela Sabática. Era completamente Dios, pero también completamente humano, y esto significa que seguía conociendo la fuerza de la tentación.

Jesús sabe exactamente cómo se siente uno cuando es tentado. No se trata de ninguna deidad lejana que no comprende por lo que estamos pasando. Entiende cuando queremos pecar de verdad, porque él se enfrentó a situaciones similares.

Por tanto, la próxima vez que te apetezca ir contra las directrices de Dios, respira hondo. Haz una pausa y ora. Recuerda que tienes acceso a alguien que ya ha estado allí y que ya lo ha hecho. Pide la ayuda de Jesús; una vez él tuvo tu misma edad. Él está más que dispuesto a ayudarte a ganar las mismas luchas a las que él se enfrentó antes.

Como hermano mayor perfecto, no te lo echará en cara.

Oración

Jesús, ¡es tan bueno saber que me comprendes! Gracias por tu fuerza cuando quiero desviarme y por tu gracia cuando lo estropeo todo. Quiero que tu presencia sea más fuerte que mi próxima tentación.

Estar a la altura

El que es confiable en lo poco, también lo es en lo mucho; y el que no es confiable en lo poco, tampoco lo es en lo mucho.

(LUCAS 16.10, RVC)

«Te daré cinco dólares como asignación cada semana de este mes», te anuncia tu madre. «Si encuentras la forma de usar bien esta cantidad, al mes siguiente te la subiré a diez». ¡Fantástico! Te entusiasma la idea de poder ganar más dinero tan solo en un mes. Sin embargo, espera; tu madre te está poniendo una trampa. Quiere saber si te vas a gastar todo el dinero en cuanto lo tengas o si pensarás en cómo usarlo. Te está poniendo a prueba. Podrías pensar que estás preparado para recibir diez dólares a la semana, pero tu madre no lo tiene tan claro.

Tal vez creas que estás listo para entrar en el juego en vez de sentarte en el banquillo en un entrenamiento de fútbol. Quizás piensas que tienes la aptitud de hacer un pastel a tu manera en vez de mezclar solamente los ingredientes que tu madre te da. Si de verdad estás preparado, lo demostrarás. Y no será lloriqueando. Ni exigiéndoles a tus padres o a tu entrenador que confíen en tus palabras. Lo probarás con tus actos. Sé muy reflexivo con los pocos dólares que posees. Sigue las instrucciones de tu madre para la masa del pastel. Alienta a tus compañeros de equipo incluso cuando no llegues a jugar. Esto es lo que Jesús quería decir cuando afirmó que si se puede confiar en ti en lo poco, también será así en lo mucho. Piensa en ello: si reprochas y te quejas a tu entrenador o ignoras el consejo de tu madre en cuanto a ser cuidadoso con el dinero, ¿por qué tendrían que permitir el uno o la otra que tuvieras más?

Oración

Jesús, me pongo impaciente cuando estoy sentado en la banda. Me siento preparado para asumir mayor responsabilidad, pero necesito seguir haciéndolo bien con las pequeñas tareas que se me han encomendado primero. Te ruego que me ayudes a ser paciente mientras espero recibir más.

Examen sorpresa

Ustedes no han sufrido ninguna tentación que no sea común al género humano. Pero Dios es fiel, y no permitirá que ustedes sean tentados más allá de lo que puedan aguantar. Más bien, cuando llegue la tentación, él les dará también una salida a fin de que puedan resistir.

(1 CORINTIOS 10.13)

¿Sabías que Dios nos pone exámenes? Lo alentador es que él quiere que superes las pruebas de la vida. De modo que nunca permite que estas sean mayores que la fuerza que él te proporciona para manejarlas.

Palabras como pruebas, tentaciones, refinar y probar aparecen más de doscientas veces en la Biblia. Dios pone continuamente a prueba el carácter, la fe, la obediencia, el amor, la sinceridad y la lealtad de las personas.

Dios probó a Abraham, pidiéndole que ofreciera a su hijo Isaac. Jacob tuvo que trabajar algunos años adicionales para conseguir a Raquel por esposa. La Biblia proporciona muchos ejemplos de personas que superaron una gran prueba, como José, Rut, Ester y Daniel.

Dios observa constantemente tu respuesta a las personas, los problemas, las recompensas, la enfermedad ¡y hasta al tiempo! Incluso cuando abres la puerta para otros, recoges una basura o eres educado, Dios presta atención.

Cada vez que pasas una prueba, Dios nota y haces planes para recompensarte en la eternidad.

Oración

Señor, tú prestas atención a todo lo que hago. Por tanto, cuando soy probado, te ruego que estés conmigo y me ayudes a atravesar esos momentos difíciles.

Hora de volar

Dios bendice a los que soportan con paciencia las pruebas y las tentaciones, porque después de superarlas, recibirán la corona de vida que Dios ha prometido a quienes lo aman.

(SANTIAGO 1.12, NTV)

La madre águila toma el nido de sus polluelos y lo agita. Los hace sentir incómodos e infelices, y a continuación los echa fuera y los obliga a aprender a volar, por su propio bien. Dios hace lo mismo en nuestra vida: a veces hace que nos sintamos molestos porque él quiere que crezcamos. Permitirá un problema, una irritación o frustración para empujarnos hacia lo que es mejor para nosotros.

Cuando Dios quiere cambiarnos, capta nuestra atención, poniéndonos por ejemplo en una situación frustrante que supera nuestro control. No podemos ganar y solo logramos cansarnos cada vez más por la lucha. Dios usa estos tipos de experiencias.

Si en estos precisos instantes te estás enfrentando a un problema, es posible que Dios se esté preparando para cambiarte a mejor. Por lo general no cambiamos hasta que no estamos hartos de nuestra situación actual y lo bastante incómodos como para acudir a Dios Cuando nos sentimos motivados a dejar que Dios haga algo en nuestra vida, él nos empuja fuera del nido para que aprendamos a volar.

Oración

Señor, no es divertido sentirse incómodo o tratar con problemas. Aunque el cambio sea difícil, sé que lo haces por mi bien. Ayúdame a confiar en que tú cuidarás de mí.

Aférrate a ello

Cuando el desconocido se dio cuenta de que no podía vencer a Jacob, lo golpeó en la cadera, y se la zafó. Entonces el desconocido le dijo: ¡Suéltame! ¡Ya salió el sol! Pero Jacob le respondió: No te suelto si no me bendices.

(GÉNESIS 32.25–26, NTV)

Jacob estaba comprometido. No iba a abandonar tan fácilmente, aunque se encontraba en una situación que no le gustaba. De hecho, estaba sufriendo. Aquello era frustrante. Se estaba cansando. Sin embargo, siguió luchando con Dios hasta que lo logró.

Esta es la idea: una vez que Dios capta nuestra atención con un problema, no lo resuelve de inmediato. Espera a ver si hablamos en serio. La mayoría de las personas se escabullen o se desalienta. En lugar de aguantar y declarar: «Señor, no voy a dejar ir este asunto hasta que me bendigas, hasta que tú le des la vuelta a este asunto», abandona y acaban perdiéndose lo mejor de Dios.

Este tipo de compromiso puede resultar duro. Estamos tan acostumbrados a conseguirlo todo al instante —macarrones con queso instantáneos, compras online instantáneas, películas sobre demanda— de manera que si no recibo una respuesta inmediata a una oración, podríamos decir fácilmente: «Olvídalo, Señor».

Hagas lo que hagas, no tires la toalla. No quieres perderte lo mejor de Dios, por abandonar demasiado pronto. Hay esperanza. Aguanta. Sigue pidiéndole una respuesta a Dios, independientemente del tiempo que requiera.

Oración

Señor, es fácil tirar la toalla con respecto a las oraciones si una respuesta no llega al instante. Impúlsame a venir a ti en oración y a no abandonar.

Cosas difíciles

¡Mi herencia eres tú, Señor! Prometo obedecer tus palabras.

(SALMOS 119.57)

En toda película de superhéroes el bueno lo pasa mal. El malo está constantemente molestándolo. El bueno no tiene tanto dinero ni tantos juguetes fantásticos ni un reluciente uniforme como el villano. Solo al final triunfa por fin el superhéroe. La parte inicial y la de en medio suele pertenecerle al malo.

¿Y qué pasa con esto? Después de todo, nuestros padres nos enseñaron que si obedecemos las reglas divinas, suceden cosas buenas. Por otra parte, no somos inmunes a las consecuencias del pecado de otras personas.

A medida que nos vamos haciendo mayores aprendemos que nuestros padres no pueden controlar el mundo. No están ahí cuando vamos a la escuela, al entrenamiento de baloncesto, a casa de los amigos, o incluso al grupo de jóvenes. Y, de repente, seguir todas las leyes de Dios —ser amable, respetuoso, sincero— no significa que nuestra vida queda libre de problemas de manera automática.

En realidad, algunas cosas difíciles ocurren, ¡porque estamos escuchando al Señor! ¿Recuerdas toda la aflicción a la que se enfrentó el rey David? Como él, sigue obedeciéndole a Dios. En la tierra nadie tiene una vida sin problemas, porque el pecado está por todas partes. Sin embargo, obedecer a Dios pone su bondad y su amistad de tu parte. Y, aunque los chicos malos puedan tener ventaja durante un poco de tiempo, al final siempre gana Dios.

Oración

Jesús, me canso de recibir golpes. A veces me pregunto si no habría sido más fácil seguir a la multitud. Te ruego que me des la fuerza para no tirar la toalla y el valor para seguir detrás de ti aun cuando sea difícil.

Un problema después de otro

Queridos hermanos, no se extrañen del fuego de la prueba que están soportando, como si fuera algo insólito. Al contrario, alégrense de tener parte en los sufrimientos de Cristo, para que también sea inmensa su alegría cuando se revele la gloria de Cristo.

(1 PEDRO 4.12–13)

Nadie consigue deslizarse por la vida sin problemas. Como en la clase de matemáticas, cada vez que resuelves un problema hay otro esperándote. No todos son grandes, pero sí son relevantes en el proceso de crecimiento que Dios tiene para ti.

Dios usa los problemas para atraerte más cerca de él. He aquí unos cuantos ejemplos: Dios podría haber mantenido a José fuera de la cárcel (Génesis 39.20–22), no dejar que Daniel fuera arrojado al foso de los leones (Daniel 6.16–23), impedir que echaran a Jeremías en un foso viscoso (Jeremías 38.6), no permitir que Pablo naufragara tres veces (2 Corintios 11.25), e impedir que tres jóvenes hebreos fueran lanzados en el horno ardiente (Daniel 3.1–26), pero no lo hizo. Él permitió que estos problemas sucedieran, y cada una de estas personas se acercaron más a Dios por ello.

Los problemas nos obligan a acudir a Dios y depender de él y no de nosotros mismos. Jamás sabrás que Dios es todo lo que necesitas hasta que Dios sea lo único que tienes. Cuando sufres dolor o afrontas un problema, permanece centrado en el plan de Dios. Es así como Jesús soportó el dolor de morir en la cruz. Podemos seguir su ejemplo.

Oración

Señor, cuando tengo problemas pequeños o grandes, quiero acudir a ti en busca de ayuda y de dirección. En ocasiones quiero resolverlos yo mismo, pero sé que tú los tienes bajo tu control. Confío en ti.

Arrastra los pies

Entonces Dios le dijo a Moisés: Ve a hablar con el rey de Egipto, y dile de mi parte que los deje ir al desierto para que me adoren. Si no los deja ir, yo haré que todo Egipto se llene de ranas.

(ÉXODO 8.1–2, TLA)

En ocasiones resulta difícil cambiar de idea. Has creído algo durante tanto tiempo que te parece lo correcto. Entonces descubres que tal vez lo que creías nos completamente verdad o correcto.

Como el faraón, que creyó que los israelitas estaban allí para servir a los egipcios. Pensaba que tenía todos los derechos de tenerlos como esclavos para su pueblo. Pero Dios, por medio de Moisés, intentó enseñarle otra cosa distinta a Faraón. Una y otra vez, el faraón prometió dejarlos ir y después cambió de opinión, incluso frente al sufrimiento de su propio pueblo. Tú y yo lo hacemos todo el tiempo. Aplazamos los cambios que sabemos serán buenos para nosotros o los que nos rodean. ¿Por qué? Tal vez somos demasiado perezosos o estamos asustados. Quizás somos demasiado orgullosos u obcecados. Cualquiera que sea la razón, dejamos las cosas para después.

Una cosa es decirte que Jesucristo puede ayudarte a vencer los problemas a los que te estás enfrentando ahora mismo. ¡Otra bien distinta es que tú le dejes verdaderamente empezar a hacerlo ahora! ¿Lo vas a aplazar hasta mañana?

Oración

Jesús, sé que me puedes ayudar con los problemas de los que me estoy ocupando. Hoy te pido que te encuentres conmigo donde yo estoy, con mis problemas y todo, y ayúdame a cambiar lo que necesito cambiar ahora mismo.

El verdadero gozo

Pero también nos alegra tener que sufrir, porque sabemos que así aprenderemos a soportar el sufrimiento.

(ROMANOS 5.3, TLA)

¿Has deseado alguna vez deshacerte de un maestro malvado o de un niño molesto? ¡Deberías, pues, sentirte feliz! Sin embargo, la verdad es que aunque te libraras de esos problemas surgirían otros. El gozo consiste en disfrutar de la vida a pesar de los problemas. El gozo no es la ausencia de sufrimiento, sino la presencia de Dios. Esta es la razón por la que Pablo nos indica que nos regocijemos en el sufrimiento, porque Dios está siempre con nosotros.

Pablo no está diciendo que deberías fingir. No está hablando de tener siempre en el rostro una sonrisa de plástico, fingir que todo está bien y actuar como si no pasara nada malo. Dios no quiere que seas falso. No está diciendo que nos regocijemos, por nuestro sufrimiento. Ni siquiera sugiere que disfrutemos del padecimiento. Nos instruye que nos gocemos en él, porque sabemos que detrás de ello hay un propósito. Los cristianos pueden ser positivos incluso en una situación negativa, porque sabemos que Dios tiene una razón para permitir ese problema en concreto.

Oración

Señor, gracias porque hay un propósito detrás de todas las cosas que atravieso, aunque yo no lo entienda o no lo sepa. Gracias porque puedo ser real contigo y mostrar todas mis emociones. ¡Tú me amas y yo hallo gozo en ello!

Más de lo que se ve a simple vista

Fue Dios quien me envió aquí, y no ustedes. Él me ha puesto como asesor del faraón y administrador de su casa, y como gobernador de todo Egipto... Yo les proveeré alimento allí, porque aún quedan cinco años más de hambre. De lo contrario, tú y tu familia, y todo lo que te pertenece, caerán en la miseria.

(GÉNESIS 45.8, 11)

La vida de José suena a gran éxito de taquilla de Hollywood. Nuestro joven héroe es vendido, primeramente, como esclavo pero rápidamente se abre camino hasta alcanzar el más alto nivel. A continuación, el apuesto José es enviado a prisión siendo inocente. Después de su salida de la cárcel, se convierte en la mano derecha de Faraón. Años después, sus hermanos —los tipos que intentaron matarlo— vienen arrastrándose, suplicándole que les salve la vida. Este es el factor decisivo: ¡no saben que él es su hermano pequeño perdido desde hacía tanto tiempo!

Ahora vendría la escena en la que José tendría que anunciarles con júbilo: «¡He vueeeeelto!», justo antes de darles un punta pie a sus hermanos y echarlos a un foso. En lugar de esto, un emocionado José revela que sigue vivo... ¡y que no está enfadado!

José sabía que a veces Dios nos permite experimentar cosas duras por una razón; en este caso, salvar a toda una nación de morir de hambre. No estaba amargado. Él veía la imagen panorámica: «No fueron ustedes los que me enviaron aquí, sino Dios», le dijo a su familia.

¿Por qué cosas ha permitido Dios que pasaras durante un tiempo? Tal vez te juntas con los peores chicos de la clase de ciencias o te sienten en el banquillo durante los partidos de baloncesto. Aunque probablemente esto no sea divertido, estas cosas enseñan paciencia, confianza en Dios, bondad y un montón de otras cualidades buenas si dejas que Dios te las muestre.

Oración

Señor, es tan difícil verte más allá de mis problemas, pero sé que quieres moldearme por medio de ellos. Dame ojos para ver tu mano en todo ello, y ayúdame a confiar en tu tiempo perfecto.

Derribado

*Él, en cambio, conoce mis caminos; si me pusiera a prueba,
saldría yo puro como el oro.*

(JOB 23.10)

¿Te has sentido alguna vez abandonado por Dios? Es un sentimiento normal, sobre todo cuando te ha cegado una decepción inesperada. Cuando tu perro muere, tu mejor amigo se muda o te enteras de que tu abuela padece de cáncer, también te sientes así de solo. O si alguna vez te han acusado de hacer algo que no has hecho, sufres de mala manera. Luego están esos momentos en que acabas sufriendo por algo tonto que otro ha cometido. No puedes evitar preguntarte dónde está Dios en momentos como esos. Se diría que no está al corriente. Parecería que no le importa.

Esa fue la experiencia de Job. Era un buen hombre que amaba a Dios. Tenía una vida envidiable. Sin embargo, como por arte de magia surgió la oscuridad. A pesar de ello, Job no se convirtió en un hombre amargado. Las ardientes pruebas a las que se enfrentó revelaron una fe preciosa que brillaba como oro. Job estaba convencido de que Dios sabía con exactitud lo que se estaba produciendo en su vida. Fue capaz de creer que Dios tenía un plan y que todas las cosas se resolverían al final. Confió en Dios para usar las cosas malas para un plan mayor que glorificaría a Dios.

Oración

Señor, quiero tener una fe como la de Job. Perdóname cuando dude de tu bondad en los malos tiempos.

Ánclate

Anoche se me apareció un ángel, enviado por el Dios a quien sirvo y pertenezco. El ángel me dijo: «Pablo, no tengas miedo, porque tienes que presentarte ante el emperador de Roma. Gracias a ti, Dios no dejará que muera ninguno de los que están en el barco».

(HECHOS 27.23–24 TLA**)**

Las tormentas no pueden nunca escondernos de Dios. Es posible que no lo veamos, pero él si nos ve a nosotros. Podemos pensar que Dios está a un millón de kilómetros de nosotros, pero está aquí con nosotros y observándonos. En Hechos 27 Dios envía a un representante personal, un ángel, para recordarle a Pablo que no estaba solo.

Como ocurrió en el naufragio de Pablo, el plan de Dios había estado obrando en la tormenta. Dios era parte de todo ello. Una y otra vez la Biblia afirma que dondequiera que estamos, Dios está allí con nosotros. Nunca pasamos por algo nosotros solos. Independientemente de la situación que estés atravesando, Dios está contigo. Aunque tu vida parezca como el barco de Pablo, zarandeado por las tempestuosas aguas, lo conseguirás. Es posible que pierdas la carga. Puedes perder el barco. Incluso puedes mojarte. Sin embargo, lo lograrás por la promesa de Dios. Él es el ancla en la que puedes confiar.

Oración

Señor, gracias por estar conmigo en cualquier cosa que atraviese. Tú eres mi roca y mi ancla.

Acosado

Oh Señor, líbrame de los impíos; protégeme de los
violentos, de los que urden en su corazón planes malvados
y todos los días fomentan la guerra.

(SALMOS 140.1–2)

Los acosadores están por todas partes, en el vecindario, en la escuela, y hasta en la iglesia. Algunos niños intentan demostrar su dureza molestando a otros chicos más bajos, menos atléticos o menos inteligentes. Las peleas en el campo de fútbol son una escena familiar durante los recesos o después de la escuela. No es la clase de conflictos de los que se hablan en las noticias de la noche, pero estas escaramuzas de primera línea son igual de reales.

El salmista tenía sus propias batallas con los acosadores. Ser un tipo bueno y piadoso no le eximía de las personas problemáticas. Sabía que vivir en un mundo quebrantado incluye vivir con personas rotas que les hacen la vida imposible a otros. No obstante, también sabía adónde recurrir cuando las granadas verbales y los puños volantes lo encontraban. Acudía al Señor. Invocaba a su Padre celestial para que lo protegiera.

A Dios le importa verte cegado por los acosadores. Ya que tú le perteneces, él tiene un interés personal en protegerte. Te proporcionará el valor de estar firme cuando te apetecería escapar corriendo. Puedes contar con ello. Lo único que tienes que hacer es clamar a él.

Oración

Señor, me siento alentado por las palabras del salmista. Él fue totalmente sincero contigo cuando le estaban atacando. No fingía que todo iba bien. Yo tampoco lo haré.

¡SOS, ayuda!

Invócame en el día de la angustia; yo te libraré y tú me honrarás.

(SALMOS 50.15)

El cielo tiene una línea de emergencia que funciona las veinticuatro horas. Dios quiere que le pidas ayuda para vencer la tentación. Cuando esta golpea, no tienes tiempo para una larga conversación con Dios; sencillamente lloras. David, Daniel, Pedro, Pablo y millones de otras personas han elevado este tipo de oración instantánea pidiendo ayuda en la aflicción. Se le denomina oración de «microondas», porque es rápida y va al grano: ¡Ayuda! ¡SOS! ¡Auxilio!

La Biblia garantiza que nuestro clamor pidiendo ayuda se oirá, porque Jesús entiende nuestras luchas. Se enfrentó a las mismas tentaciones que nosotros, «sin embargo, él nunca pecó» (Hebreos 4.15, NTV). El amor de Dios es eterno y su paciencia dura para siempre. Si tienes que clamar a Dios pidiendo ayuda doscientas veces al día para derrotar a una tentación particular, él seguirá estando ansioso por proporcionar misericordia y gracia, de modo que ven con valentía. Dios nunca se irrita, se aburre ni se impacienta cuando venimos a él una y otra vez. Pídele el poder para hacer lo correcto y después espera que él provea.

Oración

Jesús, tú entiendes la tentación y acoges de buen grado mis llantos pidiendo ayuda. No te hartas de mí. Necesito tu ayuda, tu amor y tu bondad cada día.

Paz en tiempos difíciles

Tres veces me azotaron con varas. Una vez fui apedreado. Tres veces sufrí naufragios. Una vez pasé toda una noche y el día siguiente a la deriva en el mar. He estado en muchos viajes muy largos.

(2 CORINTIOS 11.25–26A NTV)

Las personas enferman. Mueren. Nacen con discapacidades o acaban atados a una silla de ruedas por culpa de un accidente. Algunos viven con el estómago hambriento. Otros viven con el corazón quebrantado y con familias rotas. El sufrimiento es la consecuencia del pecado en el mundo. Sin embargo Dios sigue estando con nosotros en el dolor y en la angustia.

El apóstol Pablo se enfrentó a muchísimo sufrimiento. Entre otras cosas, fue apedreado y lo dejaron por muerto. Tres veces sobrevivió a un naufragio. El pobre tipo no tuvo la seguridad de vivir en un único lugar. Siempre estaba de acá para allá, y con frecuencia tuvo que escapar por su vida. La detallada descripción que Pablo hace del sufrimiento en su vida es desgarradora. Sin embargo, su amor por su Señor no se enfrió. Su fe permaneció fuerte a pesar de ser extremadamente débil. ¿Tiene esto algún sentido?

Pablo entendió que seguir a Jesús es algo que va acompañado de paz y amor que hacen que este mundo pecaminoso sea soportable. Aunque tener a Jesús en tu vida no es una garantía contra la aflicción, él es la roca que te sostiene para que esa dificultad no te hunda. Permanece firme en él. Deja que él tome el dolor y el sufrimiento, y que te consuele. Sin él, estás completamente solo en un mundo duro y violento.

Oración

Señor, qué bueno saber que mis problemas no son una sorpresa para ti. Recuérdame que me apoye en ti para recibir fuerza cuando se crucen en mi camino cosas difíciles.

Socorrista de turno

Cuando pases por las aguas, yo estaré contigo; cuando cruces los ríos, no te anegarán.

(2 CORINTIOS 11.25–26A, NTV)

No saber nadar puede ser aterrador. Mientras puedes tocar el fondo de la piscina con ambos pies, todo va bien. Puedes jugar en la parte menos profunda durante horas y no pensar en ello en absoluto. Sin embargo, una vez que te sumerges en el extremo más profundo de la piscina, ya es otra historia. Además, es algo que no harías jamás en una piscina sin socorrista o algún adulto que esté dispuesto a ayudarte si empiezas a hundirte. Todo esto cambia cuando aprendes a chapotear como un perro hasta alcanzar el borde de la piscina.

El Señor sabe que estar en la piscina no es el único momento en que sentimos que algo nos supera. En la vida existen muchas cosas que nos asustan, como perdernos en medio de una multitud, perder algo valioso e intentar ponernos a prueba en un equipo formado por chicos mejores que nosotros. Dios es como un socorrista que observa nuestra vida. En lugar de inquietarnos por las cosas que nos asustan, deberíamos recordar que él tiene el control y que siempre está con nosotros. Nunca nos pierde de vista ni estamos fuera de su alcance. Cuando estamos en problema o nos sentimos inseguros, podemos clamar a él. Saltará de inmediato a la acción para salvarnos.

Oración

Señor, ayuda saber que mantienes un ojo siempre sobre mí dondequiera que vaya. Me siento agradecido por no tener que temer.

Consuelo para un corazón que sufre

El Espíritu del Señor omnipotente está sobre mí, por cuanto me ha ungido para anunciar buenas nuevas a los pobres. Me ha enviado a sanar los corazones heridos, a proclamar liberación a los cautivos y libertad a los prisioneros.

(ISAÍAS 61.1, NTV)

¿Has estado alguna vez tan triste que sentías dolor en tu interior? ¿O tan disgustado que se te han hecho nudos en el estómago? Tu cuerpo muestra los efectos de lo que estás sintiendo, incluso cuando no estás físicamente enfermo. La pena, la tristeza y la depresión puede hacer que tu cuerpo y te mente se sientan fatal.

¿A quién recurres en busca de consuelo? La persona que te hace sentir mejor cuando estás triste o que te abraza hasta que te alegras. Podría ser tu madre o tu padre, un abuelo o un buen amigo.

¿Sabías que una de las mayores razones de Jesús para venir a la tierra fue consolarte mientras estás sufriendo? Leyó esta profecía de Isaías y anunció que la cumpliría. Quería reconfortar a los corazones doloridos, libertar a las personas, y llevó buenas nuevas que sanaría a los que sintieran mal por dentro y por fuera. La próxima vez que estés abatido y hecho polvo, acude a Jesús. Pídele que sea tu consolador y sanador. Él tocará tu corazón.

Oración

Jesús, cuando me siento triste o disgustado no siempre pienso en acudir a ti. Sin embargo, tú puedes hacer más por mí que cualquier otra persona en la tierra. Te ruego que toques mi corazón cuando más lo necesite.

El mejor escondite

Tú eres mi refugio; tú me protegerás del peligro y me rodearás con cánticos de liberación.

(SALMOS 32.7)

¿Dónde está tu escondite favorito? ¿Debajo de tu cama? ¿En tu armario? ¿En el patio trasero? ¿Bajo una encina en el parque del vecindario? Cuando estás asustado o cansado de estar con la gente, ¿adónde corres?

Se diría que todos tienen un lugar secreto donde van cuando quieren estar a solas. Incluso el presidente de los Estados Unidos tiene probablemente un lugar que le gusta usar como lugar de escape. Todos queremos un lugar donde escondernos y sentirnos a salvo.

El rey David denominó a Dios «refugio». Cuando el rey estaba en problemas o se sentía atemorizado, «corría a Dios» y le decía lo que estaba sucediendo. Como Dios estaba en todas partes, David podía quedarse allí donde se encontraba. Lo único que necesitaba era empezar a hablarle a Dios. Mientras le contaba lo que le molestaba, podía sentir la protección de Dios. El rey sintió cómo los ángeles revoloteaban alrededor de él, cantando. Muy ingenioso.

Aquí sugiero una idea: sigue adelante y ve a tu escondite cada día. Pero en vez de limitarte a leer o jugar, ¿por qué no orar también? Dale gracias al Señor por ser más grande que las cosas que te asustan. Agradécele que sea un lugar seguro.

Oración

Señor, cuando quiera esconderme, te ruego que cuides de mí. Tú conoces cuáles son las cosas que me asustan. Cuando corra a mi escondite, ¿querrás ser también mi refugio?

¡Vaya, esto duele!

*La mujer que está por dar a luz siente dolores porque
ha llegado su momento, pero en cuanto nace la criatura
se olvida de su angustia por la alegría de haber traído al
mundo un nuevo ser.*

(JUAN 16.21)

¿Te han dicho alguna vez que eras una verdadera molestia?
Bueno, es verdad que lo fuiste. No tienes más que preguntarle a
tu madre. El día que naciste le causaste bastante dolor. Traerte al
mundo no fue como unas vacaciones. Fue un duro esfuerzo. Tal vez
por ello se hable tanto de los dolores de parto. Sin embargo, al final,
todo ese dolor valió la pena. ¡Apareciste tú!

Jesús aludió a los «dolores de parto» que casi todas las madres
han experimentado para impartir una lección sobre los tiempos
difíciles. Él quiere que sepamos que pasaremos por días verdaderamente difíciles. Ser cristiano no significa que los problemas se
presentarán en nuestra vida y rebotarán. En ocasiones nos golpean
con tanta fuerza que perdemos el equilibrio. Tropezamos. Caemos.
Estamos heridos. Lloramos.

Pero así es la cosa: el sufrimiento forma parte de la vida. A pesar
de todo, no dura para siempre. Los «ayes» se convierten en «yupis»
si tenemos paciencia. Y cuando soportamos las aflicciones a las que
nos enfrentamos, descubrimos algo más: los músculos de nuestra fe
se fortalecen. Se desarrollan y nos ayudan a tratar con las dificultades sin ser derrotados.

Oración

Señor, sé que los músculos de mi fe no son tan fuertes como a ti te
gustaría que fueran. Si esta es la razón por la que permites algunas
cargas pesadas en mi vida, dame la fuerza de un levantador de
pesas.

Olvídalo

Hermanos, no pienso que yo mismo lo haya logrado ya. Más bien, una cosa hago: olvidando lo que queda atrás y esforzándome por alcanzar lo que está delante, sigo avanzando hacia la meta para ganar el premio que Dios ofrece mediante su llamamiento celestial en Cristo Jesús.

(FILIPENSES 3.13–14)

¿Recuerdas cuando diste tus primeros pasos? Es probable que no. Sin embargo, tu madre sí lo recuerda. ¿Te acuerdas de cuándo empezaste a ir a la escuela? Sí, pero esto ocurrió hace varios años. ¿Recuerdas cuando tuviste tu última fiesta de cumpleaños? ¿O tal vez lo has olvidado ya? Recordar es una parte importante del aprendizaje, pero a veces es mejor olvidar.

Espera un momento. ¿Qué estás diciendo?

Pablo declaró que él practicaba el olvidar. No quería quedarse tan atascado en los buenos o malos tiempos que se perdiera lo que estaba ocurriendo en el momento. No quería que el pasado le impidiera seguir adelante hacia su meta de servir a Jesucristo cada día.

Sí, es bueno recordar el pasado por los recuerdos y las lecciones, pero no permitas que gobierne lo que hagas hoy. Si estás estancado en lo asombroso que fue tu cumpleaños el año pasado, es posible que no disfrutes de uno más tranquilo este año. Si te sientes tan mal por una mala nota, quizás no aprecies el tener una segunda oportunidad. En última instancia, queremos mirar hacia Jesús y su plan para nuestra vida de manera que no haya nada que nos retenga... sobre todo, el pasado.

Oración

Señor, resulta difícil olvidar el pasado, sea bueno o malo. Sin embargo el hoy es un regalo tuyo del que quiero disfrutar y sacar el mayor provecho. Te ruego que me mantengas en el presente.

El primero de la clase

Y el rey habló con ellos, y entre todos los jóvenes no se halló a nadie como Daniel, Jananías, Misael y Azarías, de modo que todos ellos se quedaron al servicio del rey.

(DANIEL 1.19, RVC)

Daniel, Jananías, Misael y Azarías eran cuatro amigos de Jerusalén. Como los demás chicos adolescentes de aquella época, es probable que llevaran una vida corriente: saldrían después de la escuela, harían carreras de asnos y organizarían concursos de honda. Sin embargo, cuando Babilonia invadió Jerusalén, todo aquello cambió.

Nabucodonosor, el rey babilonio, quiso a los mejores jóvenes de la realeza y la nobleza israelita como siervos suyos. Daniel, Jananías, Misael y Azarías encajan en esta descripción. De modo que ingresaron en un programa de "Servicio al Rey" que duró tres años, y aprendieron una nueva lengua y cultura, y hasta les cambiaron el nombre. Su mundo estaba patas arriba. Transcurridos los tres años, Daniel y compañía seguían sobresaliendo sobre todos los demás.

Las probabilidades de que seas secuestrado, de que te cambien el nombre y que te obliguen a servir a un rey extranjero son prácticamente nulas. Sin embargo, ¿qué ocurriría si conocieras a tu alcalde, gobernador o incluso al presidente? ¿Quedaría impresionado por tu inteligencia, tus ideas, tu preparación física y tu entusiasmo?

Recuerda que los amigos no se convirtieron en presidentes de clase ni en capitanes de equipos de la noche a la mañana; hizo falta un tiempo constante de entrenamiento para producir aquellas cualidades. Copia su manual de estrategias: convierte al Señor en tu máxima prioridad y esfuérzate en todo lo que se cruce en tu camino. Hasta tus enemigos quedarán impresionados.

Oración

Señor, tú dices que pida sabiduría si quiero tenerla. Aquí va mi petición: te ruego que me hagas como Daniel y sus amigos, que yo pueda sobresalir con mi entendimiento, mi sabiduría, mi percepción y las aptitudes de las personas para que pueda ayudar a otros a encontrarte.

Nadie lo va a notar, ¿verdad?

Los que encubren sus pecados no prosperarán, pero si los confiesan y los abandonan, recibirán misericordia.

(PROVERBIOS 28.13, NTV)

Hecho núm. 1: Detestas las coles de Bruselas.

Hecho núm. 2: Por alguna razón desconocida, a tu madre le encantan. Por tanto, esas pequeñas bolitas viscosas y verdes aparecen en el plato de la cena con bastante frecuencia.

Hecho núm. 3: Afortunadamente, tu *golden retriever* tiene los mismos gustos que tu madre. Problema resuelto.

A primera vista, se diría que se trata de una situación en la que todos salen ganado. Pero analicémoslo un poco más de cerca.

En primer lugar, tu madre te indicó que te comieras la cena. Desobediencia—pecado núm. 1. En segundo lugar, la has engañado con el truco del perro. Doble mala pata—pecado núm. 2.

Podrías pensar: *Espera un momento. ¿Esconder mis errores no me salva acaso de meterme en un lío? Si hay una salida, ¿por qué no usarla?*

Por esta razón: esa salida es, en realidad un camino descendente que te lleva a más problemas. Cubrir tus huellas no funciona a la larga en la carrera, pero hacer las cosas sin trampas sí. Tal vez no te sorprendan en el acto. Sin embargo, llevar un secreto a cuestas nos refrena gravemente. Por otra parte, confesar nos libera.

Las coles de Bruselas no tienen por qué encantarte (¡ni siquiera te tienen que gustar!). No obstante, si quieres prosperar, intenta ocuparte de tus pecados de la manera correcta. El resultado será mejor que un perro atiborrado de verduras.

Oración

Señor, confesar lo que hice mal **es** difícil. Sin embargo, esto me está destrozando y quiero desahogarme. Por tu misericordia saco este pecado de mi pecho y de mi vida para siempre.

Sigue siendo Dios

Por siempre te daré gracias por lo que has hecho. En presencia de tus fieles esperaré en tu nombre, porque es bueno.

(SALMOS 52.9, RVA2015)

Saúl, rey en el trono en aquel momento, intentaba constantemente matar a David, el futuro rey. Otros, como el sacerdote Ajimélec, se vieron arrastrados con frecuencia a ese juego del gato y del ratón, con resultados desastrosos.

Ajimélec alimentó y armó a David y su banda de valientes (1 Samuel 21). No sabía que estaba ayudando a un fugitivo en busca y captura. Sin embargo, Saúl ejecutó a este hombre inocente y a ochenta y cinco sacerdotes más.

David se sintió responsable de todas aquellas muertes. Por tanto, derramó su ira contra Saúl (y el pastor de Saúl, el acusador que había delatado a Ajimélec) en el salmo 52.

Es normal cuestionar a Dios o su amor cuando vemos muerte y alboroto. Conocemos a personas que se están destrozando por culpa del divorcio, la enfermedad, las drogas, el alcohol y otras cosas por el estilo, hasta en nuestra propia familia.

¿Cómo reaccionamos, pues? ¿Diciendo: «Señor, si eres real, te has excedido apretando las tuercas y no quiero nada de ti»? ¡No! Sigue el ejemplo de David. En medio de su tristeza, creyó que Dios seguía siendo Dios. Alabó la bondad divina y recordó que él proporciona esperanza. Las cosas malas sucederán en este mundo, por culpar del pecado. Sin embargo, Dios sigue siendo bueno y digno de nuestra alabanza.

Oración

Señor, veo cómo ocurren cosas malas por todas partes, y eso me asusta. Sin embargo, quiero estar a salvo y seguro en ti, como escribió David. Te ruego que fortalezcas mi fe.

Chicos listos

Da, pues, a tu siervo un corazón que sepa escuchar, para juzgar a tu pueblo, y para discernir entre lo bueno y lo malo. Porque, ¿quién podrá gobernar a este tu pueblo tan grande?

(1 REYES 3.9, RVA2015)

En estos días, las personas afirman que está bien hacer cualquier cosa que a uno le parezca correcto. Aseguran que el bien y el mal no es lo mismo para todas las personas. Desde luego, la mayoría de las personas concuerdan en que el asesinato está mal. Sin embargo, también aceptan que mentir para protegerse a uno mismo no es un error. O que se puede robar si lo haces para ayudar a alguien que necesita eso de lo que tú te has apropiado. Y empiezas a sentirte un tanto confuso, preguntándote si en realidad existe eso que se define como el bien y el mal.

El rey Salomón se enfrentó a este dilema. Sabía que algunas personas eran inteligentes, lo bastante listas para hacer que las cosas malas parecieran buenas y tan astutas como para salirse con la suya después de asesinar y hacer que pareciera correcto. Sin embargo, Salomón sabía que el bien y el mal existen y que está basado en las palabras y en los caminos de Dios. Todo lo que no coincide con los preceptos de Dios va a parar a la categoría del «mal».

Sigue la dirección de Salomón. Pídele a Dios que te dé sabiduría para discernir entre el bien y el mal, y poder ver más allá de los trucos que otros puedan intentar colarte. A Salomón le funcionó. Acabó siendo el hombre más sabio del mundo. Todavía hoy podemos leer acerca de su sabiduría.

Oración

Señor, quiero ser sabio como Salomón y ser capaz de discernir tus caminos de las sendas del pecado. Abre mis ojos y mi corazón para que entienda las situaciones cuando más importa.

¡Ayuda, por favor!

Convirtió el mar en tierra seca, y el pueblo cruzó el río a pie. ¡Regocijémonos en él!

(1 REYES 3.9)

¿Recuerdas la primera vez que fuiste de acampada con tu tropa de scouts o en un campamento de la iglesia? Cuando saltaste al agua y había bastante profundidad, lo más probable es que nadaras como un perrito con la mayor rapidez posible hasta llegar a la orilla. Si habías pasado miedo pensando que te podías ahogar, no lo admitirías nunca delante de los demás niños.

Cuando los israelitas huían de Faraón, se enfrentaron a unas aguas realmente profundas. El ejército egipcio les daba caza desde atrás y delante de ellos tenían el mar Rojo. No era una piscina ni una charca. Era como un océano. Estaban atrapados y no sabían qué hacer. Pero Dios dividió el mar y proporcionó a los israelitas una senda seca por la que cruzar. ¡No veas qué alivio! También se sintieron agradecidos.

Es posible que te estés enfrentando a un problema que parece imposiblemente enorme. Tal vez tenga que ver con amigos, con el trabajo escolar o con algo en lo que no puedas dejar de pensar. Te fastidia gran parte del tiempo y no saber con quién hablar al respecto. Como el mar Rojo, ¡es demasiado grande para que lo puedas cruzar tú solo!

La buena noticia es que no tienes por qué gestionar el problema solo. Pídele al Señor que «separe las aguas». Sé sincero con él sobre lo que está ocurriendo. Esta es la genialidad de la oración. Puedes decirle a Dios cualquier cosa. Él tiene la solución. ¡Ya lo verás!

Oración

Señor, me siento tan feliz sabiendo que escuchas cuando oro. Dame la fe de confiar en ti en mis problemas del tamaño del mar.

En la miseria

¿Por qué te abates, oh alma mía, y por qué te turbas dentro de mí? Espera a Dios, porque aún le he de alabar. ¡Él es la salvación de mi ser, y mi Dios!

(SALMOS 42.11, RVA2015)

Los amigos te hieren. Los adultos te menosprecian. Tu corazón puede sentirse agobiado. En ocasiones ni siquiera puedes precisar qué situación concreta te está entristeciendo. Estás acabado. Harto de todo. Estás a punto de abandonar.

David pasó en muchas ocasiones por momentos como estos. Era como si gran parte de su vida hubiera salido mal. Los amigos intentaron expulsarlo. A su alrededor estallaban las guerras. En el salmo 42 no estaba seguro de lo que estaba ocurriendo en lo profundo de su corazón. No obstante sabía que estaba acongojado y que necesitaba ayuda.

Cuando estás atravesando tiempos duros, sé como David. Aun cuando no sepas con exactitud qué es lo que te abate, acude a Dios. Habla con él y desahógate. David se recuerda a sí mismo: «Espera a Dios, porque aún le he de alabar». A veces, nosotros también tenemos que actuar así. Dile a Dios que no tienes la más mínima idea de lo que está sucediendo en tu interior, pero que escoges confiar en él. «Confío en ti, Señor, aun cuando me duela el corazón».

Cuando eliges confiar aunque estés sufriendo por dentro, Dios te proporciona la fuerza interior para salir adelante.

Oración

Señor, cuando estoy triste o me siento desgraciado no suelo pensar en contártelo. A veces ni siquiera sé por qué me siento así. Recuérdame que puedo hablar contigo y confiar en ti independientemente de lo que venga.

Apártate de los cacahuetes

Vi entre los ingenuos y observé entre los jóvenes a uno falto de entendimiento. Él pasaba por la plaza, cerca de la esquina, y caminaba en dirección a la casa de ella.

(PROVERBIOS 7.7–8, RVA2015)

Si tienes alergia a los cacahuetes o al maní, una fábrica donde se manipule este fruto es el último lugar por donde te pasearías. No importa lo delicioso que sea el sabor de las galletas de crema de cacahuete. No merece la pena tener que sufrir una urticaria y no poder respirar, por comerse una galleta.

¿Qué harías, pues, si tuvieras un amigo alérgico a los cacahuetes y lo vieras atravesar a toda prisa las puertas de una fábrica de cacahuetes? Lo agarrarías del brazo y le gritarías: «¿Qué estás haciendo?».

Aunque en la época en la que vivió Salomón no se había inventado la crema de cacahuete, él vio a un joven que corría directamente a una trampa mortal, entregándose al tirón del pecado. El rey sabía que el pecado destruiría la vida del joven tanto en lo espiritual como en lo físico.

Intenta descubrir la clave para evitar semejante destino aterrador: «Él pasaba por la plaza, cerca de la esquina, y caminaba en dirección a la casa de ella». En este caso, «la esquina» y «la casa de ella» representan el mal. Así como tú evitarías una fábrica de cacahuetes si supieras que tu vida corría peligro, también querrías eludir los lugares que pudieran «matar» tu espiritualidad, sabiendo que esto significaría apartarte de Dios. Y si vieras a un amigo tomando esa dirección, haz lo que puedas para detenerlo.

Oración

Señor, ciertos pecados se ven y parecen tan atractivos al principio. Recuérdame que esto no es verdad. Te ruego que me des ojos que vean las tentaciones y el valor para no acercarme a ellas.

Refugio

El Señor es refugio de los oprimidos; es su baluarte en momentos de angustia.

(SALMOS 9.9)

Un refugio natural es un lugar reservado especialmente para los animales. Allí están a salvo de los cazadores. Las personas no pueden construir casas ni almacenes en un refugio. La tierra es un lugar seguro donde los animales pueden vivir.

Dios es un refugio para aquellos que creen en él. Cuida de su pueblo. Puedes acudir a él. Protege a su pueblo cuando llega la aflicción. Por ejemplo, si los chicos se vuelven violentos en la escuela, puedes recurrir a Dios y hablar con él. Si estás preocupado por alguien de tu familia que está muy enfermo, puede ir a Dios y hablar con él al respecto. Dios no elimina las aflicciones, pero proporciona un lugar donde tú puedes estar a salvo.

Piensa en cómo puedes acercarte a tu maestro y pedirle ayuda si se están burlando de ti en la escuela. El maestro ordena a los que se meten contigo que dejen de hacerlo. Dios te defiende del mismo modo. Acudir a él en medio de la aflicción es como correr a un castillo y cerrar la puerta detrás de ti. Nadie puede entrar para sacarte de allí, y entre sus muros estás a salvo. La aflicción sigue estando allí. Sin embargo, en el refugio de Dios él te mostrará formas de gestionar el problema cuando sea el momento de regresar y enfrentarse a él.

Oración

Señor, cuando la aflicción se cruce en mi camino, te ruego que me recuerdes que puedo correr a ti para ponerme a salvo. Te ruego que me protejas y me muestres qué hacer.

Siempre bueno

Y sabemos que Dios hace que todas las cosas cooperen para el bien de quienes lo aman y son llamados según el propósito que él tiene para ellos.

(ROMANOS 8.28, NTV)

Este versículo no dice que todo sea bueno. En este mundo hay gran cantidad de maldad y la voluntad de Dios no siempre se hace. Sin embargo, si sigues a Dios y crees en él, él hace que todas las cosas —incluso las cosas malas— obren para bien.

Dios es mayor que cualquier problema al que podrás enfrentarte, y tiene tus mejores intereses en cuanta. Incluso tomará un problema terrible y lo usará para algo bueno, de alguna manera. A largo plazo, él producirá mayor gloria. Por supuesto, resulta difícil ver cómo está obrando Dios en una mala situación mientras uno se encuentra inmerso en ella. Muchos ejemplos de la Biblia muestran lo siguiente: José fue vendido como esclavo, pero más tarde se convirtió en un líder que salvó a muchas personas de la hambruna. Daniel fue arrojado a un foso de leones, pero sobrevivió, asombrando al rey que al verlo adoró a Dios. El pueblo de Ester estaba condenado a morir, pero Dios la usó para salvarlos y delatar al intrigante.

Independientemente de lo que ocurra en tu vida, el resultado final está en las manos de Dios. Y esto siempre es bueno.

Oración

Señor, tú no prometes que todo será fácil ni que estaremos libres de problemas. No obstante, sí prometes estar allí conmigo. Tú tienes el control. Ayúdame a confiar en ti incluso cuando me resulte difícil.

Gobernador de todo

Y así se cumpliera la palabra del Señor por medio del profeta Jeremías... Por tanto, cualquiera que pertenezca a Judá, vaya a Jerusalén a construir el templo del Señor.

(ESDRAS 1.1B, 3A)

Dulce y agrio. Viejo y nuevo. Negro y blanco. Son opuestos; poseen aquello con lo que el otro no cuenta. En ocasiones, los opuestos se complementan o combinan para crear algo nuevo, como el color gris que procede de la mezcla del negro y el blanco.

Sin embargo, algunos opuestos no pueden ir juntos. Como el aceite y el agua, o un ateo y una escuela cristiana. No obstante, Dios usa cualquier cosa que le parezca y a cualquiera que se le antoje.

Los israelitas estaban en cautividad bajo el rey Ciro. No esperaban que él fuera aquel que los dejaría volver a casa y reconstruir el templo de Dios. Él era la elección menos probable. En el mundo de Dios —y todo es el mundo de Dios— él escoge a quién, el qué, el cuándo, el dónde, el por qué y el cómo.

Podríamos pensar con facilidad que por no ser alguien piadoso, Dios no puede usar a esa persona en nuestra vida. O tal vez podríamos pensar que una tragedia o una crisis no forma parte de la voluntad de Dios. Ese no es, en absoluto, el caso. Dios es el máximo gobernador. Todo, todos los opuestos, están bajo su control.

Oración

Señor, no puedo comprender cómo puedes convertir el mal en bien o usar algo difícil para bien. Sin embargo, creo que es tu mundo y sé que tus normas se encargan de todo. Por tanto, confiaré en ti para que uses cualquier cosa que quieras utilizar en mi vida.

Un buen misterio

No, la sabiduría de la que hablamos es el misterio de Dios, su plan que antes estaba escondido, aunque él lo hizo para nuestra gloria final aún antes que comenzara el mundo.

(1 CORINTIOS 2.7, NTV)

A todos nos gusta un buen misterio. Nos agradan las series en las que los niños aventureros descubren un mapa, resuelven los enigmas y hallan el tesoro enterrado. Nos complace cuando una caja de cereales lleva un código secreto en la parte trasera, un código que podemos descifrar mientras masticamos nuestros copos azucarados por la mañana.

Dios declara que él también tiene misterios para nosotros, cosas que solo encontramos en él una vez que lo conocernos. La Biblia afirma que el Espíritu de Dios escudriña las cosas profundas divinas, los misterios, los tesoros, todo lo del corazón de Dios.

Lo maravilloso es que el Espíritu de Dios vive dentro de nosotros cuando le entregamos nuestra vida a Dios. Esto significa que cuanto más lo conozcamos mediante la lectura de la Biblia y pasando tiempo con él, más sabremos sobre sus misterios, como por ejemplo qué es la verdadera sabiduría y cómo él obra de maneras milagrosas. Aunque nunca podremos entenderlo todo sobre Dios, él abrirá nuestra mente a las cosas asombrosas que son mucho mejores que el mensaje secreto de la caja de cereales o que el tesoro enterrado debajo de un árbol.

Oración

Señor, ¡quiero conocer tus misterios! Ayúdame a confiar en tus caminos misteriosos incluso cuando no me reveles sus secretos.

Sabueso en busca de la verdad

*El diablo lo [a Jesús] llevó luego a Jerusalén e hizo que se
pusiera de pie en la parte más alta del templo, y [Satanás]
le dijo: Si eres el Hijo de Dios, ¡tírate de aquí! Pues escrito
está: «Ordenará que sus ángeles te cuiden. Te sostendrán
en sus manos».*

(LUCAS 4.9–10)

Un amigo te pide que te «asocies» con él para una prueba.
Afirma que compartirán el uno con el otro y ambos obtendrán mejores resultados en casa. Sin embargo, la maestra indicó que era un examen individual: no se puede compartir ni hacer trampas.

Entonces tu amigo te responde: «¿Recuerdas que la maestra nos dijo que quería que nos ayudáramos unos a otros?». Tiene razón. Fue lo que dijo tu maestra. Y esto es lo más astuto de la tentación. El diablo es malicioso. Como ángel caído, conoce la verdad de Dios y usa pequeños retales de ella para atraer a las personas a la tentación. Incluso probó ese truco con Jesús.

Sabes, si el diablo usara mentiras completas, las personas lo notarían. «¡Oye, eso es una mentira! No vamos a caer en esa trampa», dirían. Pero si la tentación incluye un poquito de verdad, resultará más fácil concordar con ella. Por ejemplo, tu amigo te recordó lo que la maestra dijo sobre ayudarse mutuamente, pero no habló de la parte acerca de no hacer trampas. Puede resultar confuso. No obstante, la verdad real es completa. Es cierto todas las ocasiones, no a veces ni tan solo cuando conviene. Por eso es tan importante conocer la Palabra de Dios para reconocer la tentación. «¡Ajá! —podrás decir—. Esto es una tentación que me va a llevar a pecar. No me dejaré atrapar».

Oración

Señor, la tentación parece aterradora. Te ruego que me ayudes a no asustarme y, en vez de ello, a confiar en ti para que me encamines a la verdad y pueda reconocer las mentiras que me conducen a pecar y a apartarme de ti.

Cuidado con el mentiroso

Porque [el diablo] es un mentiroso. ¡Es el padre de la mentira!

(JUAN 8.44)

Satanás es incapaz de decir la verdad. Se le llama «el padre de todas las mentiras». Todo lo que sale de su boca será incierto o solo verdad a medias. Satanás ofrece su mentira para sustituir lo que Dios ya había dicho en su Palabra. Satanás afirma cosas como: «Serás más sabio, como Dios. Puedes salirte con la tuya. Nadie lo va a saber jamás. Resolverá tu problema. Además, todo el mundo hace lo mismo. Es solo es un pecado pequeño». No obstante, un pecado pequeño sigue siendo un pecado que te aparta de Dios.

Ayuda saber que Satanás es totalmente predecible. Ha venido usando la misma estrategia y los viejos trucos desde la creación. Todas sus tentaciones siguen el mismo patrón, el que Satanás usó con Adán y Eva, y también con Jesús. Satanás intenta hacerte dudar de lo que Dios ha dicho sobre el pecado: «¿Será realmente malo? ¿De verdad advirtió Dios que no lo hiciéramos? ¿No será que Dios pretendía que esto fuera vigente para otras personas o para otro tiempo? ¿Acaso Dios no quiere que yo sea feliz?». ¡Cuidado! No permitas que las dudas te aparten del Dios vivo. Mantén tus ojos y tu mente fijos en Dios. Su verdad te ayudará a detectar las mentiras de Satanás en todo momento.

Oración

Señor, las mentiras de Satanás me llevan lejos de ti con demasiada facilidad. Quiero oír tu voz y escuchar tu verdad. Cuando dude, hazme acudir a tu Palabra.

Comprueba tu reflejo

En el agua se refleja el rostro, y en el corazón se refleja la persona.

(PROVERBIOS 27.19)

Inclínate sobre el borde de un lago o charca para ver con qué claridad refleja el agua tu rostro. (¿Vives lejos del agua? Llena un cubo e intenta hacer lo mismo.) En un día tranquilo y soleado, deberías poder distinguirlo todo, desde el cabello a tus orificios nasales y tus pestañas. Si el agua está agitada, todavía podrás ver el contorno de tu cabeza y reflejos arremolinados de tus rasgos.

Tu forma de actuar es como el agua. Refleja lo que hay en tu corazón. Piensa en los nuevos vecinos que has conocido. Basándose en cómo visten, hablan y se tratan unos a otros, podrías adivinar en qué trabajan o lo que es importante para ellos.

Esto mismo se puede decir sobre ti. Tu reflejo revela si te entregas a la tentación y no te arrepientes nunca; no podrás ocultarlo. Se manifestará en cómo tratas a tus hermanos y amigos, y en si obedeces a tus padres. Tu rostro y tus actos revelan lo que hay dentro de ti.

Comprueba tu reflejo. ¿Está mostrando piedad?

Oración

Jesús, ¿qué refleja mi conducta en estos días? Me gustaría que fuera una buena imagen que te complazca, pero necesito tu ayuda.

¿Qué hiciste?

Tú has sido justo en todo lo que nos ha sucedido, porque actúas con fidelidad. Nosotros, en cambio, actuamos con maldad.

(NEHEMÍAS 9.33)

¿Por qué nos cuesta tanto reconocer que hemos actuado mal? A los israelitas les ocurría lo mismo. En cuanto algo no les iba bien o cuando querían que él hiciera algo al respecto, les resultaba bien fácil hacérselo saber a Dios. Sin embargo, cuando metían la pata no eran muy sinceros. Sabían que habían tomado numerosas decisiones equivocadas en el pasado. Podían ver cuándo mintieron o adoraron a otros dioses. Cuando lo consideraron de un modo más serio, supieron que habían cometido muchos errores, mientras que Dios había hecho muchas cosas bien.

En lugar de mirar siempre o creer en las cosas que queremos que Dios haga, echar una buena mirada a nuestra propia vida y ser sincero con él nos ayuda mucho.

Mentí a mis padres.

No estudié para ese examen.

No fui muy amable con mi hermano.

Si somos sinceros, también podemos sentirnos agradecidos de que Dios no sea como nosotros; él no miente nunca. Ha hecho cosas buenas, incluso cuando nosotros hemos metido la pata. Un poco de sinceridad por nuestra parte mejorará en gran manera nuestra relación con él y con los demás.

Oración

Señor, perdóname por lo que he hecho erróneamente, y ayúdame a valorar la sinceridad. Te ruego que me recuerdes todo lo que has hecho bien.

¡S-O-S!

Desde los altos cielos me tendiste la mano y me sacaste del mar profundo. Mis enemigos me odiaban; eran más fuertes y poderosos que yo, ¡pero tú me libraste de ellos!

(SALMOS 18.16–17, TLA)

En el salmo 18, David estaba en «aguas profundas». Estaba tan abrumado por su enemigo, un grupo de hombres que iban a por él, que sintió como si se estuviera ahogando. «Mar profundo» era su forma de describir que se veía superando, o con el agua al cuello. Esos individuos eran más fuertes que él. Sin embargo, llegó Dios y le extendió una mano justo a tiempo. David lo sabía y le dio el crédito a Dios por salvarle la vida.

¿Recuerdas un tiempo en el que sentiste que te estabas abatiendo? Es posible que te hayas enfrentado a una pandilla de chicos malos en el patio del recreo o por culpa de unos acosadores en la piscina. En ese tipo de situaciones, clama a Dios pidiendo ayuda. En realidad, ni siquiera necesitas hablar en voz alta. Dios puede escuchar lo que dices dentro de tu corazón. Entonces, cuando Dios te rescate de tus episodios espantosos, haz lo mismo que David: dale el crédito a Dios por salvarte.

Oración

Señor, no creo haberte dado las gracias por ayudarme a escapar la última vez que me vi acosado. Por difícil que fuera, me salvaste y me siento realmente agradecido.

Nada grave

Ustedes no han sufrido ninguna tentación que no sea común al género humano. Pero Dios es fiel, y no permitirá que ustedes sean tentados más allá de lo que puedan aguantar. Más bien, cuando llegue la tentación, él les dará también una salida a fin de que puedan resistir.

(1 CORINTIOS 10.13)

Satanás no tiene que tentar a los que ya están cumpliendo su malvada voluntad; ellos ya son suyos. La tentación es una señal de que Satanás te odia. No es signo de debilidad ni mundanalidad. ¡Es un cumplido! Asimismo, es una parte normal de ser humano y de vivir en un mundo caído. Que no te sorprenda ni te desaliente la tentación. Jamás podrás evitarla por completo.

Ser tentado no es un pecado. Jesús fue tentado, pero no pecó jamás. La tentación solo se convierte en un pecado cuando te entregas a ella. Un sacerdote llamado Martín Lutero declaró: «No puedes impedir que los pájaros vuelen sobre tu cabeza, pero sí puedes evitar que hagan un nido en ella». No puedes evitar que el diablo interfiera en tus pensamientos, pero sí puedes escoger no vivir ni actuar de acuerdo con ellos.

En ocasiones, mientras estás orando, Satanás te sugerirá un pensamiento raro o malo solo para distraerte y avergonzarte. No te alarmes y que esto no te incomode. Satanás teme tus oraciones e intentará cualquier cosa para detenerlas. Trátalo como una distracción de Satanás y vuelve a centrarte de inmediato en Dios.

Oración

Señor, cuando Satanás intente tentarme, ayúdame a no ceder. En su lugar, que yo pueda pensar en cosas puras y admirables.

El pecado conduce a la estupidez

Hoy pongo a los cielos y a la tierra por testigos contra ustedes, de que he puesto ante ustedes la vida y la muerte, la bendición y la maldición. Escoge, pues, la vida, para que tú y tu descendencia vivan; y para que ames al Señor tu Dios, y atiendas a su voz, y lo sigas.

(DEUTERONOMIO 30.19–20A, RVC)

La tarta de chocolate que con toda seguridad te hará vomitar o la sopa de pollo que curará tu enfriamiento en cinco minutos. Estudiar con un tutor para lograr un sobresaliente en el examen o un examen a ciegas sin haber estudiado. ¿Qué elegirías? ¡Las respuestas parecen obvias! ¿Acaso no sería tonto escoger lo que te enfermara o lo que te hiciera conseguir una mala nota? Por supuesto que sí.

Bueno, en ocasiones la mente no colabora con la verdad ni con lo que tiene sentido. Si pudieras remontarte en el tiempo y preguntarles a los israelitas, estarían de acuerdo. Dios liberó a los israelitas de Egipto. Luego les dio claras instrucciones: síganme y estén a salvo. Apártense y otros los destruirán. Sin embargo, los israelitas perdieron el juicio con bastante frecuencia. Se separaron de Dios. Entonces sufrieron las consecuencias como perder sus hogares, enfrentarse a la hambruna y ser capturados para regresar a la esclavitud. Parece bastante tonto, ¿verdad? Es lo que ocurre con el pecado. Meterse en el pecado y permanecer allí te convierte en un tonto.

Desde el principio, Dios siempre nos proporciona una clara elección. No permitas que la estupidez se lleve lo mejor de ti y te desvíe. Escoge la opción que te ponga del lado de Jesús y a salvo.

Oración

Señor, servir a cualquier cosa que no seas tú no tiene sentido. Sin embargo, las personas lo hacen todo el tiempo. No quiero que el pecado me convierta en un tonto. Muéstrame la forma clara de seguirte, para que mi vida esté siempre en tus manos.

El control de la multitud

*Pero la turba gritó cada vez más fuerte, exigiendo
que Jesús fuera crucificado, y sus voces prevalecieron.
Entonces Pilato sentenció a Jesús a muerte como la
gente reclamaba. Como habían pedido, puso en libertad
a Barrabás, el que estaba preso por levantamiento y
asesinato. Y les entregó a Jesús para que hicieran con él
como quisieran.*

(LUCAS 23.23–25, NTV)

Poncio Pilato era el pez gordo en Judea. Informó directamente
al emperador de Roma. Era él quien tomaba todas las decisiones
sobre prisioneros, crímenes y leyes en aquella tierra. Los judíos
llevaron a Jesús ante Pilato con la esperanza de que este lo mandara
ejecutar. Sin embargo el gobernador era un hombre listo. Investigó
y no halló nada malo en Jesús. Los judíos seguían queriendo
verle muerto, y no cedieron. Presionaron tanto a Pilato que acabó
cediendo. Les permitió que ejecutara a Jesús.

La situación de Pilato era extrema, pero la presión de la multitud (lo que se conoce como presión social) era difícil de resistir.
Incluso los temerosos gobernantes pueden derrumbarse ante una
loca turba de personas exigentes. A medida que vas haciéndote
mayor, te enfrentarás a este tipo de presión. De hecho, igual ya te
ha sucedido, como cuando varios chicos se amontonan sobre otro
y te obligan a unirte a ellos. Cuando eres el único que dice que no,
la cosa se pone fea. Pero si te ciñes a tus creencias sobre el bien y
el mal, podrías infundirle a otro el valor de decir que no también.
Además, este tipo de fuerza procede de Dios. Te ayudará a resistir la
presión social.

Oración

Jesús, no quiero que tiren de mí para hacer lo incorrecto o para
perjudicar a otros por culpa de la presión de grupo. Ayúdame a
ver cuándo es necesario que me aparte o que defienda lo que es
correcto.

Limpiar el interior

Pero el Señor le dijo: «Ustedes los fariseos limpian por fuera el vaso y el plato, pero por dentro están llenos de robo y de maldad. ¡Necios! ¿Acaso el que hizo lo de afuera, no hizo también lo de adentro?».

(LUCAS 11.39–41, RVC)

Tu madre te manda a hacer la cama para que tu prima pueda dormir en ella cuando venga de visita. Corres a tu dormitorio y echas un hermoso edredón púrpura y bonitos cojines sobre la cama. A continuación te percatas de que todos tus calcetines sucios y tus zapatos están por el suelo. Los agarras rápidamente, los metes bajo el edredón, y vuelves a estirarlo.

¿Crees que tu madre lo va a aprobar? Probablemente no. Desde luego que tu prima no va a querer dormir sobre ropa sucia y zapatos malolientes.

Los fariseos, que eran líderes religiosos, estaban haciendo algo parecido. «Oye, nosotros vestimos la ropa adecuada para la iglesia. Memorizamos todas las Escrituras», decían. No obstante, a Jesús no podían engañarlo. Por fuera, parecían ser seguidores de Dios. Pero mirando en su interior, Jesús vio que sus corazones estaban llenos de ropa sucia. No amaban a Dios. Ciertamente no amaban a los demás. Y no estaban siguiendo los preceptos divinos de ser amables, humildes y agradecidos.

A Jesús le preocupa lo que hay dentro de ti, no tu aspecto exterior ni lo que finges ser ante los demás. Si hay que proceder a una limpieza interior, él quiere hacerlo. ¿Se lo permitirás?

Oración

Jesús, sé que hay pensamientos y sentimientos dentro de mí que no te he permitido limpiar. Aunque finja ser perfecto, sabes quién soy en realidad. Necesito que tú limpies la basura que hay en mi interior, para que otros vean tu obra.

Terco como una mula

Como yo sabía que ustedes tienen la cabeza más dura que el hierro y el bronce.

(ISAÍAS 48.4, TLA)

Pon los brazos tan rígidos como puedas a cada lado de tu cuerpo. Aprieta los puños si te ayuda, y presiona los brazos contra tus costados. Ahora pídele a un hermano, amigo, a tu padre o tu madre que intenten mover tus brazos o flexionar tus codos. ¡Les costará mucho hacerlo! Ahora intenta lo contrario. Ponte flexible y deja los músculos relajados, y verás la facilidad con la que la otra persona dobla y mueve tus brazos en cualquier dirección.

La terquedad es como poner todos tus músculos rígidos de una vez para crear un cuerpo imposible de doblar. Sin embargo, la obcecación está dentro de ti. Dios tiene mucha experiencia con personas tercas. Los israelitas —y todos los que los precedieron y los que vinieron después de ellos— tenían rabietas cuando no querían seguir a Dios ni hacer lo que era correcto. Es como si apretaran los puños, los dientes, las piernas y la espalda para que Dios no pudiera moverlos. No importaba; él seguía moviéndolos, pero primero los advertía para darles la oportunidad de relajarse.

¿Contra qué te obcecas? ¿Contra las tareas, los deberes, la asistencia a la iglesia? Adelante, aprieta cada músculo de tu cuerpo (¡y hasta golpea el suelo con los pies!) para expulsar la terquedad. Después, déjala salir. Relájate y sé flexible a la voluntad de Dios.

Oración

Señor, hay cosas que sencillamente no quiero hacer. Sin embargo, cuando se trata de algo importante, como servirte y obedecer tu autoridad, te ruego que me ayudes a permanecer suelto y moldeable.

Volver a la senda

Instrúyeme, SEÑOR, en tu camino para conducirme con fidelidad. Dame integridad de corazón para temer tu nombre.

(SALMOS 86.11)

Hay un montón de cosas que luchan por hacerse con nuestra atención: la televisión, los amigos, los deportes, la moda. Las cosas que más nos gustan son las que pueden apartarnos de Dios. Un corazón dividido está indeciso con respecto a lo que es más importante. Por ejemplo, ves un espectáculo que no honra a Dios, pero la acción es emocionante o tu celebridad favorita actúa en él: tu corazón está dividido. O te unes a algunos amigos cuando molestan a un niño que es un blanco fácil, pero más tarde le presentas tus excusas al chico: tu corazón está dividido.

La única forma de tener un corazón que no esté dividido es escoger lo que tiene mayor importancia que todo lo demás. Pasa tiempo aprendiendo más sobre Dios. Pídele que te ayude a defender el bien y evitar el mal. Puedes incluso pedirle que aumente tu amor hacia él. ¡Esta es una oración que a él le encanta responder!

No todo el mundo hace las cosas bien todo el tiempo. Si lo hiciéramos, no necesitaríamos a Dios. Algunos días sentirás como si tiraran de ti en dos direcciones distintas. No pasa nada. Dios está esperando, y nunca es demasiado tarde para que tu corazón vuelva por completo a él.

Oración

Señor, dame un corazón no dividido. Muchas cosas luchan por tener mi atención, y algunas de ellas no son buenas; pero yo quiero mantener mi corazón centrado en ti.

Cierra el pico

La boca de los necios es su ruina; quedan atrapados por sus labios. Los rumores son deliciosos bocaditos que penetran en lo profundo del corazón.

(PROVERBIOS 18.7–8, NTV)

Chismorreo. Todos lo hacen, chicos y chicas, niños y adultos. Si eres sincero, tienes que reconocer tu parte de culpa, y la razón es demasiado obvia. Hablar sobre los demás a sus espaldas puede parecer divertido y hacerte sentir importante.

Cuando aquella niña nueva se mudó más debajo de tu calle, no pudiste esperar para hablar de ella con tus amigas. Cuando ves a una compañera de clase paseando con un grupo sospechoso por el centro comercial, sientes la tentación de contárselo a tus amigos. Cuando se trata de chismes jugosos, ¡cuidado! Incluso antes de saber si lo que has oído sobre alguien es cierto, ya sientes la tentación de contárselo a otros.

Es posible que te sientas importante retransmitiendo las «últimas noticias» sobre alguien, pero el chismorreo es una señal de debilidad. La Biblia declara que son los necios quienes chismorrean. El cotilleo se aprovecha de otra persona sin que esta lo sepa. Difunde rumores que pueden herir de verdad a las personas y hasta matar su reputación.

Por tentador que pueda ser compartir un «bocado jugoso» de información, limítate a tragártelo y a guardarlo para ti. Y cuando sorprendas a tus amigos contando chismes, pregúntales cómo se sentirían si alguien estuviera hablando de ellos.

Oración

Señor, necesito aprender a ser cuidadoso y no transmitir ni iniciar chismorreos. Perdóname por difundir rumores. Recuérdame que pronuncie palabras amables sobre las personas en la escuela y en la iglesia.

Confesar

Él [el hombre] le dijo [a Jacob]: ¿Cuál es tu nombre? Y él respondió: Jacob. Él le dijo: No se dirá más tu nombre Jacob, sino Israel; porque has contendido con Dios y con los hombres, y has prevalecido.

(GÉNESIS 32.27–28, RVA2015)

Aunque Jacob estaba solo aquella noche, Dios peleó con él hasta el amanecer. Entonces Dios le preguntó su nombre. No inquiría, porque no supiera cómo se llamaba. Fue para que Jacob reconociera su carácter al declarar su nombre. Este significaba «engañador» o «intrigante» en hebreo. Y Jacob era, decididamente, un tipo turbio.

Jacob recordaba la pena que le había causado a su hermano Esaú y a su padre Isaac, engañándolos y aprovechándose para quitarle la bendición paterna. De modo que al identificarse como «Jacob», estaba admitiendo sus defectos y sus debilidades.

Esta es una parte importante de la forma en que Dios nos cambia. En primer lugar, tenemos que confesar nuestras faltas, pecados y equivocaciones. Dios no va a trabajar en nuestros problemas hasta que admitamos que tenemos uno. Es necesario que reconozcamos: «Señor, estoy en un buen lío. Admito que yo soy el culpable». Entonces Dios puede empezar a trabajar.

Para Jacob, esta experiencia transformadora de vida hizo de él una nueva persona, y se le acabó conociendo como «Israel», el hombre de quien toda la nación de Israel recibió su nombre posteriormente. Después de lo sucedido aquella noche, Jacob no volvió a ser nunca más el mismo.

Oración

Señor, es asombroso ver cómo la experiencia de Jacob lo transformó en la importante figura de Israel. Pero apuesto a que le resultó difícil admitir sus errores. En ocasiones vacilo a la hora de confesar mis pecados, pero sé que debo hacerlo para poder pedir perdón.

¿Lo sientes lo bastante?

Recuerda, Señor, lo que nos ha sucedido; toma en cuenta nuestro oprobio. Nuestra heredad ha caído en manos extrañas; nuestro hogar, en manos de extranjeros.

(LAMENTACIONES 5.1–2)

Tu madre aparece por la esquina y te sorprende lanzando piedras al perro del vecino. «Lo siento», dices con rapidez, esperando no meterte en demasiado problema.

Decir que lo sientes es suficiente en algunas situaciones. Sin embargo, no es así con Dios. Él habla mucho sobre el arrepentimiento. Es mucho más que una disculpa o una confesión.

Cuando los israelitas se dieron cuenta de lo malas que eran las consecuencias de su pecado y lo mal que habían tratado a Dios, fue cuando se *arrepintieron*. Se apartaron de su pecado. Se volvieron hacia Dios. Le pidieron restaurar su relación y sus vidas. Se habían perdido saber cómo era Dios en realidad y también la vida bendecida que tenían.

Con Dios, ahórrate el «lo siento». En vez de ello, vuelve tu corazón a él y apártate del pecado. Entonces podrás tener una conversación sobre tu relación y cómo regresar a la senda.

Oración

Señor, te ruego que me ayudes a sentirme tan arrepentido por mi pecado que no vuelva a caer en él. No quiero separarme de tu bondad.

Sin excusas

Si confesamos nuestros pecados, él es fiel y justo para perdonar nuestros pecados y limpiarnos de toda maldad.

(1 JUAN 1.9)

¿Has notado alguna vez lo fácil que resulta poner excusas a nuestros problemas? Podemos ser expertos en echarle la culpa a los demás y decir cosas como:

«No es culpa mía, sabes».
«Fue él quien empezó».
«La culpa es de mis padres».
«Mi maestro no lo explicó».

¿Por qué actuamos de esa manera? Porque resulta difícil admitir cuando hemos metido la pata, y nos puede asustar pedir ayuda.

Dios pide nuestra confesión. ¿Por qué? ¿Para que él pueda saber lo que está pasando? No, él ya lo sabe. Lo ha sabido todo el tiempo. Confesamos, porque para ello debemos humillarnos. La buena nueva es que una vez que lo hacemos, Dios nos proporciona todos sus recursos y el poder para cambiarnos.

Si no confesamos, tendremos el mismo problema una y otra vez. Si no aprendemos la lección ahora, tendrá que ser más tarde. Dios nos la va a enseñar de un modo u otro. Pero si nos humillamos y confesamos, él se encarga y nos purifica.

Oración

Señor, gracias por amarme aunque peque. Cuando confiese mis pecados y las veces que me he equivocado, corrígeme y muéstrame ámbitos de mi vida donde pueda hacerlo mejor.

¿Recuerdas?

Y luego añade: «Y nunca más me acordaré de sus pecados y transgresiones». Cuando los pecados ya han sido perdonados, no hay más necesidad de presentar ofrendas por el pecado.

(HEBREOS 10.17–18, RVC)

Dios olvida. No quiero decir que nos olvide a nosotros o lo que tiene que hacer cada día. Sin embargo, olvida nuestros pecados. Nuestros errores. Nuestras malas elecciones. En el instante en que acudimos a él y le pedimos que nos perdone, él borra la pizarra y la deja limpia. Olvida.

¡Eso es fantástico!

Y también difícil de imaginar.

Cuando nuestros amigos hacen algo para herirnos, recordamos. Nos acordamos de que un compañero de equipo hizo una mala jugada. Tampoco olvidamos nuestras propias cosas, como cuando mentimos, engañamos o nos metimos en problemas con nuestros padres.

Nos resulta más fácil olvidar lo que hemos hecho o lo que otros nos han hecho a nosotros.

Dios sabe que no olvidaremos, pero no quiere que nos aferremos a los malos sentimientos, al odio o al resentimiento. Si alguien nos pide perdón, es necesario que se lo ofrezcamos y que acabemos con el asunto, aunque tengamos que pedir cada día a Dios que nos ayude con esa elección. Dios no retiene lo malo que hacemos, y tampoco quiere que lo hagamos nosotros.

Oración

Señor, ayúdame a no aferrarme a las malas elecciones que he hecho ni al daño que otros me han provocado. Quiero olvidar las cosas que tú olvidas.

Cuando seas tentado

¿Con qué limpiará el joven su camino? Con guardar tu palabra Con todo mi corazón te he buscado; no dejes que me desvíe de tus mandamientos.

(SALMOS 119.9–10, RVA2015**)**

Todo el mundo lucha contra la tentación. Y es que somos descendientes de Adán y por esta razón entramos a este mundo con deseos desencadenados por el pecado. Algunas personas sienten la tentación de comportarse mal. Los hay que se sienten incitados a hacer trampas con el trabajo escolar. Otros son tentados a cometer hurtos en las tiendas y otros más ocultan la verdad.

Dios nos advierte de que la tentación se interpondrá en nuestro camino. Sin embargo, siempre nos meterá en líos. Aunque sepamos que no está bien ceder a ella, ¿cómo podemos evitar meter la pata?

La clave para resistir a la tentación es buscar al Señor con todo nuestro corazón. Esto significa ponerle a él en el primer lugar. Quiere decir pensar en él y también hablar con él. Y cuando conversas con el Señor, sé totalmente sincero con él. Confiésale cuando te sientes débil o tentado, y por qué.

Que estés leyendo esto hoy es una prueba de que estás dedicando tiempo a ser fuerte contra las cosas que te tientan. Leer la Palabra de Dios y pensar en lo que lees permite que el Espíritu Santo te dé su poder para mantenerte puro. ¿Por qué no memorizar el versículo de hoy?

Oración

Señor, quiero honrarte con mi vida. Amplía mi fuerza para resistir a las tentaciones que llegan a mi vida y a ser absolutamente sincero contigo al respecto.

Dios ve más allá

Jacob llamó a aquel lugar Peniel (que significa «rostro de Dios»), porque dijo: «He visto a Dios cara a cara, y sin embargo, conservo la vida».

(GÉNESIS 32.30, NTV)

Jacob se vio cara a cara con Dios y esto cambió su vida.

Cuando empezó a colaborar, Dios comenzó a obrar y lo primero que hizo fue darle un nombre nuevo, una nueva identidad. Dios cambió a Jacob; de un embustero e intrigante hizo un hombre bueno que llevó el nombre de «Israel», un «príncipe de Dios». Dios conocía el potencial que tenía; a través de los intentos de Jacob por ser un tipo duro, Dios vio lo que había. Vio sus debilidades, pero también rascó bajo la superficie: «Esa no es tu verdadera identidad, Jacob. En realidad eres un Israel. Eres un príncipe». Dios vio al príncipe que había en Jacob y lo cambió para que fuera esa clase de persona.

Cuando tenemos un encuentro personal con Dios, ya no podemos seguir siendo como éramos. La buena noticia es esta: debajo de todas esas cosas que no te gustan de ti, Dios ve un Israel. Ve el príncipe o la princesa. Ve aquello en lo que te puedes convertir. Ve tu potencial y quiere cambiarte de Jacob a Israel. Deja que el Señor haga esta transformación en ti.

Oración

Señor, tú me ves como tu valioso hijo. Quieres lo mejor para mí si me arrepiento. Te ruego que me ayudes a crecer y convertirme en un mejor seguidor de Cristo.

Motivos del corazón

A cada uno le parece correcto su proceder, pero el Señor juzga los motivos.

(PROVERBIOS 16.2)

La mayoría de nosotros creemos ser buenos: «Yo escucho a mis padres, en la escuela me va bien; cuido de mis amigos. Por tanto, ¡debo de ser una buena persona!».

Dios mira el corazón. Sabe si estamos siendo amables por amor o solo para conseguir gustarle a la gente. Él ve si estamos fingiendo o si de verdad queremos esforzarnos en la escuela. Él nos ama incluso cuando hacemos cosas buenas por razones egoístas, y usa esas buenas obras.

¿Pero cómo podemos saber si nuestros motivos son correctos? Pregúntate lo decepcionado que llegas a estar cuando alguien no te devuelve un favor ni te aplaude un por un trabajo bien hecho. Cuando te sientes desanimado por no haber conseguido nada a cambio de tu buena obra, quiere decir que detrás de todo lo que has hecho había motivos egoístas.

Dios quiere cambiar nuestro corazón para que sean sus motivos, y no los nuestros, los que nos guíen. Si le pedimos que nos muestra lo que hay de verdad en nuestro corazón, él nos indicará buenas acciones por las mejores razones: las suyas.

Oración

Señor, examina mi corazón. Quiero hacer lo correcto por las razones adecuadas. ¿Me ayudarás, por favor?

Suéltalo

Todos ésos los he cumplido —dijo el joven—. ¿Qué más me falta? Si quieres ser perfecto, anda, vende lo que tienes y dáselo a los pobres, y tendrás tesoro en el cielo. Luego ven y sígueme.

(MATEO 19.20–21)

Este hombre que hablaba con Jesús pensaba que ya la tenía asegurada [la vida eterna]. Había observado cada norma desde que era pequeño. Estaba entusiasmado pensando que lo había hecho todo bien delante de Jesús. Entonces este le indica que es necesario que renuncie a todo lo que posee. Es probable que este joven pensara: «No puede estar hablando en serio». Apenas podía creer lo que estaba oyendo. Se dio la vuelta y se marchó. Sintió que Jesús le estaba exigiendo demasiado.

¿Pero de verdad estaba pidiendo demasiado? No. Jesús sabía que a este muchacho le gustaba el dinero y las posesiones más de lo que amaba a Dios y que ese amor al dinero le causaría problemas. Así es como funciona. Cada vez que amamos algo más que a Jesús acabamos metidos en líos. A este hombre le asustaba demasiado soltar sus cosas. Las amaba y no podía vivir sin ellas.

Jesús conoce nuestro corazón. Sabe si hemos puesto algo por delante de él, ya sea tener un buen aspecto, enamorarse de una estrella de cine, entrar en el equipo o encajar con nuestros amigos. Cuando todas estas cosas están antes que Dios, las cosas se ponen feas. De modo que Jesús, por amor, nos pedirá que lo dejemos todo y que lo conservemos a él en el primer lugar.

Oración

Señor, no quiero que nada se interponga en mi relación contigo. Muéstrame si he puesto algo por delante de ti.

Servir a Dios, servir a los demás

Misión posible

Entonces Moisés dijo al SEÑOR: Oh Señor, yo jamás he sido hombre de palabras, ni antes ni desde que tú hablas con tu siervo. Porque yo soy tardo de boca y de lengua. El SEÑOR le respondió: ¿Quién ha dado la boca al hombre? ¿Quién hace al mudo y al sordo, al que ve con claridad y al que no puede ver? ¿No soy yo, el SEÑOR? Ahora pues, ve; y yo estaré con tu boca y te enseñaré lo que has de decir.

(ÉXODO 4.10–12, RVA2015)

Los israelitas habían sido esclavos durante muchísimo tiempo, cuatrocientos años, ¿te lo puedes creer? Dios tenía un plan increíble para liberar a su pueblo. Moisés sería el mensajero de Dios enviado al rey de Egipto. Lo que Dios esperaba de su siervo era bastante aterrador. A Moisés le parecía una «misión imposible». Después de todo, tartamudeaba desde que era pequeño. Ya le resultaba bastante difícil hablar con su familia; ¡como para hablar en público o comunicarse con el rey! El Señor le aseguró que le ayudaría.

¿Ya sabes qué es lo que mejor se te da? ¿Los deportes? ¿La lectura? ¿Organizar? ¿Las computadoras? También eres consciente de aquello que no te resulta tan fácil. ¿Las matemáticas? ¿El lenguaje? ¿Los deportes? ¿Hablar en clase? Todo el mundo tiene sus puntos fuertes y débiles. Pero esto no significa que porque una tarea, un asunto o una actividad no se te den bien te los puedes saltar y se acabó. En ocasiones tendrás que hacerlo. Pero del mismo modo en que Dios ayudó a Moisés a llevar a cabo la misión que le había encargado, también te ayudará cuando te enfrentes a una tarea difícil.

Oración

Señor, quiero ser tu enviado en la escuela. Quiero ser alguien con quien puedas contar. Cuando me cueste hacer lo correcto, te ruego que me des el valor y me proporciones la ayuda para hacerlo de todos modos.

Hacer tu parte

Después me harán un santuario, para que yo habite entre ustedes. El santuario y todo su mobiliario deberán ser una réplica exacta del modelo que yo te mostraré.

(ÉXODO 25.8–9)

¿Te gusta ensuciarte las manos para edificar algo o para crear una extraordinaria pieza de arte? ¿Un cochecito, un collage de pinturas, un fuerte en las profundidades del bosque? Estos individuos de Éxodo debían estar estallando de entusiasmo. Sin duda habían construido un montón de cosas con anterioridad, pero este era el proyecto más increíble que emprenderían jamás. Dios les había proporcionado los planos para construir *su* casa, *su* tabernáculo.

¡Qué trabajo tan sensacional!

Todos se pusieron manos a la obra con la plata, el oro, el bronce, la madera y hasta con el hilo. El pueblo trajo cuero, piedras, gemas e incluso especias, aceite e incienso. Tenían todo lo que necesitaban. Y Dios diseñó con exactitud cómo debía desarrollarse aquel proyecto. Cada uno tenía que hacer sencillamente su parte.

Hoy día, toda persona que sirve a Dios tiene un trabajo que hacer para él. Tal vez no se trate de la construcción de una catedral, pero todos tenemos algo que ofrecer y que ayudará a que Dios se revele al mundo. Nadie queda fuera. Ningún don o talento se pasa por alto cuando Dios tiene un proyecto que hacer en la tierra.

Oración

Señor, quiero formar parte de tu equipo de construcción de los tiempos modernos, edificando tus planes en la tierra. Te ruego que me muestres cuál es mi cometido.

Belleza original

Bezalel hizo el arca de madera de acacia... La recubrió de oro puro por dentro y por fuera, y puso en su derredor una moldura de oro. Fundió cuatro anillos de oro para el arca, y se los ajustó a sus cuatro patas, colocando dos anillos en un lado y dos en el otro.

(ÉXODO 37.1–3)

Bezalel no tenía el nombre más hermoso ni el más popular. Sin embargo, sabía cómo hacer bellas creaciones con sus manos. Era como el mejor de los joyeros en combinación con el mejor carpintero... un gran artista. Dios escogió a Bezalel para hacer un arca especial. Pasó días trabajando con el oro para conseguir el brillo adecuado.

¿Por qué se preocupaba Dios de que el arca fuera tan refulgente? A Dios le gustan todas las cosas bellas. Cuando creó el mundo, hizo a las personas, los animales, las plantas, las gemas, los lagos. Hizo numerosas cosas lindas. Él mismo es un asombroso artista. Y quiere que descubras y admires la belleza. Parte del sublime mundo de Dios es que les dio a las personas la capacidad de crear cosas hermosas como las joyas, las casas, las pinturas y la ropa. Está bien disfrutar de ellas. Solo tienes que recordar que la belleza se originó con Dios, y usa tus propias creaciones para ofrecerle algo bonito a cambio.

Oración

Señor, en ocasiones es como si ciertos chicos fueran mejor parecidos o tuvieran más talento que yo. Te ruego que me muestres lo que hay de hermoso en mí y cómo puedo crear cosas hermosas para ti.

Se aceptan inventores

En Jerusalén hizo [Uzías] máquinas, ingeniosamente diseñadas por técnicos, para que estuvieran en las torres y en las esquinas, a fin de lanzar dardos y grandes piedras. Su fama se difundió muy lejos, porque halló ayuda de manera sorprendente, hasta que se hizo fuerte.

(2 CRÓNICAS 26.15, RVA2015)

¿Sabes que algunos inventos se descubrieron durante la época bíblica? En realidad, ¿te detienes a pensar en los que usas cada día? Piensa en todos esos que hacen que tu día transcurra sin tanta dificultad: los boles para los cereales del desayuno. Los tenedores y los cuchillos para comer. El calentador de agua y el grifo para limpiar. Un lavabo para que no tengas que ir al patio trasero con tu perro. Las mentes creativas surgen con ideas útiles e ingeniosas que mejoran nuestra forma de vivir.

La invención ha estado presente durante siglos. Dios creó a los seres humanos con una mente creativa. Y algunas personas utilizan su creatividad para inventar herramientas, instrumentos, vehículos, música y lenguaje. Uzías, rey e inventor, fabricó nuevas herramientas militares para que sus ejércitos pudieran superar cualquier otro. En aquel tiempo, no había nadie tan vanguardista en la tecnología militar e ingeniería.

Aunque no vayas por ahí dándole gracias a Dios por el invento del inodoro, ¡ya te digo yo que lo echarías enormemente de menos si se rompiera! Así que tómate tiempo hoy para darle gracias a Dios por todos los inventos que usas y que te facilitan la existencia.

Oración

Señor, te doy las gracias por la creatividad y los inventos. Son tantas las herramientas que uso a diario sin pensar en quien las inventó. Sin embargo, sé que tú estás detrás de todas esas creaciones.

¡Abre tus dones!

Pero es el Espíritu Santo mismo el que hace todo esto, y el que decide qué capacidad darle a cada uno.

(1 CORINTIOS 12.11, TLA)

Dios le da dones espirituales a cada miembro de su familia. No puedes ganártelos ni merecerlos; ¡por eso se les llama dones! Tampoco puedes escoger qué dones te gustaría tener; Dios determina el tipo de dones que recibes. Son capacidades especiales empoderadas por Dios para que lo sirvas y que solo se les otorgan a los cristianos. Entre ellos se encuentran la sabiduría, la enseñanza, la fe, la sanidad, las lenguas especiales, la profecía, la predicación y el discernimiento.

A Dios le encanta la variedad y quiere que seamos especiales, y por ello no le da un único don a cada persona, como tampoco un único ser humano los recibe todos. Si los poseyeras todos, no necesitarías a nadie más. Eso frustraría uno de los propósitos divinos: enseñarnos a amar y a depender los unos de los otros.

La Biblia declara: «Cuando el Espíritu Santo nos da alguna capacidad especial, lo hace para que procuremos el bien de los demás.» (1 Corintios 12.7, TLA). Si otros no usan sus dones, te están engañando. Y si tú no utilizas los tuyos, son ellos los engañados. Por tanto, Dios quiere que descubras y desarrolles tus propios dones espirituales. Un regalo (don) que no se abre no sirve para nada. Pídele que te muestres qué dones son tuyos.

Oración

Señor, resulta fácil desear tener los dones de otras personas. Revélame los que me has otorgado a mí, y muéstrame de qué manera puedo usarlos para tu propósito.

La edad perfecta

Y le presentaban niños para que los tocara, pero los discípulos los reprendieron. Al verlo, Jesús se indignó y les dijo: «Dejen a los niños venir a mí, y no los impidan porque de los tales es el reino de Dios».

(MARCOS 10.13–14, RVA2015)

¿Qué edad tienes? ¿Nueve, diez, doce años? A veces tal vez desearías ser mayor o menor. O también podría parecer que los estudiantes de instituto son más importantes que tú, porque eres más joven. Quizás pienses que los adultos tienen más influencia con Dios. ¿Sabes una cosa? Dios ama a los niños tanto como a la abuelita de más edad. A él no le importa los años que tienes.

Esto no significa que no tengas que respetar a los adultos y obedecerles. Lo que sí quiere decir es que Dios puede usarte ahora. No tienes por qué esperar hasta hacerte mayor. No necesitas aguardar hasta ser más listo. Ni a ser más fuerte. Cuando Jesús llegaba a la ciudad, les decía a los niños que fueran a visitarlos. Al ver que los adultos se enfurecían por ello, él les indicó que dejaran de molestar. Se enojó. «Dejen a los niños venir a mí», replicó.

Jesús no tenía favoritismo, y desde luego nunca hizo que nadie se sintiera poco importante. Todavía debes respetar a quienes son mayores que tú (Jesús ordenó que honres a tu madre y a tu padre, y a los que ostentan autoridad), pero puedes esperar que Jesús se alegre de tener una conversación contigo o de recibir una visita cada vez que lo necesites.

Oración

Señor, te doy las gracias por tratarme como si fuera especial, independientemente de la edad que tenga. ¿Cómo puedo servirte ahora en lugar de esperar hasta que sea mayor?

No te metas con los locos

Juan usaba ropa tejida con pelo rústico de camello y llevaba puesto un cinturón de cuero alrededor de la cintura. Se alimentaba con langostas y miel silvestre. Juan anunciaba: «Pronto viene alguien que es superior a mí, tan superior que ni siquiera soy digno de inclinarme como un esclavo y desatarle las correas de sus sandalias».

(MARCOS 1.6–7, NTV)

¿Te has preguntado alguna vez por qué Dios escogió a algunos locos para realizar su obra? Aquí tenemos a Juan el Bautista, corriendo por todo el desierto, con el pelo disparado en todas las direcciones. Cubierto con pelo sucio de camello y comiendo puñados de langostas que moja en miel.

Dios podría haber usado a cualquiera para prepararle el terreno a Jesús. Cualquier director cinematográfico de Hollywood habría alentado que se usara una alfombra roja para que desfilara, gran cobertura informativa y luces que «muestren tu mejor perfil». Incluso en aquella época, Jesús podía haber utilizado sin lugar a dudas a las celebridades de su tiempo, como un robusto y joven fariseo o un viejo rabino especialmente santo. Pero no. Jesús escogió al pegajoso y maloliente Juan el Bautista que comía langostas.

Y Juan el Bautista era exactamente la persona que Jesús quería. Él amaba a Juan y hasta permitió que lo bautizara antes de que Jesús iniciara su ministerio público.

No subestimes la forma en que Dios obrará en ti o en los que te rodean. Le encanta ir por el camino más inverosímil, usando lo estrafalario o exclusivo para lograr sus propósitos. Jamás pienses que tienes que convertirte en alguien distinto si quieres vivir para Jesús. Si alguien que mastica langostas para almorzar puede servir a Dios, tú estás destinado a desempeñar un papel.

Oración

Señor, te doy las gracias por no tener que ser como cualquier otro para servirte con todo mi corazón. Quiero ser esa persona que tú quisiste que fuera cuando me creaste; ni más ni menos.

Naturalmente tú

*Eligió a su siervo David; lo tomó de los rediles de las
oveja. Lo trajo de detrás de las ovejas recién paridas para
que apacentase a su pueblo Jacob, a Israel su heredad.*

(SALMOS 78.70–71, RVA2015)

¿Sabías que Abraham Lincoln trabajó en un almacén general y
en una oficina de correos mucho antes de convertirse en presidente?
Kurt Warner, *quarterback* (mariscal del campo) de la NFL Super Bowl
también trabajó en un supermercado. La exsecretaria de Estado,
Condoleezza Rice, era hija de un pastor. El rey David empezó como
cuidador de ovejas.

No te imaginarías a reyes, presidentes y celebridades trabajando en lugares normales y cotidianos, y realizando trabajos
comunes. No obstante, rara vez llega alguien a ser importante
empezando en un puesto extraordinario. La grandeza comienza con
la dedicación y el esfuerzo en este mismo instante.

Abraham Lincoln aprendió cómo superar el fracaso.
Condoleezza Rice estudió ruso y acabó trabajando para el presidente y con los diplomáticos rusos. David aprendió a ser rápido
al responder y cómo luchar contra todo tipo de ataques. Resulta
atractivo querer ser un actor, un atleta o un líder famosos. Pero Dios
quiere que te centres en usar ahora mismo, a tu edad, los dones y
las aptitudes que te ha dado. En el mundo de Dios él no busca a
personas en grandes lugares. Los busca en los campos, los super-
mercados, los patios de recreo. Ponte como objetivo ser bueno en lo
que te llegue de forma natural. Entonces estarás preparado cuando
Dios te escoja algún día para desempeñar un gran papel.

Oración

Señor, sería asombroso ser famoso o, al menos, ganar mucho dinero.
Sin embargo, la fama y la fortuna no duran; solo tú eres eterno. Mantén mis ojos en ti y en lo que me has dado que hacer ahora mismo.

Digno de un regalo

El rey Salomón era más sabio y más rico que todos los reyes de esa región. Todos los reyes de la tierra querían verlo y escuchar la sabiduría que Dios le había dado.

(2 CRÓNICAS 9.22–23, TLA)

¿Permitirías que el travieso hijo del vecino acariciara tu nuevo gatito? ¡Ni en broma! Has visto cómo intentaba asustar a los gatos grandes y tirar del rabo a perros temibles. Solo un necio le entregaría el gatito a ese niño.

Dios se siente del mismo modo. No quiere darle cosas a gente que hará un mal uso o que desperdiciará sus dones. Por esta razón le otorgó a Salomón tan inmensa riqueza. El rey no le pidió a Dios dinero ni victoria sobre sus enemigos, ni las mayores caballerizas. Salomón pidió sabiduría, la inteligencia para tomar las decisiones buenas y adecuadas. Con un rey así dirigiendo a Israel, Dios supo que podía concederle a Salomón esos dones junto con la sabiduría. Compartió sus dones con su pueblo. Los ayudó a tomar decisiones. A todos aquellos que vinieron a verlo les habló sobre los caminos de Dios. Salomón fue totalmente fiable.

¿Qué quiere darte Dios? ¿Estás dispuesto a usar sus dones con cuidado?

Oración

Señor, tu sabiduría es mejor que ser un necio y hacer un mal uso de tus dones. Te ruego que me proporciones la inteligencia para valorar aquello a lo que tú le das valor.

¿Eres un siervo?

Por lo tanto, siempre que tengamos la oportunidad,
hagamos bien a todos, y en especial a los de la familia de
la fe.

(GÁLATAS 6.10)

Juan Wesley fue un increíble siervo de Dios. Su lema era: «Haz todo el bien que puedas, por todos los medios que puedas, en todas las maneras que puedas, en todos los lugares que puedas, en todo momento que puedas, a todas las personas que puedas siempre y cuando tú puedas».

Los verdaderos siervos prestan atención a las necesidades. Los siervos están siempre atentos a las formas de ayudar a los demás. Cuando ven una necesidad, aprovechan el momento para suplirla. Cuando Dios pone justo delante de ti a un menesteroso, te está dando una oportunidad. Sin embargo, son muchas las veces en que perdemos esta ocasión de servir, porque no estamos dedicando nuestra atención a los demás.

Dios afirma que las necesidades de su Iglesia global deben ser la máxima prioridad. Recuerda al principio de cada día que eres un siervo de Dios. Después empieza a buscar pequeñas tareas que nadie más quiera realizar. Llevar a cabo estos pequeños trabajos como si fueran cosas importantes, porque Dios está observando. Los siervos se alegran por tener la oportunidad de practicar el servicio.

Oración

Señor, abre mis ojos a las cosas pequeñas que pueda hacer para servir a los demás. También quiero prestar mayor atención a estas cosas. Te ruego que me guíes a las oportunidades de servirte.

Latidos de corazón

Cuida tu corazón más que otra cosa, porque él es la fuente de la vida.

(PROVERBIOS 4.23, RVC)

Físicamente, cada uno de nosotros tiene un latido de corazón único. Así como tenemos huellas dactilares, huella ocular y registro de voz, nuestro corazón late según patrones ligeramente distintos. Es asombroso que de todos los millares de millones de personas que han vivido jamás, nadie haya tenido un latido de corazón idéntico al tuyo.

La Biblia usa el término «corazón» para describir el conjunto de deseos, esperanzas, intereses, sueños y otras cosas por el estilo que tienes. Tu corazón representa lo que te encanta hacer y aquello de lo que más te preocupas. Seguimos usando esta palabra del mismo modo cuando declaramos: «Te quiero con todo mi corazón». Este revela cómo eres en realidad. Determina la razón por la que dices lo que dices, por qué te sientes como lo haces y el motivo por el que actúas como lo haces.

Dios nos ha proporcionado a cada uno de nosotros un «latido de corazón» emocional único. Se acelera cuando pensamos en los asuntos, las actividades o las circunstancias que nos interesan. Por regla natural nos preocupamos más por unas cosas y en absoluto por otras. Las personas rara vez sobresalen en las tareas de las que no disfrutan o con las que no se sienten entusiasmados. Dios quiere que uses tus intereses naturales como claves de cómo servirle mejor a él y a los demás. ¿Qué está haciendo latir hoy tu corazón?

Oración

¡Vaya, Señor, nos has hecho a cada uno tan únicos! Te ruego que me muestres formas de usar mi «latido de corazón» exclusivo para servirte a ti y a los demás.

Dispuesto a servir

Estén vestidos, listos para servir y mantengan las lámparas encendidas, como si esperaran el regreso de su amo de la fiesta de bodas. Entonces estarán listos para abrirle la puerta y dejarlo entrar en el momento que llegue y llame.

(LUCAS 12.35–36, NTV)

Pongamos que tu mejor amiga te invita a escalar una roca o a practicar kárate con ella. ¿Irías en pijama? De ninguna manera. Le pedirías a tu madre o tu padre que te ayudara a escoger la ropa y el equipo adecuados. Necesitarías un arnés, zapatos de escalar y cuerdas para escalada. Para el kárate precisarías el equipo protector y agua (¡es un ejercicio muy duro!).

Sabes que ciertas actividades requieren una preparación y el equipo adecuado. Vivir para Jesús también exige que estés dispuesto. Él afirmó que volvería a la tierra un día para llevarse a todos sus seguidores al cielo. No le comentó a nadie cuándo tendría lugar su venida. Lo que sí aconsejó fue: «Estén preparados». Estar listos o dispuestos significa despertar cada día y pedirle a Dios que te dirija. Tal vez tenga un trabajo para ti ese día, o quizás te necesite para que ayudes a otra persona. Cada vez que estés dispuesto a hacer algo para Dios, es una oportunidad para que otros sepan acerca de él. Es posible que después, también quieran seguir a Jesús y sentir entusiasmo por su regreso a la tierra... cuandoquiera que sea.

Oración

Jesús, ¿qué significa realmente estar preparado para tu regreso a la tierra? Resulta difícil de comprender, porque nadie que esté vivo en la actualidad te ha visto jamás. Quiero estar dispuesto para ti, para cualquier cosa que me pidas. Te ruego que me muestres cómo hacerlo.

Corre tu carrera

Por lo tanto, ya que estamos rodeados por una enorme multitud de testigos de la vida de fe, quitémonos todo peso que nos impida correr, especialmente el pecado que tan fácilmente nos hace tropezar. Y corramos con perseverancia la carrera que Dios nos ha puesto por delante.

(HEBREOS 12.1, NTV)

Si has visto alguna vez los Juegos Olímpicos de Verano en la televisión, sin duda habrás observado a algunos hombres y mujeres rapidísimos corriendo los cien metros y también los cinco mil metros. Su ejercicio y su práctica disciplinada merecieron la pena y todo su esfuerzo por lograr ir a los juegos fue celebrado por un estadio atiborrado, que los aclamaba.

Los Juegos Olímpicos se iniciaron en Grecia hace muchos siglos. Por tanto, cuando el autor de Hebreos afirma que ser cristiano es como correr una carrera, los hebreos sabían exactamente lo que quería decir. El cristianismo es más parecido a una maratón que a una carrera, porque la fe requiere resistencia. A diferencia de una pista de asfalto plana, el camino de la vida incluye colinas, inclinaciones y baches que pueden hacernos tropezar.

¿Has notado que la carrera de los cristianos están llamados a correr es única para cada persona? Nadie tiene que correr exactamente la misma carrera. No es una carrera para vencer a otros o para quedar por delante del pelotón. Dios tiene un plan de carrera para cada persona, así que no te compares a los demás. El tuyo te exigirá disciplina, esfuerzo y sudor. Por esta razón se nos invita a mirar al estadio y tomar aliento de aquellos que ya han acabado su carrera.

Oración

Señor, recuérdame el medallero que aguarda a aquellos que acaban su carrera. Ayúdame a centrarme en Jesús, mientras persevero, un día a la vez.

Esperanzas y sueños

El vivir esperando atormenta el corazón; pero es un árbol de vida el deseo que se cumple.

(PROVERBIOS 13.12, RVC)

¿Cuáles son tus sueños? ¿Quieres cantar con toda el alma en Broadway? ¿Escribir la próxima gran novela? Ahora, piensa en las cosas sencillas y cotidianas. Tal vez quieras hacerlo bien en la escuela, tener un puñado de buenos amigos y llevarte bien con tu hermana. Cualquiera de estas cosas es una esperanza, un sueño. Y cuando algo que deseamos no sucede, puede llegar a ser sumamente difícil.

Dios comprende que es frustrante cuando no consigues entrar en el equipo, cuando se te dan fatales las lecciones de guitarra o logras mala nota en el periódico de la escuela. Bueno, no va a bajar del cielo para darte un gran abrazo de oso, pero podría usar a un amigo para alegrarte. Podría crear una llameante puesta de sol o hacer que tu perro se siente junto a ti.

En momentos así, vuelve a evaluar tus esperanzas. ¿Estén puestas primeramente en Dios? A él le importan tus esperanzas y tus sueños, pero no todo lo que deseas es un sueño que venga de él. Si mantienes tu corazón establecido en algo que está fuera de tu alcance y Dios no ha confirmado que es parte de ello, tu corazón puede entristecerse bastante. En vez de ello, entrega tus esperanzas a Dios. Pídele que las convierta en realidad o que cambie la dirección de tu corazón.

Oración

Señor, tú conoces mis esperanzas y mis sueño. Sabes cuáles he tenido que posponer, y tú entiendes lo frustrante que puede llegar a ser. Te ruego que vuelvas a dirigir mi corazón si tú tienes otra cosa en mente. Gracias por preocuparte de mí.

Millones de habilidades

Y lo he llenado de mi espíritu. Le he dado sabiduría, entendimiento, conocimientos y capacidad para hacer obras de arte. Él sabe hacer diseños y trabajos en oro, plata y bronce; también sabe trabajar las piedras preciosas y hacer joyas, y además sabe tallar la madera y hacer toda clase de trabajos artísticos.

(ÉXODO 31.3–5, TLA)

Tu cerebro puede almacenar cien billones de hechos. Tu mente puede gestionar quince mil decisiones por segundo. Tu nariz puede oler hasta diez mil olores diferentes. Tu toque puede detectar un artículo de un grosor de un micrómetro. Eres la asombrosa creación de Dios.

Tus capacidades son los talentos naturales con los que has nacido. Algunos niños tienen una habilidad natural con las palabras: casi salen del vientre hablando. Otros tienen aptitudes atléticas naturales. Y los hay que son buenos con las matemáticas, la música o la mecánica.

Toda habilidad puede ser usada para la gloria de Dios. La Biblia está llena de ejemplo de distintas capacidades que Dios usa para su gloria: Aquí tienes unas cuantas de las que mencionan las Escrituras: capacidad artística, arquitectónica, para la administración, la panadería, la fabricación de barcos, de caramelos; debatir, diseñar, embalsamar, bordar, grabar; la agricultura, la pesca, la jardinería, el liderazgo, la gestión, la albañilería, la música, fabricar armas, inventar, la carpintería, navegar, vender, ser un soldado, la costura, la enseñanza, escribir literatura y poesía.

Dios tiene un lugar en su familia donde pueden brillar tus especialidades.

Oración

Señor, gracias por hacerme (a mí y a todos los demás) tan especial y por darme tantos talentos. Ayúdame a usarlos para tu gloria. Ayúdame a agradarte y a usar mis dones solo para tus propósitos.

Parte del equipo

El Hijo del Hombre enviará a sus ángeles, y ellos quitarán del reino todo lo que produzca pecado y a todos aquellos que hagan lo malo… Entonces los justos brillarán como el sol en el reino de su Padre. ¡El que tenga oídos para oír, que escuche y entienda!

(MATEO 13.41, 43, NTV)

Seguir a Jesús es más difícil de lo que podamos pensar. No es como ser un aficionado de nuestro equipo deportivo favorito ni como aclamar al héroe de una película de aventuras. Cuando le decimos «sí» a Jesús, nos entramos en una especie de vía secundaria.

En ocasiones el desafío consiste en pequeñas cosas: prestar atención a papá y mamá, ayudar a un compañero de clase cuando está atascado en un problema de matemáticas o ser amable con los hermanos. Otras veces Dios te llamará a unas acciones mayores: defender a alguien más joven o más débil, renunciar a algo que te gusta de verdad en beneficio de alguien que lo necesita o incluso ponerte en contra de tus amigos cuando ellos quieran hacer algo que está mal.

Afortunadamente, cuando llega la hora de tomar esas decisiones enérgicas no estás solo. Jesús, el Hijo de Dios, está siempre ahí para ti. Y tus amigos cristianos así como tu familia están también en el mismo equipo que tú.

Jesús nos pide que lo sigamos y nos avisa de que no va a ser fácil; no obstante, promete que *merecerá* la pena. Brillaremos como el sol en el Reino de Dios. Además, formar parte de su plan es muchísimo mejor que animar en un emocionante juego deportivo desde la banda o ver una apasionante película. Y es que este es el balance final: Jesús gana. Y al emprender nosotros acción con él, también somos ganadores.

Oración

Señor, gracias por invitarme a formar parte de tu plan de acción aquí en la tierra. Ayúdame a hacer mi parte. ¡Juntos ganamos!

Preocuparse del débil

Dichoso el que piensa en el débil; el SEÑOR lo librará en el día de la desgracia.

(SALMOS 41.1)

Cuando oyes el término «necesidades especiales», ¿qué te viene a la mente? ¿El niño en silla de ruedas que ves en el pasillo de la escuela? ¿El vecino que lleva un cartel azul de minusválido colgando del retrovisor de su auto? ¿La señora que viene a la iglesia con su perro guía? Tal vez pienses en alguien de tu familia que padece autismo o síndrome de Down.

El Señor protege a los niños y los adultos que se enfrentan este tipo de problemas. Comprende lo difícil que les resulta apañárselas. Por ello, promete bendecirnos cuando ayudemos a los que son débiles o discapacitados. Nos observa cuando nos desviamos de nuestro camino para ser bondadosos. Él escucha cuando reprendemos a otros que se burlan de alguna persona con discapacidad.

Una de las formas en que el Señor bendice a los que están al tanto del débil es cuidándonos cuando somos débiles. ¿Lo has entendido? Es posible que no sufras una discapacidad física o mental, pero muchas veces te sentirás abrumado y débil en tu vida. Y en esas ocasiones, el Señor te proporcionará la fuerza y las personas necesarias para poder salir de esa difícil situación.

¿Con quién entablarás amistad hoy?

Oración

Señor, dame un corazón tierno por esas personas que veo y que tienen necesidades especiales. Quiero amarlas y tratarlas bien.

Algo que dure

*Bien le va al que presta con generosidad, y maneja sus
negocios con justicia. El justo será siempre recordado.*

(SALMOS 112.5–6)

¿Quién ganó la Súper Copa MVP hace dos años? ¿Quién se llevó
el oscar como mejor actor o por los efectos especiales hace cinco
años? A menos que tengas la capacidad de un dispositivo de memoria *(USB)* infinito, lo más probable es que no sepas contestar.

Todas las personas quieren ser recordadas. Algunos intentan
lograr este legado llegando a ser famosos. Creen que si su nombre
está por todas partes, en la televisión, la radio y la Internet, serán
felices. ¡A pesar de ello, basta con una mirada a algunos actores o
atletas profesionales para ver que son todo menos felices!

Otros intentan el camino de la riqueza, suponiendo que cuanto
más dinero posean, más paz tendrán. Si esto fuera cierto, los ricos
no se divorciarían jamás ni cometerían delitos ni recurrirían al alcohol
o a las drogas. Pero sabemos que no ocurre así.

De modo que si no es la fama ni la fortuna, ¿cuál es el secreto
para dejar tu huella en este mundo? La Biblia afirma que es bastante
sencillo: ser justo y generoso. Es fantástico esforzarse en un deporte,
un instrumento, un talento o en los asuntos de la escuela. Ninguna
de estas cosas te proporcionará, sin embargo, un legado duradero.
¿Qué me dices de pasar tu vida dando y sirviendo a los demás? Eso
sí que lo hará. Y Dios lo recordará siempre.

Oración

Señor, dar con generosidad y vivir con justicia no es algo que se
produzca de forma natural. Sin embargo, así es como tú me tratas;
jamás retienes nada de mí. Te ruego que me muestres cómo hacer lo
mismo para marcar la diferencia en este mundo.

Debilidad esperada

*Aleja de mí la falsedad y la mentira; no me des pobreza
ni riquezas sino sólo el pan de cada día. Porque teniendo
mucho, podría desconocerte y decir: «¿Y quién es el
SEÑOR?». Y teniendo poco, podría llegar a robar y deshonrar
así el nombre de mi Dios. Bien le va al que presta con
generosidad, y maneja sus negocios con justicia. El justo
será siempre recordado.*

(PROVERBIOS 30.8–9)

Supermán, el héroe de los cómics, tiene una debilidad: la
kriptonita. Se mantiene tan alejado como puede de esa roca que
absorbe su poder. Todo el mundo, incluidos los superhéroes, tienen
debilidades.

El escritor de Proverbios sabía que su debilidad era el dinero. Si
tenía demasiado o muy poco, sería un obstáculo para seguir los preceptos de Dios. De modo que oró por ello, pidiéndole a Dios que lo
protegiera de dicho punto débil.

¿Sabes cuál es tu debilidad? De ser así, ¿a qué distancia te
mantienes de ella? Es posible que te guste la emoción de tener
y escuchar secretos. Tal vez tengas un deseo realmente fuerte de
llegar a ganar algún día grandes cantidades de dinero y ahorras tu
asignación. Quizás te guste torcer la verdad para salirte con la tuya o
para persuadir a otros y que sigan tus ideas.

Si desconoces tu debilidad, está bien. Conforme te vayas
haciendo mayor la descubrirás. Cuando lo hagas, pon a Dios de tu
parte tan pronto como puedas para que te ayude a luchar contra
ella. No quieres que tu «kriptonita» acabe contigo.

Oración

Señor, no estoy muy seguro de cuál es mi debilidad. Te ruego que
me enseñes a estar en guardia contra las cosas que puedan dañarte
a ti o a mí.

Sirve primero

Jacobo y Juan, los hijos de Zebedeo, se acercaron a él y le dijeron: «Maestro, queremos que nos concedas lo que vamos a pedirte». Jesús les preguntó: «¿Qué quieren que haga por ustedes?». Ellos le respondieron: «Concédenos que, en tu gloria, uno de nosotros se siente a tu derecha y el otro a tu izquierda».

(MARCOS 10.35–37, RVC)

¡Hablando de ser osados! Es exactamente lo que fueron estos dos hijos de Zebedeo. ¡Fueron odiosos! Lo que en realidad le preguntaron a Jesús fue que si podían tener privilegios especiales cuando fueran al cielo. Santiago y Juan tenían una meta egoísta: querían ser grandes.

¿Te imaginas pidiéndole eso a Jesús? Cuando los demás discípulos descubrieron lo que los dos hermanos le habían solicitado, se quedaron perplejos. Estaban enojados. Jesús tampoco estaba demasiado contento. Sin embargo, en lugar de enfurecerse contra ellos, decidió explicar lo que significa la verdadera grandeza.

En lo que a Jesús concierne, ser asombroso no es algo que tenga que ver con pedir favores especiales. Escoge hacer lo que los demás rechazan. Ser grande a los ojos de Dios no tiene nada que ver con sentarse en tronos en palacios (o en el cielo), sino con preocuparse de otras personas.

¿Qué me dices de cuidar de tu hermano o hermana? ¿Y de tu madre y tu padre? ¿Qué puedes hacer para ayudarlos hoy?

Oración

Señor, por mucho que quiera ser importante, prefiero ser grande a tus ojos. Perdóname cuando intento agarrar lo mejor para mí.

Ama aquello que haces

No se aparten del Señor; más bien, sírvanle de todo corazón.

(1 SAMUEL 12.20)

¿Cómo sabes cuándo estás sirviendo a Dios desde el fondo de tu corazón?

Algunas cosas despiertan tu interés y captan tu atención, mientras que otras te desinteresan o te aburren inmensamente. Estas revelan la naturaleza de tu corazón. Escuchar lo que este guarda puede indicarte las formas en que Dios pretende que lo sirvas.

La primera señal es el entusiasmo. Cuando estás haciendo lo que te gusta, nadie tiene que motivarte, desafiarte ni comprobar que lo realizas. Lo haces por la diversión o por amor a ello. No necesitas recompensas ni aplausos. Por otra parte, cuando no te apetece lo que estás haciendo, es fácil desalentarse.

La segunda señal de servir a Dios con todo el corazón es que seas también eficaz. Cuando haces aquello que Dios quiso que te gustara hacer cuando te creó, esto acaba dándosete bien. Si la tarea no te interesa, probablemente no sobresaldrás en ella. A medida que te vayas haciendo mayor, aprenderás más sobre las cualidades que Dios te ha transmitido. Deja que él guíe tu corazón y que este dirija tu vida.

Oración

Señor, tú quieres que yo te sirva con todo mi corazón. Revélame cuál fue tu propósito para mí cuando me creaste. Muéstrame los lugares donde te pueda servir con mayor eficacia y entusiasmo.

Barricadas

En cuanto la carta del rey Artajerjes se leyó en presencia de Rejún, del cronista Simsay y de sus compañeros, todos ellos fueron a Jerusalén y, por la fuerza de las armas, obligaron a los judíos a detener la obra. De este modo el trabajo de reconstrucción del templo de Dios en Jerusalén quedó suspendido hasta el año segundo del reinado de Darío, rey de Persia.

(ESDRAS 4.23–24)

Construir una iglesia no es coser y cantar. Intenta añadir un puñado de demagogos y agitadores a los que, en realidad, no les gustas.

Zorobabel y su panda de obreros variopintos de la construcción se enfrentaron a este problema cuando reconstruyeron el templo de Dios. Preocupados al ver que los judíos ganaban poder, sus enemigos se pusieron de inmediato manos a la obra en la «Operación Ruinas del Templo». ¡En realidad, el templo quedó inacabado durante otros dieciocho años!

¿Significa esto que Zorobabel fracasó? ¡De ninguna manera! Dios vio su esfuerzo y su pasión por reedificar el templo, y eso le agradó.

Cuando hacemos algo asombroso por Dios, esto asusta a sus enemigos. El diablo no quiere vernos llenos del poder divino, de modo que hace cualquier cosa por detenernos. Pero es temporal.

Finalmente, aquel templo se acabó, pero nunca se habría conseguido sin los esfuerzos de Zorobabel. Si tus grandes planes de cambiar el mundo para Cristo se topan contra una barricada, no te preocupes. Podría parecer que Dios va perdiendo en el descanso, al final siempre gana el partido.

Oración

Señor, tengo problemas para entender por qué no siempre tengo éxito cuando estoy haciendo algo para ti. Dame paciencia, perseverancia y fe mientras espero tu luz verde.

Reconócelo

Él librará al indigente que pide auxilio, y al pobre que no tiene quien lo ayude. Se compadecerá del desvalido y del necesitado, y a los menesterosos les salvará la vida.

(SALMOS 72.12–13)

Todos se burlan de los que son físicamente débiles. Los niños pobres son objeto de mofa. Los que fracasan en el año escolar y no pasan de clase se enfrentan a las risas de sus compañeros de clase. Los chicos débiles o enfermos se ven intimidados por todas partes. Si alguna vez te has sentido enclenque, perdedor, pobre, débil, enfermo o un fracaso, no es divertido ser el blanco del maltrato de otros niños. Todos quieren ser fuertes, inteligentes y tener buena salud. No obstante, Dios está del lado de los que se sienten abatidos.

Dios es amable con los que están sufriendo, los pequeños y los indefensos. Los ama y se preocupa de ellos, porque necesitan ayuda. Aunque él ama a todo el mundo, los fuertes piensan con frecuencia que no lo necesitan a él, y en realidad a nadie más. Por esta razón, Dios los deja estar y se vuelve a aquellos a los que no les asusta reconocer sus necesidades. Si te sientes fuerte, deja que Dios brille a través de ti a otros y ofrece tu ayuda.

Lo fantástico es que Dios siempre ayuda a los que no temen confesar sus necesidades. Él es el amigo más fuerte y más poderoso con el que puedas contar. El cuidado de Dios es más valioso y duradero que mofarse o burlarse de otros. Algún día, cuando estés enfermo o débil, Dios enviará a otros que suplan también tus necesidades.

Oración

Señor, quiero ser fuerte y tener buena salud, pero veo lo fácil que sería mirar por encima del hombro a aquellos que no lo son. Dame bondad y compasión hacia los demás, para ayudarlos cuando me necesiten.

Adquiere sabiduría

Adquiere sabiduría, adquiere inteligencia... La sabiduría es lo primero. ¡Adquiere sabiduría! Por sobre todas las cosas, adquiere discernimiento.

(PROVERBIOS 4.5A, 7)

¿Lo captas? ¿Estás seguro de entenderlo? El escritor de Proverbios parece bastante serio cuando dice que adquiramos sabiduría. Lo repite una y otra vez... y otra y otra. No se refería tan solo a los ancianos, como los abuelos. Se dirige a un niño indicándole que la sabiduría también es para él. ¿Pero de dónde sacarla?

No puedes correr calle abajo a la tienda en busca de sabiduría, y tampoco puede pedirles a tus padres que la compren online. Ni siquiera puedes cambiar el almuerzo por un trocito de sabiduría.

Se trata de aquello que te ayuda a gestionar las situaciones y las relaciones difíciles. Te dice cuando tienes que morderte la lengua. O cuando compartes tu opinión con alguien con quien discrepas. O cómo ser paciente con el molesto niño del vecino de al lado. O cómo ser inteligente con tu asignación.

La sabiduría llega primeramente por el entendimiento. Este se produce prestando atención a los maestros, amigos, padres y a los preceptos de Dios. Después de estar atento el tiempo suficiente, la bombilla se encenderá en tu cabeza. «¡Ajá! —te dirás—. Ahora lo entiendo». Es en ese momento cuando la sabiduría comienza a tomar raíces. Es entonces cuando se obtiene. ¿Lo entiendes?

Oración

Señor, parece terriblemente importante ser sabio incluso cuando todavía soy bastante joven. Dado que la sabiduría procede de prestar atención, muéstrame cómo observar y aprender de los demás. ¡Gracias!

La atención adecuada

¿Busco acaso el favor de la gente, o el favor de Dios? ¿O trato acaso de agradar a la gente? ¡Si todavía buscara yo agradar a la gente, no sería siervo de Cristo!

(GÁLATAS 1.10, RVC)

¿Has notado alguna vez cómo les gusta a algunos niños ser el centro de atención? Pero no es esa la clase de atención que importa. La atención de Dios va a aquellos que actúan como siervos.

Los siervos mantienen un bajo perfil. En lugar de actuar para impresionar y vestirse para el éxito, se sirven unos a otros. Si se les reconoce por su servicio, lo aceptan con humildad, pero permanecen centrados en su trabajo.

Pablo presentó un tipo de servicio que parece espiritual, pero que en realidad no es más que una pose, una apariencia, una actuación. Lo denomina «servicio al ojo» (Efesios 6.6; Colosenses 3.22), es decir, servir solo para impresionar a las personas con lo espirituales que somos. Durante el tiempo de Jesús, los fariseos actuaron así y convirtieron el ayudar a los demás, el dar y hasta la oración en una actuación. Jesús advirtió que permaneciéramos alejados de este tipo de actitud.

Los siervos no sirven para recibir la aprobación o el aplauso de los demás. Viven para la audiencia de Uno solo. La historia de José, en Génesis, es un gran ejemplo. No atrajo la atención a sí mismo, sino que sirvió en silencio a Potifar, después a su carcelero, al panadero y al copero del Faraón y Dios bendijo esas actitudes. Cuando el monarca lo ascendió a un puesto prominente, José siguió manteniendo un corazón de siervo.

Oración

Señor, no es difícil reclamar la atención o la alabanza por las buenas cosas que hacemos. Sin embargo, los siervos no son llamados a esto. Cuando me creo importante y quiero hacer alarde de lo generoso que soy, haz que mi actitud vuelva a ser la de un siervo humilde.

Diseñado de forma científica y milagrosa

Tú creaste las delicadas partes internas de mi cuerpo y me entretejiste en el vientre de mi madre. ¡Gracias por hacerme tan maravillosamente complejo! Tu fino trabajo es maravilloso, lo sé muy bien.

(SALMOS 139.13–14, NTV)

Cada uno de nosotros es verdaderamente único. Las moléculas de nuestro ADN pueden unirse en un sinfín de maneras: el número es 10 elevado a la 2.400.000.000ª potencia. Ese número es la probabilidad de que encuentres alguna vez alguien idéntico a ti. Si tuvieras que escribir ese número de un grosor de 2,5 cm, ¡necesitarías una tira de papel de unos 59.000 km de largo!

Tu unicidad es un hecho científico de la vida. Jamás ha habido y nunca habrá nadie idéntico a ti.

Es obvio que a Dios le gusta la diversidad; ¡no tienes más que mirar a tu alrededor! Nos creó a cada uno de nosotros con una combinación exclusiva de rasgos de personalidad. Dios hizo a los tímidos y a los conversadores osados. Creó a aquellos a los que les gusta las mañanas tempranas y a quienes prefieren la noche tardía. A unos los hizo «pensadores» y a otros «sentidores». Algunos trabajan mejor solos, mientras que a otros les va mejor en equipo.

Dios usa toda clase de personalidades y de ADN. No cuestiones nunca lo exclusivo que eres. ¡Está científicamente demostrado!

Oración

Señor, no solo has hecho que mi personalidad sea única, sino que mi ADN está especialmente ¡hecho para mí! En ocasiones no creo ser especial, así que enfatízame la forma tan detallada en que me has creado.

Se te han subido los humos a la cabeza

El orgullo va delante de la destrucción, y la arrogancia antes de la caída. Es mejor vivir humildemente con los pobres, que compartir el botín con los orgullosos.

(PROVERBIOS 16.18–19, NTV)

¿Quieres destacar entre una multitud?

No seas arrogante ni orgulloso.
Los orgullosos suelen caer.
Ser humilde es lo mejor.

Este pequeño poema tiene un gran impacto. Como las palabras de Proverbios, nos recuerda que la humildad merece la pena al final.

Todos conocemos a la persona que actúa como una fanfarrona y chicas que se comportan como divas; tal vez tú hayas hecho lo mismo alguna vez. La forma en que se pavonean o se contonean por los pasillos o en el patio del recreo, te harían creer que pertenecen a la realeza. Hablando de realeza, el rey Saúl en la Biblia es un ejemplo de lo que ocurre cuando se te suben demasiado los humos a tu real cabeza.

El profeta Samuel le indicó lo que Dios esperaba, pero Saúl no obedeció. Pensó erróneamente que podía hacer lo que quisiera. ¿Y qué ocurrió? Bueno, Dios le bajó los humos y lo quitó de su trono.

Puede ser que haya pequeños beneficios a corto plazo por salir con esos príncipes o princesas hinchados de orgullo y autoproclamados; no obstante, a largo plazo, las consecuencias no merecen la pena. Más vale que te eches una mirada sincera y reconozcas que en realidad no lo sabes todo. Al fin y al cabo Dios sabe la verdad. La mayoría de tus amigos también. Y les gustas, aunque no seas perfecto.

Oración

Señor, perdóname cuando finjo ser más importante de lo que soy en realidad. Me alegra que me ames aun cuando no soy perfecto.

¿Tienes la cabeza más grande que el corazón?

Lo que has hecho es una locura. No obedeciste lo que el Señor tu Dios te ordenó hacer. Si hubieras obedecido, el Señor habría confirmado para siempre tu reinado sobre Israel.

(1 SAMUEL 13.13, RVC)

Saúl estaba harto de esperar. Se suponía que Samuel iba a ir a ocuparse de la ofrenda, pero no había aparecido. Las personas empezaban a marcharse, y Saúl decidió encargarse él. ¿Cuál es el problema?, pensó probablemente. Saúl imaginó que podría hacerse cargo del sacrificio igual de bien que Samuel. Lo reunió todo y se ocupó del asunto.

Entonces se presentó Samuel.

«¿Qué has hecho?», le preguntó el profeta.

Saúl era culpable. Había sido demasiado impaciente y había asumido el trabajo que Dios le había asignado a Samuel, como si no tuviera importancia.

Dios le había proporcionado éxito al rey en varias ocasiones, de modo que Saúl pensó que podía hacer lo que le pareciera bien. Se creyó demasiado. Lo mismo nos puede ocurrir a nosotros. Tal vez Dios nos haga exitosos en los deportes, así que empezamos a actuar como un sabelotodo en el vestuario. O quizás nos dé la oportunidad de ser el líder de la clase, y empezamos a actuar como si fuéramos el rey del mundo. Es fácil dejar que se nos suban los humos a la cabeza cuando Dios abre una puerta como esa.

Para evitar que nos hinchemos de orgullo como Saúl, es necesario que recordemos de dónde proceden todos nuestros éxitos y que mantengamos nuestros ojos en el Señor.

Oración

Señor, gracias por darme las aptitudes y las fuerzas. Ayúdame a recordar que vienen de ti y a no permitir que el éxito se me suba a la cabeza.

Declaración de moda

Así mismo, jóvenes, sométanse a los ancianos. Revístanse todos de humildad en su trato mutuo, porque «Dios se opone a los orgullosos, pero da gracia a los humildes».

(1 PEDRO 5.5)

¿Has oído hablar de la última «marca de ropa»? En realidad no es tan nueva; ha estado disponible durante miles de años. El centro comercial no la tiene; tampoco puedes encontrarla en Walmart. No puedes conseguir esas prendas de vestir online, y esta marca no puede usarse sola.

La marca es humildad. Te vistes, como es normal, por la mañana: falda, pantalón, zapatos. Luego te echas otra capa encima, como si fuera un abrigo largo, de humildad.

Así como uno lleva el color adecuado al tono de la piel, la marca de humildad realza tu aspecto. Te permite presumir de tu estilo propio y pega con todo lo que ya posees. Lo único que desentona con ella es el orgullo y el egoísmo. Incluso cuando vistes la marca de humildad, el orgullo y el egoísmo pueden hacer su aparición de vez en cuando.

Muchas personas no tienen las agallas de vestir la marca de humildad. Prefieren no tapar lo demás. Por esta razón, esta marca es exclusiva. Solo es para quienes tengan una relación con el diseñador: el Espíritu Santo. ¿La quieres?

Oración

Señor, tu marca es exclusiva y por buenas razones: la humildad resulta difícil de llevar. Sin embargo, sobrevivirá a cualquier otra moda. Te ruego que me vistas de ella cada día.

Notable Oración

Y Jabés invocó al Dios de Israel. Dijo: «¡Cómo quisiera que me des tu bendición, que ensanches mi territorio, que tu mano esté conmigo y que me libres del mal, para que no sufra yo ningún daño!». Y Dios le concedió lo que pidió.

(1 CRÓNICAS 4.10, RVC)

Jabés es conocido por una breve oración, pero su petición es una excelente demostración sobre llevar nuestras peticiones a Dios. Jabés pidió más territorio, pero también la presencia de Dios en su vida. Se dio cuenta de que si obtenía más terreno, esto significaría que tendría más responsabilidades. Contaría con mayores exigencias y más presión. Necesitaría realmente la ayuda de Dios, así que pidió que Dios estuviera con él. Cuando pides la presencia de Dios en tu vida, puedes estar seguro de que él contestará.

Jabés también oró para tener protección divina. ¿Por qué lo hizo? En aquellos días, cuanta más tierra se tenía, mayor influencia y más conocido se era. Y esto lo convertía a uno en un blanco mayor.

Sigue siendo así hoy en día: cuanto más éxito tienes, con más críticas cuentas. Cuanto más cerca estás del Señor y más fuerte te vuelves como cristiano, más te acosará el diablo, porque no quiere que crezcas. No obstante, puedes estar tan seguro como Jabés de que con la bendición, Dios también concede su presencia y su protección.

Oración

Señor, me alegra poder contar con que estarás conmigo. Cuando no creo poder manejar algo por mí mismo, te ruego que me muestres que estás conmigo.

Úsalo o piérdelo

Dios, de su gran variedad de dones espirituales, les ha dado un don a cada uno de ustedes. Úsenlos bien para servirse los unos a los otros.

(1 PEDRO 4.10, NTV)

Dios te ha dado algunas aptitudes, talentos y dones espirituales. Ha realizado una inversión en ti. Quiere y espera ver que usas lo que te ha proporcionado. Si no utilizas los talentos que has recibido, otras personas estarán perdiendo por no contribuir tú con aquello con lo que Dios te ha equipado, de una forma única, y con lo que tienes que proveer.

Si quieres llegar a ser más fiel, usa tus talentos. Tal vez contestarás: «Bueno, pero es que yo no tengo los talentos de esa persona. No puedo cantar como ella». La fidelidad no depende de lo que no tengas o no puedas hacer. Tú no eres responsable de cantar solos para Dios si él no te ha concedido ese don. No obstante, sí tienes la responsabilidad de usar los dones y talentos que él te ha proporcionado.

La vida se compone, en gran medida, de pequeñas cosas. Sé fiel en lo pequeño. Este tipo de cosas, como por ejemplo leer la Palabra de Dios y orar, produce grandes resultados. No todos podemos ser brillantes, pero sí podemos ser fieles. ¡Y para Dios, lo que cuenta es la fidelidad!

Oración

Señor, quiero ser más fiel, no solo en las grandes cosas, sino también en las pequeñas. A veces uno siente que las pequeñas cosas no influyen tanto. Sin embargo, yo sé que tú harás grandes cosas si yo te soy fiel.

Mirarse demasiado al espejo

Cuando entró Amán, el rey le preguntó: ¿Cómo se debe tratar al hombre a quien el rey desea honrar? Entonces Amán dijo para sí: «¿A quién va a querer honrar el rey sino a mí?».

(ESTER 6.6)

«Espejito, espejito que me ves, la más hermosa de todo el reino, dime, ¿quién es?». Los niños de hoy saben que estas palabras pertenecen al cuento de «Blancanieves». Sin embargo, retrocedamos varios miles de años y Amán, el arrogante individuo malvado del libro de Ester podría haber pronunciado la misma frase.

La Biblia no menciona espejos mágicos, pero es indudable que Amán tenía poder y prestigio. Pero también tenía orgullo. ¡Y su engreimiento le jugó una mala pasada!

La cosa fue así: Mardoqueo, el tío secreto de la reina Ester, descubrió en una ocasión un complot para asesinar al rey. Cuando Asuero (Jerjes) descubrió que nunca se le había agradecido este favor, le pidió a Amán sugerencias para recompensarlo. Y este pensó que la gratificación iba a ser para él. Sin embargo, ¡nosotros sabemos que el rey estaba hablando del archienemigo de Amán, Mardoqueo! El secuaz del monarca estaba tan cegado por el amor que sentía por sí mismo que no podía ver los logros de los demás.

Lo mismo nos puede ocurrir a nosotros. Es bueno tener confianza en uno mismo y sentirse orgulloso de uno, pero la vanagloria va más allá que esto. Te dice: «Tú eres mejor que los demás».

A pesar de ello, esto no es lo que Dios nos enseña. Sé más bien como Jesús y celebra la obra de tus amigos, familia y compañeros de clase. ¡Y mantente alejado de los espejos que hablan!

Oración

Señor, ¿he pensado alguna vez que yo era la persona más importante? Lamento esa actitud orgullosa. Enséñame a verme a mí y a los demás como iguales, todos amados por ti y necesitados de misericordia.

¿Te estás olvidando de alguien?

Salomón también terminó la construcción de su propio palacio, pero el proyecto le llevó trece años.

(1 REYES 7.1)

A Salomón le llevó once años acabar el templo y trece terminar su propio palacio. Hmm. ¿Once años para edificar la casa de Dios y trece para la suya? Da que pensar, ¿verdad? Dios le había dado a Salomón sabiduría, y la gente viajaba desde todos los lugares para pasar tiempo junto a él. Sin duda debió de sentirse muy satisfecho de sí mismo. Tal vez pensó que merecía un palacio cuya construcción le llevara trece años.

Salomón no fue el único; nosotros también tendemos a actuar así. Dios nos da una bendición o un talento, todos empiezan a notarlo y nosotros nos vamos sintiendo orgullosos. «Qué bueno soy en esto», pensamos para nuestros adentros. «Oh sí; ¡no está nada mal!».

Si no tenemos cuidado, muy pronto estaremos atribuyéndonos el mérito y dejaremos a Dios fuera. La forma más rápida de luchar contra este tipo de orgullo es darle siempre las gracias a Dios por todo. Agradecerle por nuestras bendiciones. Agradecerle por nuestros talentos. Agradecerle por nuestros éxitos. Mantener nuestros ojos en él nos ayudará a quitarlos de nosotros.

Oración

Señor, resulta fácil empezar a pensar más de mí mismo de lo que debería. Ayúdame a recordar que todo lo que tengo y todo lo que soy te lo debo a ti.

¿Te estás olvidando de alguien?

Jesús... miraba cómo la gente echaba sus monedas en el arca. Muchos ricos echaban mucho, pero una viuda pobre llegó y echó dos moneditas de muy poco valor. Entonces Jesús llamó a sus discípulos y les dijo: «De cierto les digo que esta viuda pobre echó más que todos los que han echado en el arca...».

(MARCOS 12.41–43, RVC)

Túnicas llamativas, monedas que tintinean, un gran espectáculo. Los ricos echaban sus monedas, dejándolas caer con un fuerte sonido metálico. «¡Préstenme atención!». «¡Miren qué generoso soy!». Entonces apareció una viuda, se acercó al arca de la ofrenda y dejó caer dos diminutas monedas de cobre. No hubo tintineo, solo dos pequeños *clincs*. Tal vez ella bajara la cabeza mientras los ricos se miraban unos a otros. ¿Eso es todo?, pensarían probablemente.

Pero Jesús sabía la verdad. Sabía que mientras la gente rica daba una pequeña porción de todo lo que tenía, la viuda estaba ofrendando todo lo que poseía.

Jesús la destacó. Quería que ella supiera —quería que *nosotros* supiéramos— que no hay ofrenda invisible. Aunque lo que traigamos parezca más pequeño que lo que otros dan, Dios no lo ve de ese modo.

Cuando derramas bondad a una persona solitaria, cuando ayudas a tu maestro en vez de irte al recreo, estás ofrendando lo que tienes y Jesús lo ve. Él lo nota. Él te señala ante los demás que están en el cielo. «¿La ven? Otros dan lo que les sobra. Sin embargo, ella dio todo lo que tenía».

Oración

Señor, no estoy seguro de lo que puedo darte, pero quiero traer con alegría una ofrenda que te haga feliz. Te ruego que me enseñes lo que es.

El regalo del presente

Tengan cuidado de cómo se comportan. Vivan como gente que piensa lo que hace, y no como tontos. Aprovechen cada oportunidad que tengan de hacer el bien, porque estamos viviendo tiempos muy malos.

(EFESIOS 5.15–16, TLA)

Alguien dijo una vez: «El ayer es pasado. Mañana es futuro. Hoy es un presente, un regalo. Por eso se le llama *presente*».

Esto es más que un juego de palabras. El hoy es un regalo de Dios para ti. Está envuelto y lleva un lazo. ¡Hasta lleva tu nombre! Pero tú tienes una elección. ¿Lo dejarás sobre la mesa o desenvolverás el presente y lo disfrutarás?

No volverás a tener el presente de nuevo. Dios quiere que hagas elecciones sabias y que vivas cada día como si fuera un regalo. (El hecho de que estés leyendo tu Biblia hoy es un buen comienzo.)

Por tanto, así como empezarías a usar un regalo tan pronto como lo abrieras y lo exhibirías, háblale a Dios sobre este día. ¿Qué ha planeado para hoy? ¿A qué te enfrentarás? Pídele que te ayude a disfrutarlo, usa la sabiduría, mantente apartado de las malas influencias y defiende lo que es bueno.

Al final del día, vuelve a pensar en lo que hiciste. Es posible que Dios te haya enviado una bendición o un desafío. ¿Has sido capaz de verlos tal como eran y has dejado que él te guiara a través de ellos?

Oración

Señor, gracias por el día de hoy y por los dones que me has dado. Te ruego que me des sabiduría y que me muestres de qué forma puedo ser una bendición para los demás.

Comprueba tu ego

Por eso, por amor a Cristo me gozo en las debilidades, en las afrentas, en las necesidades, en las persecuciones y en las angustias; porque mi debilidad es mi fuerza.

(2 CORINTIOS 12.10, RVC)

¿Estás satisfecho con tus debilidades? ¿Eh? Al principio esto no tiene sentido. ¡No queremos ser débiles! Sin embargo, cuando aceptamos nuestras debilidades, es una expresión de fe en la bondad de Dios. Declara: «Señor, creo que me amas y que sabes lo que es mejor para mí».

Pablo nos proporciona varias razones por las que contentarnos con nuestras debilidades innatas. En primer lugar, hacen que dependamos de Dios. Refiriéndose a sus propias debilidades, que Dios se negó a eliminar, Pablo afirmó estar contento por ellas, porque tenía que confiar más en Dios (2 Corintios 12.9). Pablo también sabía que no se le subirían los humos a la cabeza. Nuestras debilidades impiden, pues, la arrogancia. Nos mantienen humildes.

Dios suele adjuntar una importante debilidad a una fuerza relevante para mantener nuestro ego bajo control. Una limitación puede evitar que vayamos demasiado rápido y corramos por delante de Dios.

Oración

Señor, me resulta extraño reconocer mis limitaciones. No obstante está bien que puedas usar mis fuerzas y mis debilidades. Estoy agradecido de poder depender de ti.

El niño rey

En el año séptimo del reinado de Jehú, Joás comenzó a reinar, y reinó en Jerusalén cuarenta años. Su madre era Sibia, oriunda de Berseba. Joás hizo durante toda su vida lo que agrada al SEÑOR, pues siguió las enseñanzas del sacerdote Joyadá.

(2 REYES 12.1–2)

Remóntate en tu pensamiento a cuando tenías siete años. ¿Cómo era un día normal para ti? Es probable que hicieras unos cuantos deberes, que jugaras al aire libre durante una o dos horas, tal vez iniciarías sesión en la computadora o en la central de juegos online. Cenarías con tu familia.

¿Conocías a algún niño de siete años (entonces o ahora) que pasara su tiempo meditando en las profundidades de la Biblia y en la forma de llegar a ser presidente algún día?

Joás no era el típico niño de siete años. Pasó la primera parte de su vida escondido y viviendo con un montón de sacerdotes. Aprender los preceptos de Dios y la forma de servirle era la norma diaria. Entonces, cuando tenía siete años, fue escogido para ser rey; bueno, de todos modos le correspondía serlo por derecho propio, pero los sacerdotes pensaron que era mejor nombrarlo rey lo antes posible. ¿Y sabes una cosa? Todo ese tiempo que pasó escondido con gente piadosa mereció la pena. Joás asumió la dirección del país y se convirtió en un buen rey que hizo lo correcto.

Aunque Joás no fue la norma, si él pudo llegar a ser sabio es que la edad no importa. Dios quiere que los niños sigan sus caminos ahora. ¿Estarías dispuesto a subir al trono?

Oración

Señor, no puedo imaginar convertirme en el líder de un país a mi edad. Sin embargo, sí quiero seguir tus preceptos en todo lo que hago.

Dirigido por un sueño

Después de que Pablo tuvo la visión, en seguida nos preparamos para partir hacia Macedonia, convencidos de que Dios nos había llamado a anunciar el evangelio a los macedonios.

(HECHOS 16.10)

¿Has tenido alguna vez un sueño extraño? Uno en el que cazabas un oso o colgabas de un acantilado sobre un río rugiente. Todos hemos tenido sueños que nos han hecho sacudir la cabeza y preguntarnos: «¿De dónde ha salido esto?».

Pablo tuvo un sueño en el que un hombre de Macedonia le suplicaba que fuera allí y los ayudara. Pablo y sus amigos imaginaron que deberían ir a comprobarlo. Tal vez por el camino se preguntaron si el sueño del apóstol se debía tan solo a que habría comido algún alimento en mal estado o que había tenido demasiado calor mientras dormía.

En ocasiones, Dios nos empuja con un sentimiento para que hagamos algo; ¿pero cómo sabemos si eso que sentimos viene de Dios? Lo mejor es hablar con algunos adultos piadosos y a continuación empezar a dar algunos pasos. Dios tiene una forma clara de hacernos saber si estás en la senda correcta. Proporciona una sensación de paz para seguir adelante. No obstante, si parece más excéntrico por momento, pídele a Dios que te señale la dirección correcta. Dios nunca te pedirá que hagas algo que no se alinee con su Palabra. Y el Espíritu Santo te dirigirá siempre cuando lo necesites.

Oración

Señor, quiero hacer cualquier cosa que me pidas. ¡Te ruego que me señales la dirección correcta y que me ayudes a prestar atención a tus confirmaciones!

Galardonado

Porque Dios es justo, y no olvidará el trabajo de ustedes y el amor que han mostrado hacia él mediante el servicio a los santos, como hasta ahora lo hacen.

(HEBREOS 6.10, RVC)

Es posible que no consigas el trofeo. Puede ser que no seas el que más alto salta, el más veloz corriendo ni el que logres mejores notas. Tal vez te parezca que nadie te ve o que nadie se fija en ti.

Pero Dios sí lo hace. Él ve. Él se fija. Incluso cuando parece que todos los demás te pasan por alto, él no lo hace. Él se da cuenta cuando sacas la basura para tu madre. Te ve cuando estudias hasta la noche. Ve cuando defiendes a tu hermana.

Y aunque puedas no tener ningún trofeo en tu estante que diga: «Mejor sacador de basura», Dios tiene un galardón en su corazón para ti. Y es que cada vez que haces algo amable o bueno (lo note alguien o no), él toma nota. Tú muestras que lo amas cada vez que amas a otra persona. Lo sirves cada vez que te esfuerzas. Y eso no es poca cosa.

Oración

Señor, gracias por fijarte en mí. Gracias por ver lo que nadie más parece notar. Te amo.

Todo es lo mismo

La gente común no vale más que una bocanada de viento, y los poderosos no son lo que parecen ser; si se les pesa juntos en una balanza, ambos son más livianos que un soplo de aire. Y si tus riquezas aumentan, no las hagas el centro de tu vida.

(SALMOS 62.9–10B, NTV)

Con seguridad, al poeta del salmo 62 no parece gustarle las personas. Define al pobre básicamente como nada y al rico como una gran mentira. Bueno, en realidad el autor está utilizando su licencia poética. No está insultando a nadie. Está indicando que ya hayas nacido con algo o sin nada, no hace que seas más o menos valioso que el resto de las personas. Posees un montón de dinero; a Dios no le importa. Solo tiene un par de zapatos, no te preocupes. El niño que vive más abajo, en tu calle, tiene los mejores juguetes y realiza los viajes más geniales cada año; no se diferencia en mucho del Rey del Universo.

Dios creó a todas las personas. Coloca a algunas en lugares pobres y a otras en sitios ricos. Sin embargo, los ama a todos por igual. No obstante, por alguna razón, a los seres humanos les gusta admirar a ricos y famosos. Y no pensamos que los que son más pobres que nosotros merezcan nuestro tiempo. Independientemente de que seas alguien que tiene o que no tiene, todo el mundo tiene corazón, sentimientos y valor. Por tanto, antes de mirar a alguien por encima del hombro por ser pobre, considera qué aspecto tendríamos todos si estuviéramos viviendo sin lujos en un viaje por el desierto. Todos estaríamos al mismo nivel. Cuando uno puede ver más allá de las posesiones —o de la falta de ellas—, verá la creación de Dios.

Oración

Señor, es difícil mirar más allá del dinero o de las cosas que otra persona tiene o no tiene. Te ruego que me ayudes a tratar a todas las personas con respeto, independientemente de su estatus.

¿Merece la pena?

Pero ustedes miren por ustedes mismos. Porque los entregarán en los concilios, y serán azotados en las sinagogas. Por mi causa serán llevados delante de gobernadores y de reyes, para testimonio a ellos.

(MARCOS 13.9, RVA2015)

Sopesa las consecuencias: quédate hasta bien tarde por la noche para ver la película que has estado esperando, pero piérdete asistir a la fiesta de pijamas en casa de tu mejor amigo, este fin de semana. Tómate una galleta de chocolate caliente antes de cenar, pero piérdete la tarta helada de postre. Únete al coro del grupo de jóvenes en lugar de cantar en la iglesia de niños, pero no serás solista. Tal vez estas decisiones no te resultarían muy difíciles de tomar. Pon el listón más alto y tendrás que reflexionar más.

Los discípulos tenían que sopesar todas las probabilidades. Y estas eran altas: seguir a Jesús y arriesgarse a ser azotado y atacado, o hablar delante de los líderes políticos en representación de Jesús. Es más difícil aceptar ser azotado que esperar en el banco que llegue tu turno de cantar en el coro o renunciar a un postre por otro.

Jesús no quería que los discípulos se sorprendieran por los riesgos de seguirle. Fue directo con sus seguidores: esto resultará difícil. Las recompensas serán milagrosas, pero os pueden costar caras. Si te enfrentaras hoy a esos riesgos por seguir a Jesús, ¿todavía lo elegirías? Es una pregunta difícil. Solo quienes tengan la fe más fuerte asumirán el riesgo.

Oración

Señor, desconozco si mi fe es lo suficientemente fuerte como para asumir riesgos por ti. Te ruego que edifiques mi fe y que me muestres tu asombroso poder, para que no me piense dos veces seguirte cuando me enfrente a los riesgos mayores.

Campamento en el desierto

El niño fue creciendo y fortaleciéndose en espíritu, y vivió en lugares apartados hasta el día en que se presentó públicamente a Israel.

(LUCAS 1.80, RVC)

¿Te gusta acampar o hacer senderismo? Tal vez te encantaría acampar durante todo el verano y desearías que tus padres te permitieran levantar una tienda de campaña en el patio trasero. Juan el Bautista hizo algo parecido. Su familia vivía cerca del desierto, en una zona de colinas abruptas y escabrosas. Juan permanecía en el desierto incluso cuando inició su ministerio de predicación. Comía insectos y miel silvestre. Vestía ropa muy sencilla. Es muy probable que durmiera al aire libre. Sin embargo, fue en el desierto donde Dios lo preparó para que se convirtiera en un profeta. Juan pasó su tiempo estudiando y preparándose para el ministerio.

De vez en cuando Dios les pide a sus seguidores que lo sirvan en condiciones extremas, como en plena naturaleza, en el desierto o en un país pobre y en decadencia. Este tipo de llamado por parte de Dios suele empezar pronto, exactamente como en el caso de Juan el Bautista. Estaba acostumbrado a vivir en el desierto y a buscar su propia comida.

¿Qué está haciendo Dios en tu vida hoy a fin de prepararte para más adelante? Si no lo sabes no importa. No obstante, si envía a tu familia al desierto, es posible que Dios tenga un llamamiento especial para ti, quizás para que les prediques a los que están en el desierto. Quizás estas personas no oirían hablar de Dios de otro modo.

Oración

¡Vaya, Señor! Sí que vivía Juan el Bautista en condiciones extremas. ¿Estoy yo hecho para un ministerio especial como el de él? Necesito que me prepares para cualquier llamado que tengas para mí.

¡Lo ordinario es extraordinario!

Pero Dios escogió lo insensato del mundo para avergonzar a los sabios, y escogió lo débil del mundo para avergonzar a los poderosos.

(1 CORINTIOS 1.27)

Dios no se ha limitado jamás a preocuparse por la gente fuerte. De hecho, ama a quienes son débiles y lo reconoce. Todo el mundo tiene debilidades. En realidad, tú también tienes un puñado de debilidades en tu vida. ¿Lo reconoces? ¡No siempre! En vez de ello buscamos excusas, ocultamos o negamos nuestras debilidades.

¿Sabes una cosa? Dios permitió deliberadamente ciertas debilidades en tu vida para poder usarlas. Tal vez hayas pensado que Dios solo quiere usar tus puntos fuertes, pero también quiere servirse de tus puntos débiles para su gloria. En realidad, ser «pobre de espíritu» es la primera actitud que Jesús bendice (Mateo 5.3).

La Biblia está repleta de ejemplos de cómo le gusta a Dios usar a personas ordinarias, con debilidades regulares, para llevar a cabo cosas extraordinarias. ¡Resulta alentador saberlo!

Oración

¡Vaya, Señor! Sí que vivía Juan el Bautista en condiciones extremas. ¿Estoy yo hecho para un ministerio especial como el de él? Necesito que me prepares para cualquier llamado que tengas para mí.

Esperanza de cambio

*Para evitar que me volviera presumido… una espina me fue
clavada en el cuerpo, es decir, un mensajero de Satanás,
para que me atormentara. Tres veces le rogué al Señor
que me la quitara; pero él me dijo: «Te basta con mi gracia,
pues mi poder se perfecciona en la debilidad».*

(2 CORINTIOS 12.7B–9A)

¿Qué es aquello que más te gustaría cambiar en tu vida? ¿Tal vez
un hábito que tienes? ¿Una debilidad quizás? ¿Podría ser una dificultad? Es posible que sea algo que te ha metido en más problemas de
los que podías imaginar. ¿Acaso te encuentras en una situación que
te incomoda?

Resulta difícil declarar: «Señor, tengo una debilidad. Tengo un
problema». Sin embargo, hasta que no lo hagas, las cosas segui-
rán siendo las mismas. Y seguirás estando molesto, frustrado o
malhumorado.

¿De verdad quieres que Dios cambie tu vida? Él lo hará… a su
manera. Y cuando él realiza un cambio, es para siempre. Lo único
que requiere es tu colaboración. ¿Has estado, pues, limitando a Dios
poniendo excusas, echándoles la culpa a otras personas o siendo
terco? Cuando estés dispuesto a cooperar, él se hará cargo y entonces tú podrás relajarte y dejarle obrar.

Oración

Señor, solo tú puedes ayudarme a cambiar. Sin embargo, esto produce miedo y requiere esfuerzo. Cuando el cambio se haga difícil,
recuérdame tu propósito para mí y dame la motivación para cambiar.

Débil y orgulloso de serlo

Pero él me dijo: «Te basta con mi gracia, pues mi poder se perfecciona en la debilidad.» Por lo tanto, gustosamente haré más bien alarde de mis debilidades, para que permanezca sobre mí el poder de Cristo.

(2 CORINTIOS 12.9)

¿Sabías que existe una competición para elegir al hombre más fuerte del mundo? Los participantes levantan troncos, arrastran autos de un lado al otro, doblan tubos de metal y alzan piedras gigantes intentando superar los músculos de los demás. Para estos hombres, la debilidad no es una opción.

Pablo sentía exactamente lo contrario. Escribió sobre aceptar la debilidad propia. ¿Eh? Sin lugar a duda él no estaba intentando ganar el título de hombre más débil del mundo. En vez de ello, aprendió lo que parece ser lo contrario del cristianismo: aun cuando nos enfrentemos a cuestiones realmente difíciles, experimentamos más fuerza cuando nos concentramos únicamente en Dios, no en nosotros mismos.

No somos distintos a Pablo. No tenemos más que tomar conciencia de que podemos hacer cualquier cosa una vez que nos damos cuenta de que no somos *nada* sin Dios. Él podría permitir que experimentáramos una situación dura, como lo hizo con Pablo, como una lesión, una enfermedad o una lucha en la escuela, para ejercitar nuestros músculos espirituales. Pero debemos dejar que sea la fuerza de Dios la que se encargue de nuestra debilidad.

Oración

Señor, sentirse débil apesta, pero sé que tu gracia es suficiente para mí. Ayúdame a considerar estos problemas como ejercicios que fortalecen los músculos. Haz que tu poder se perfeccione en mi debilidad.

Imperfecto para Dios

Ni él pecó, ni sus padres —respondió Jesús—, sino que esto sucedió para que la obra de Dios se hiciera evidente en su vida.

(JUAN 9.3)

¿Qué características has heredado de tus padres? Tal vez las orejas de tu padre o los ojos de tu madre. Nuestros progenitores nos transmiten hasta sus hábitos más peculiares, como esa forma en que tú y tu padre sacáis la lengua al lanzar los tiros libres.

En la época de Jesús, muchos creían que los padres transferían más que un parecido. Estaban convencidos de que los pecados del padre y de la madre provocaban enfermedades y discapacidades en sus hijos. De modo que si un bebé nacía sordo, esto quería decir que los padres habían hecho algo verdaderamente malo y que Dios estaba castigando a la criatura.

Este era el caso en Juan 9. Jesús y sus discípulos vieron a un hombre ciego de nacimiento. Sus discípulos preguntaron: «¿Quién tiene la culpa de que este hombre naciera invidente?».

La respuesta de Jesús en Juan 9.3 los dejó pasmados. Escupió e hizo lodo con la saliva y la tierra, y frotó con ello los ojos del hombre (¡cuéntale esto a tu madre cuando te regaña por escupir!). El hombre ciego pudo ver enseguida.

A causa del pecado, vivimos en un mundo imperfecto. Esto significa que las personas enferman, lo cuerpos y los cerebros tienen defectos, y los accidentes suceden. Esto no significa que tú o tu familia hayan hecho algo malo para merecerlo. Como en el caso del hombre invidente, nuestras imperfecciones le proporcionan a Dios una oportunidad para demostrar su poder.

Oración

Señor, a veces quiero echarte la culpa a ti o a otros por los problemas que he tenido durante años. Te ruego que me des fe para creer que tú puedes ocuparte de ellos.

Más duro que una piedra

No obstante, yo te haré tan terco y obstinado como ellos. ¡Te haré inquebrantable como el diamante, inconmovible como la roca! No les tengas miedo ni te asustes, por más que sean un pueblo rebelde.

(EZEQUIEL 3.8–9)

¿Cuál es la cosa más dura que has sufrido jamás? ¿Una dolorosa inyección por parte de un doctor? ¿Pedir perdón? ¿Pronunciar un discurso delante de una multitud? ¿Sobrevivir a un viaje de acampada de los scouts con mal tiempo?

A veces Dios puede pedirnos que hagamos cosas difíciles que tal vez no nos parezcan justas. Sin embargo, si el pueblo de Dios no aborda las duras tareas, ¿quién las llevará a cabo?

Dios le dijo a Exequiel que tenía una tarea realmente ardua por hacer. Lo asemejó a estar atascado entre cardos y espinos una y otra vez... ¡qué terrible! O como sentarse sobre un escorpión... ¡ay! El trabajo de Ezequiel iba a ser muy incómodo.

Adivina cómo preparó Dios al profeta. Lo hizo duro como una piedra. Lo convirtió en algo parecido a un superagente impenetrable. Ezequiel pudo asumir la rebeldía de los israelitas. Pudo resistir a sus amenazas y a los intentos de herirlo. Fue transformado para sobrevivir al trabajo tan duro que se le había encomendado.

Por tanto, siéntete alentado. Cualesquiera que sean las dificultades o las duras tareas a las que te enfrentes, espera que Dios te dé lo que necesitas para gestionarlas.

Oración

Señor, te ruego que me prepares para hacer aquello que tú me pides, independientemente de lo difícil que sea.

Pide mucho

Y ahora, que toda la gloria sea para Dios, quien puede lograr mucho más de lo que pudiéramos pedir o incluso imaginar mediante su gran poder, que actúa en nosotros.

(EFESIOS 3.20, NTV)

¿Qué le pides a Dios cuando oras? Él te desafía a hacer grandes peticiones. Esto significa que nunca le pedirás demasiado a Dios. Tus sueños sobre Dios siempre se quedarán cortos. Si pudieras estirar tu imaginación hasta los límites más insospechados, Dios puede superarlo también. En Éxodo, Dios dividió el Mar Rojo. En el libro de Daniel, impidió que el fuego del horno abrasara a Sadrac, Mesac y Abednego. En el evangelio de Lucas, sanó a los enfermos, expulsó demonios y resucitó a los muertos.

Dios recomienda: «Confía en mí. Traerme cualquier petición. Yo puedo realizarla».

¿Qué quieres que Dios haga en tu vida? ¿Sanar una lesión o enfermedad? Pídeselo. ¿Ayudarte con un problema en la escuela? Pídeselo. ¿Salvar a tu familia? Pídeselo. Siempre puedes confiar en que él responderá.

Oración

Señor, ¡resulta asombroso que yo pueda orar a ti sobre cualquier cosa! Ayúdame a ser atrevido en mis oraciones, porque tú siempre escuchas.

Poco a cambio de mucho

Jesús tomó entonces los panes, dio gracias y distribuyó a los que estaban sentados todo lo que quisieron. Lo mismo hizo con los pescados. Una vez que quedaron satisfechos, dijo a sus discípulos: Recojan los pedazos que sobraron, para que no se desperdicie nada. Así lo hicieron, y con los pedazos de los cinco panes de cebada que les sobraron a los que habían comido, llenaron doce canastas.

(JUAN 6.11–13)

«¡Yo invito!», anunció Jesús. Los discípulos estaban un poco confusos. Lo único que veían era el pequeño almuerzo de un niño. En un instante, Jesús no solo se ocupó de la comida; también invitó a todos a un banquete. Todos comieron tanto pescado y pan (piensa en las hamburguesas y las patatas fritas de hoy) como quisieron. Sencillamente, la comida seguía llegando. Tenían tanto que tuvieron que llevarse a casa las sobras.

Dios es un gran Dios. Sus provisiones son ilimitadas. De modo que cuando Dios se ocupa de una necesidad, le gusta dar más de lo que pedimos. Le encanta ser generoso con las bendiciones. No es tacaño. Nos da más de lo que necesitamos. Sin embargo, en ocasiones, podemos confundirnos con lo que de verdad necesitamos. Queremos cosas y exigimos que Dios nos de aquello que deseamos. Pero él sabe más y cuidará de nosotros mejor que nosotros mismos.

Oración

Jesús, tú conoces las necesidades que mi familia tiene en estos momentos. Necesitamos de verdad que proveas para nosotros de una forma abundante. Creo que eres lo suficientemente grande y que nos darás aquello que precisamos. Gracias.

Sentirse olvidado

¿Hasta cuándo, Señor, me seguirás olvidando? ¿Hasta cuándo esconderás de mí tu rostro?

(JUAN 6.11–13)

¿Le has pedido alguna vez a tu mamá o a tu papá que te ayuden con un trabajo manual, con una receta o con un proyecto, y te han dicho que esperes, porque están ocupados? Tú esperas. Pero después de unos minutos, vuelves a la carga. No quieres que se olviden de ti. Aunque no sea así, a ti te preocupa que tal vez no se acuerden.

Esto mismo podría ocurrir cuando oras. Le pides ayuda a Dios. Y esperas, Luego te preguntas por qué estás aguardando tanto tiempo. Así se sintió el rey David. Después de haber aguardado un tiempo, volvió a Dios e inquirió si se había olvidado de él. No era así, pero a él no le importaba que David se lo preguntara.

Comunicarle a Dios lo que quieres y cuando lo quieres está bien. Incluso no está mal preguntarle si se ha olvidado de ti. Sin embargo, lo fantástico es que Dios nunca se olvida de ti ni de tus oraciones. Recuerda con exactitud quién eres, dónde vives, cómo te peinas, a qué juegas, cuáles son tus colores favoritos. Si te sientes olvidado quizás se deba a que llevas tiempo sin hablar con Dios. O tal vez él tenga una respuesta diferente a la que tú has pedido. Dile cómo te sientes y después lee una historia de la Biblia sobre las épocas en que Dios les recordó a otras personas que jamás las olvidó, como Agar (Génesis 16.9–13) o Ana (1 Samuel 1.12–20).

Oración

Señor, aunque la Biblia me confirma que tú no me olvidarás, en ocasiones siento que otros lo hacen o que quizás también tú podrías. Te ruego que me recuerdes que siempre estás cerca de mí.

¿Sigues la huella?

Te envío, pues, a Hiram Abí, hombre sabio e inteligente...
Sabe trabajar el oro y la plata, el bronce y el hierro, la
piedra y la madera, el carmesí y la púrpura, el lino y la
escarlata; también es experto en hacer toda clase de
figuras y en realizar cualquier diseño que se le encargue.

(2 CRÓNICAS 2.13–14A)

El rey Salomón se enfrentó a numerosas decisiones en su proyecto de edificación. Construyó un templo (como una iglesia) y usó materiales como la piedra, la madera y los metales preciosos. Y necesitó a alguien que de verdad tuviera talento para que le ayudara a acabar el trabajo.

Así que Salomón contrató a un hombre llamado Hiram Abí que hacía maravillas con los metales, las piedras, la madera y la tela. Estas aptitudes hacían de él la estrella de rock del diseño y de la construcción de los judíos antiguos. Dado que el templo glorificaría a Dios, Hiram Abí era una persona imprescindible para que el edificio fuera el más hermoso del mundo.

¿Qué me dices de ti? ¿Qué se te da bien? Tal vez trabajar con el metal y la madera como Hiram Abí no sea lo tuyo. Sin embargo, puedes ser increíble arreglando bicicletas, dibujando, enseñando a niños pequeños o ayudando con las computadoras. ¿Sabes una cosa? ¡Eso le encanta a Dios!

No tienes que andar cantando himnos o leyendo tu Biblia para alabar a Dios. Como Hiram Abí, puedes usar tus crecientes talentos para ayudar a otros y hacer sonreír a Dios... aunque sea construyendo ciudades con legos.

Oración

Señor, de verdad me gusta hacer aquello que se me da bien. Sin embargo, tan solo había pensado en ello como diversión. Te ruego que me muestres cómo y cuándo usar mis aptitudes para servirte.

Un picnic en mitad del combate

Aun si voy por valles tenebrosos, no temo peligro alguno porque tú estás a mi lado; tu vara de pastor me reconforta. Dispones ante mí un banquete en presencia de mis enemigos. Has ungido con perfume mi cabeza; has llenado mi copa a rebosar.

(SALMOS 23.4–5)

Imagina que estás jugando una guerra de bolas de nieve con los vecinos. Tu misión consiste en tomar su fantástico fuerte de nieve. Te asomas a la vuelta de la esquina de la casa y ves a varios jugadores armados de municiones de hielo. ¿Cuál es tu siguiente movimiento?

Probablemente, lo último que harías es extender de forma casual una vieja manta y dejarte caer para tomar un tentempié. Pues así exactamente es como David veía su relación con Dios.

Como monarca rico y poderoso, David tenía también muchos enemigos políticos. Era, asimismo, el cabeza de una familia de chiflados; su propio hijo, por ejemplo, intentó matarlo y ocupar su trono sobre el país. ¡Solo con esto es suficiente para estresar a alguien!

La relación de David con Dios le proporcionaba el alivio que tanto necesitaba. Al pasar tiempo en oración, adoración y leyendo la Palabra de Dios, podía recibir fuerza y seguridad de parte del ser más poderoso del universo.

Tú puedes ser como David. Pídele al Señor fuerza y consuelo. Gustoso, él te socorrerá y te dará paz en cualquier momento. ¿Te ves rodeado de tus enemigos? No temas. Siéntate con Dios y disfruta de un picnic en mitad de una pelea de bolas de nieve.

Oración

Señor, gracias por recordarme que siempre estás disponible, incluso en mitad de una situación difícil. Ayúdame a centrarme en ti y no en mis problemas, y dame tu paz.

Touchdown de fe

Jabes, quien fue más honorable que cualquiera de sus hermanos. Su madre le puso por nombre Jabes porque su nacimiento le causó mucho dolor.

(1 CRÓNICAS 4.9, NTV)

¿Qué es más importante que tener talento, capacidades extraordinarias o una gran educación? La fe, creer que Dios obrará por medio de ti. He conocido a personas supertalentosas que están sentadas en el banquillo fuera del campo de juego mientras que gente corriente con fe están haciendo los *touchdowns*. Creen a Dios y por ello él los usa. Como Jabes, solo son personas ordinarias con una fe extraordinaria.

Al parecer, Jabes padecía algún tipo de minusvalía o discapacidad. En la lengua hebrea, Jabes significa *doloroso*. Le causó tanto dolor a su madre durante el alumbramiento que ella le puso por nombre Doloroso. ¿Te gustaría llamarte Doloroso? «Mira, por ahí viene Doloroso», o «Allí está el viejo Doloroso». Tal vez no fuera un bebé querido ni amado. Su nombre le recordaba constantemente que hasta su nacimiento causó dolor. Pero la fe de Jabes hizo que siguiera adelante. Creyó que Dios lo ayudaría a conseguir sus metas y sus sueños.

Oración

Señor, quiero ser alguien a quien uses para hacer cosas extraordinarias. Te ruego que guíes mi vida, porque sé que tus planes para mí son mayores de los que yo puedo imaginar.

Fuiste creado
para una misión

Transmítelo

*A ustedes se les ha revelado el secreto del reino de Dios —
les contestó—; pero a los de afuera todo les llega por medio
de parábolas... ¿No entienden esta parábola? —continuó
Jesús—. ¿Cómo podrán, entonces, entender las demás?*

(MARCOS 4.11, 13)

¿Cuál es tu forma favorita de aprender? Tal vez memorizaste las tablas de multiplicar mediante una canción de rap, o aprendiste las reacciones químicas mezclando bicarbonato y vinagre, o recordaste las capitales de los cincuenta estados viendo una película. A algunas personas les gusta leer o ver la información. Otros prefieren escucharlo o usa las manos y el cuerpo para aprender.

En la época de Jesús, muchos no sabían leer. No tenían televisión, Internet, *iPhones* ni tampoco bibliotecas públicas en cada ciudad. De modo que aprendían a través de los sermones en el templo local.

Sin embargo, Jesús sabía que la mejor forma de exponer una idea era mediante una buena historia. Así que, en lugar de limitarse a decirles a las personas que aceptaran la Palabra de Dios de diferentes formas, Jesús contó la historia de un sembrador que plantaba semillas (Marcos 4.1–20). La multitud, compuesta en su mayoría por agricultores, la entendió enseguida. A Jesús no le importaba impresionar a la multitud; su objetivo era usar ideas que todos pudieran comprender.

Si Jesús hubiera vivido en una época diferente, habría contado otras historias. Hará cualquier cosa que ayude a que las personas entiendan su necesidad del perdón, el amor y la dirección de Dios.

¿Estás dispuesto a compartir el mensaje de Dios, que salva vidas, de una forma que tus amigos, familiares, maestros y entrenadores entiendan con facilidad?

Oración

Jesús, me alegra saber que te preocupas por ayudarme a entender la Biblia. Te ruego que también me ayudes a hacer lo mismo por otros en la escuela, en casa, en la iglesia y en mi vecindario.

Un legado duradero

Después se puso de pie, junto a la columna del rey, y ante el Señor renovó el pacto. Se comprometió a seguir al Señor y a poner en práctica, de todo corazón y con toda el alma, sus mandamientos, preceptos y decretos, cumpliendo así las palabras del pacto escritas en este libro.

(2 CRÓNICAS 34.31)

¿Por qué se conoce a tu familia? Tal vez todos sus miembros tocan un instrumento musical, van a la misma facultad, o son pelirrojos. O quizás las personas con tu apellido son famosas por ser atléticos, grandes comedores o por celebrar fiestas extrañas.

Nuestras familias van transmitiendo ciertas características, costumbres, valores. A eso se le denomina legado. ¿Pero sabías que tu familia puede dejar un legado espiritual?

Los parientes del rey Josías, de ocho años de edad, le dejaron un duro legado espiritual; tanto su padre como su abuelo eran conocidos por sus caminos perversos. Sin embargo, cuando tenía alrededor de dieciséis años, algo cambió en el corazón de Josías, y empezó a aprender todo lo que pudo sobre Dios. A los veintiséis, decidió reparar el destartalado templo. Durante la reconstrucción, alguien encontró las Escrituras y se las leyó al rey. Josías celebró una sesión de lectura bíblica, y desafió a todos los presentes a comprometerse con Dios.

Algunas personas proceden de una larga línea de seguidores de Jesús que asisten a la iglesia y leen la Biblia. Otros son los primeros (y a veces los únicos) seguidores de Dios en su familia. Si es tu caso, anímate. Dios te puede usar para formar un nuevo legado espiritual: uno de amor, generosidad, compasión y obediencia a Cristo.

Oración

Jesús, hazme como Josías, para que pueda inspirar a mis parientes y que tengan una relación contigo por medio de mis palabras, actos y actitudes.

Misión especial

Presentaron el niño a Elí. Dijo Ana: «Mi señor... Éste es el niño que yo le pedí al SEÑOR, y él me lo concedió. Ahora yo, por mi parte, se lo entrego al SEÑOR. Mientras el niño viva, estará dedicado a él». Entonces Elí se postró allí ante el SEÑOR.

(1 SAMUEL 1.25–28)

Samuel fue uno de los niños más valientes de la Biblia. Y es que fue un milagro de Dios y por ello su mamá dedicó su vida al grupo de trabajo especial de Dios. Samuel había ido a vivir al tabernáculo que estaba bajo el mando de Elí, el sacerdote de todo el país. Tan pronto como llegó, el niño inició su entrenamiento para Dios. Aunque había abandonado su casa, no le asustó estar en un nuevo lugar. Cuando tenía más o menos tu edad, aceptó una gran misión de Dios. Un día, él también se convertiría en sacerdote.

¿Puedes imaginar ir a una misión para Dios cuando cumplas los doce años? Puede ser que no te envíe a otro país, pero a él no le importa la edad que tengas. Él usa a todo tipo de personas de todas las edades para llevar sus mensajes al mundo. ¿Estás listo para su misión? Tal vez también tendrás una misión como la de Samuel, cuando todavía eres pequeño. Prepárate.

Oración

Amado Señor, no sé si estoy preparado para una gran misión. Te ruego que me prepares para hacer cualquier cosa que tú me pidas. Quiero aceptar tu misión.

No lo mantengas en secreto

Cristo nos envió para que hablemos de parte suya, y Dios mismo les ruega a ustedes que escuchen nuestro mensaje. Por eso, de parte de Cristo les pedimos: hagan las paces con Dios.

(2 CORINTIOS 5.20, TLA)

Si tu amigo o tu madre tuvieran cáncer y tú supieras cuál es la cura, sería un crimen mantener en secreto esa información que les salvaría la vida. Incluso peor sería el secretismo con respecto al camino al perdón, el propósito, la paz y la vida eterna. Jesús murió por nuestros pecados, nos invita a entrar en su familia, nos da su Espíritu y nos convierte en agentes suyos en el mundo. ¡Qué privilegio! Tenemos las noticias más extraordinarias del mundo y compartirlas es la mayor bondad que pueda uno mostrarle a alguien.

Nuestra misión es importante para la eternidad; más importante que cualquier logro o meta que alcancemos durante nuestra vida en la tierra. Nada de lo que hagamos importará tanto como ayudar a que las personas encuentren una relación con Dios.

Él quiere que tú compartas las Buenas Nuevas allí donde estés. Como estudiante, amigo, hijo o hija, busca continuamente a personas con las que puedas compartir el evangelio allí donde estés. Empieza orando: «Señor, ¿a quién has puesto en mi vida para que le hable sobre Jesús?».

Oración

Señor, quiero hablarles a otros acerca de tu amor. Te ruego que me des el valor de hacerlo. Muéstrame a alguien en mi vida que necesite especialmente escuchar las Buenas Nuevas.

Se desliza

No te inquietes a causa de los malvados ni tengas envidia de los que hacen lo malo.

(2 CORINTIOS 5.20, TLA)

¿No seas envidioso? Es más fácil de decir que de hacer. En ocasiones, el sentimiento llega y nos sorprende. Vemos a otra niña traviesa o malvada, que se sale con la suya. Nada malo parece suceder. Es feliz. Parece gozar de toda la diversión o la popularidad. Mientras tanto es como si nosotros estuviéramos atascados siguiendo todo un conjunto de normas que no son en absoluto entretenidas.

Tarde o temprano la envidia aparece. Sin embargo, tenemos que recordar unas cuantas cosas. En primer lugar, las malas decisiones que otros niños toman pueden *parecer* divertidas en el momento, pero por lo general no lo son a largo plazo. En segundo lugar, Dios no quiere que nos preocupemos por otros que actúan mal. Él se ocupará de ellos en su tiempo. Además, él no está buscando quitarnos ninguna diversión. Todo lo que nos pide que hagamos es por una buena razón. Dios es como una madre sabia que no le permitiría a su hijo ponerse delante de un gran camión; él da las reglas para que las cosas desordenadas de la vida no nos atropellen.

Por tanto, la próxima vez que la envida se deslice en nosotros, recuerda que Dios está atento a ti. Olvídate de los que están obrando mal y se van sin consecuencias. No durará.

Oración

Señor, en ocasiones quiero hacer cosas que los demás niños están haciendo, aun sabiendo que no están bien. No obstante, no quiero perjudicarme a largo plazo. Ayúdame a hacer elecciones que te agraden. Creo que tienes buenas cosas para mí, más adelante.

Se necesita testigos

A tal punto se ha divulgado su fe en Dios que ya no es necesario que nosotros digamos nada.

(1 TESALONICENSES 1.8)

Dios quiere hablar al mundo por medio de ti. Has oído bien, de ti. Cuando crees en Jesucristo, también te conviertes en un mensajero de Dios.

Es posible que no sientas que tienes algo que compartir, pero eso no es verdad. Al diablo le encantaría que te quedaras callado. Sin embargo, Dios te escogió para que hablaras en su nombre. Esto es dar testimonio. En una sala de juicio, no se espera que el testigo argumente el caso, demuestre la verdad o presione para conseguir un veredicto; esa es tarea de abogados. Los testigos solo informan de lo que les ha ocurrido a ellos o de lo que vieron.

¿Qué ha hecho Dios, pues, por ti? Es necesario que aprendas a compartir el mensaje de tu vida. Consta de cuatro partes:

- Tu testimonio: la historia de cómo iniciaste una relación con Jesús o por qué es importante para ti.
- Las lecciones de tu vida: las lecciones más importantes que Dios te ha enseñado.
- Tus pasiones piadosas: esos temas o actividades de los que Dios quiso que más te ocuparas y para las que te moldeó.
- Las Buenas Nuevas: el mensaje de salvación.

Tú comparte sencillamente tus experiencias sobre el Señor. Después, deja que sea él quien exponga los argumentos.

Oración

Señor, ¡has hecho tanto por mí! Ayúdame a compartir con los demás la historia de tu amor.

Mantente firme

Los impíos caen y dejan de existir, pero los justos y los suyos permanecen firmes.

(PROVERBIOS 12.7, RVC)

¿Has jugado alguna vez al Rey de la Colina, ese juego en el que peleas por abrirte camino hasta llegar a la cumbre de un montón de tierra, nieve o piedras? Cuando alcanzas el punto más alto, defiendes tu territorio y haces rodar a todo el que intenta subir.

Aunque el juego es divertido, desde luego no tiene la menor gracia cuando toda tu vida parece una ronda gigantesca del Rey de la Colina que no tiene final. En la carrera por ser el más popular, tener todos los amigos que se pueda, tener las notas más altas o formar parte del mejor equipo, las personas suelen abrirse camino a codazos y empujones para mantener a los demás por debajo de ellos. ¿Te sientes identificado?

Tal vez tus compañeros de equipo hablan mal sobre ti o los acosadores de la escuela publican algo horrible en la Internet sobre tu mejor amigo. Cualquiera que sea el caso, ver cómo los tipos malos son los que más se divierten, mientras los buenos acaban los últimos es algo que acaba hartando.

El escritor de Proverbios 12 sabía cómo se sentía uno en estos casos. Sin embargo, también tenía la seguridad de que Dios tiene el control, incluso sobre las personas que no le siguen. Dios ve cuando alguien se convierte en rey (¡o reina!) de la colina a base de maltratar a los demás. Lo más importante es que, siendo un Dios que ama la justicia, no permitirá que el malvado se salga con la suya teniéndolo todo para siempre. Si te quedas con Jesús (¡el verdadero Rey!), sobrevivirás a los malos, y no necesitarás dar codazos ni empujar.

Oración

Señor, estar en lo alto suena genial, pero sé que es algo temporal. Quiero «estar firme» como los justos y hacer lo correcto. Ayúdame a orar —en vez de envidiar— por los que pisotean a otros.

Preparado para contestar

Salomón tenía respuestas para todas sus preguntas; nada le resultaba demasiado difícil de explicar.

(1 REYES 10.3, NTV)

Si vendieras un millón de discos, ganaras una medalla de oro, curaras el cáncer o exploraras Marte, serías famoso o rico, o ambas cosas. Imagínate que lograras cumplir la lista completa. ¡Tu popularidad subiría como un cohete y tu cuenta bancaria explotaría!

Bienvenido a la vida del rey Salomón. Era de la realeza por nacimiento, rico más allá de lo imaginable, increíblemente inteligente y el hombre más sabio del mundo. Como resultado, Salomón y Dios estaban muy cerca el uno del otro. La vida era un camino de rosas.

Tan dulce era su vida que otros reyes quisieron saber cuál era su secreto. La reina de Saba (probablemente de una zona alrededor de Etiopía) vino a comprobar cómo era el reino de Salomón. Todo lo que vio y oyó la impresionaron grandemente. De modo que aprovechó la ocasión para poner a prueba el cerebro del monarca.

Como la reina de Saba, las personas siguen haciéndose preguntas sobre la vida. Quieren saber por qué hay tanto dolor en el mundo, dónde está Dios y cómo pueden conocerlo. Tal vez no seamos príncipes o Einsteins de la época moderna, pero al igual que Salomón somos representantes de Jesús.

¿Estarás preparado para contestar las preguntas de tus amigos cuando vengan a ti? No tienes por qué saberlo todo; al fin y al cabo, también tú sigues aprendiendo de Dios. Solo recuerda orar pidiendo sabiduría y orientar a las personas hacia Dios que puede responder todas las preguntas.

Oración

Señor, yo no poseo todas las respuestas, pero tú sí. Te ruego que me enseñes a estar preparado como Salomón cuando mis amigos y familiares venga a mí con preguntas sobre la vida, para que no sea yo quien obtenga el crédito y la gloria, sino tú.

Tus elecciones importan

Manasés tenía doce años cuando comenzó a reinar, y reinó en Jerusalén cincuenta y cinco años. Su madre se llamaba Hepsibá. Pero Manasés hizo lo malo a los ojos del Señor, pues siguió las prácticas repugnantes de las naciones que el Señor había arrojado de la presencia de los israelitas; además, reconstruyó los altares en los montes que Ezequías su padre había derribado, y erigió altares a Baal; hizo una imagen de Asera, como lo había hecho el rey Ajab de Israel, y adoró y rindió culto a todo el ejército de los cielos.

(2 REYES 21.1–3, RVC**)**

¿Te gustaría ser presidente? Te quedan unos cuantos años que esperar; la Constitución de Estados Unidos estipula que tienes que tener al menos treinta y cinco años para poder dirigir el país. En la Biblia no había requisitos de edad. A la muerte de un rey, su hijo mayor subía al trono independientemente de la edad que tenía.

Así es como Manasés se convirtió en rey de Judá a la edad de doce años. Su padre, Ezequías, había seguido fielmente a Dios, pero cuando murió, su hijo no continuó con el legado de su padre. El joven rey era tremendamente impío.

Como demuestra Manasés, las elecciones que hacemos tienen un impacto enorme, aunque seamos pequeños. Las decisiones que Manasés tomó desde los doce años en adelante condujeron a la ruina de toda una nación.

Probablemente no seas rey, pero, como Manasés tienes poder. Cada día puedes elegir glorificar a Dios y mostrar su amor a los demás, o puedes apartar de ti a tu familia, amigos y compañeros de equipo. ¿Qué escogerás?

Oración

Señor, a mi edad parece que nada que haga realmente importa. Sin embargo, sé que no es así. Ayúdame a recordar que mis elecciones importan.

Sin comparación

Jamás llegaré a compararme con los que hablan bien de sí mismos. Compararse con uno mismo es una tontería.

(2 CORINTIOS 10.12, TLA)

¿Recuerdas algún momento en que compararas tu aspecto con el de una amiga o hermana? Crecemos comparándolo todo: la apariencia, las notas, los deportes y otros talentos. Sin embargo, Dios afirma que este tipo de comparaciones son necias.

¿Por qué es absurdo compararte con los demás? ¡Porque eres incomparable! Y lo mismo ocurre con todas las personas. Dios nos hizo a cada uno «según su especie». Además, la comparación conduce al orgullo o a la envidia. Siempre puedes descubrir a alguien que te parezca inferior a ti y esto se denomina orgullo. Y siempre habrá personas que en tu opinión lo estén haciendo mejor que tú, y esto es una trampa ideal para la envidia. No importa quién sea mejor. Lo que de verdad es relevante es que estés haciendo aquello para lo que Dios te creó. ¿Estás sacando el mejor partido de lo que se te ha dado?

Dios no te juzga por los talentos de los que no dispones ni por las oportunidades con las que no cuentas. Él evalúa tu fidelidad según tu forma de vivir con aquello que él te concedió. ¿Acabarás, pues, con esa costumbre de compararte con los demás?

Oración

Señor, me hiciste maravillosamente única, y a todos los demás también. Ayúdame a apreciar los puntos fuertes de otras personas sin compararme con ellas.

Haz lo que predicas

Ahora bien, si tú enseñas a otros, ¿por qué no te enseñas a ti mismo? Predicas a otros que no se debe robar, ¿pero tú robas?

(ROMANOS 2.21, NTV)

Si tu vecina hablara sin parar sobre el par de zapatos nuevos tan fabulosos que le han comprado, pero no se los vieras nunca puestos, en algún momento le pedirías: «¡Oye, enséñame esos zapatos tan fabulosos!». Entonces descubres que es su mamá la dueña de los zapatos, y que tu amiga no tiene ni idea de cómo caminar con zapatos de tacón; ¡además, su madre no se los prestaría! Habló más de la cuenta.

¿Hablar por hablar o hablar con hechos? ¿Cuál de estas dos cosas haces tú? Afirmar que eres seguidor de Jesús es fácil. Seguir lo que él enseñó es mucho más. Dios quiere que sus hijas e hijos le pongan pies a su fe. Que practiques lo que crees. Si solo te limitas a hablar, tus actos demostrarán la verdad.

Por ejemplo, si engañas o mientes, pero aseguras que crees el mandamiento bíblico sobre la sinceridad, no pasará mucho tiempo antes de que alguien note la diferencia. Dios quiere que seas una niña que escucha su Palabra y vive acorde a ella. Empieza a caminar con su ayuda; pronto tus pasos mostrarán exactamente qué palabra crees.

Oración

Señor, no quiero fingir que te conozco. Quiero vivir según tus preceptos para que todos te conozcan.

Haz lo que predicas

*Y él me dijo: «El Dios de nuestros padres te ha escogido
para que conozcas su voluntad, y veas al Justo y escuches
de sus propios labios su palabra, pues tú serás su testigo
ante todo el mundo de esto que has visto y oído».*

(HECHOS 22.14–15, RVC)

¡Para que hablen de un cambio de corazón! La conversión de
Pablo a Cristo es alucinante: pasó de ser alguien que odiaba a los
cristianos a ser un héroe cristiano. Solía buscar a los seguidores de
Cristo para encarcelarlos o matarlos. Después se convirtió en una
persona buscada por Jesús mismo. Este le dijo que había sido escogido para conocer la voluntad de Dios así como verle y oírle.

Sin embargo, Pablo no fue el único al que Jesús escogió. Nos ha
elegido a todos nosotros para que conozcamos y experimentemos
lo mismo que el apóstol. Al leer la Biblia tenemos acceso a las palabras de Dios y llegamos a conocer también a su Hijo.

El otro mensaje importante que Jesús comparte con Pablo es
que será testigo para los demás de cómo Dios ha cambiado su vida.
¡Qué importante misión contarle a otros su encuentro con Dios! Y
fue esto precisamente lo que hizo. Viajó centenares de kilómetros y
durante muchos años, compartiendo la historia divina de salvación a
partir de su propia experiencia.

El Señor nos ha hecho el mismo encargo a nosotros. También
somos sus testigos. Sencillamente hablamos de lo que hemos
experimentado y aprendido sobre Dios. A continuación, él empieza
a obrar a partir de ahí.

Oración

Señor, gracias por escogerme para conocer tu voluntad y permitir
que los demás sepan de tus planes para el mundo. Resulta emocionante ser tu embajador.

Compasión adecuada

Por todas estas cosas lloro; lágrimas corren por mis mejillas. No tengo a nadie que me consuele; todos los que podrían alentarme están lejos. Mis hijos no tienen futuro porque el enemigo nos ha conquistado»... Ríos de lágrimas brotan de mis ojos, porque tu ley no se obedece.

(LAMENTACIONES 1.16; SALMOS 119.136)

Jeremías sabía lo que estaba por llegar: el juicio de Dios iba a destruir Israel, porque seguían escupiéndole a la cara con su pecado. En ocasiones, Jeremías se sentía enojado y frustrado. Pero la mayoría de las veces estaba entristecido. Le dolía que su pueblo no estuviera siguiendo las reglas de Dios. Sabía que al final las cosas se iban a poner muy feas.

Conforme vas creciendo en Dios, aprendes a diferencias el bien del mal y a saber qué es lo que le agrada. El truco está en permitir que el amor y la gracia se vayan desarrollando contigo. Cuanto mejor se te va dando reconocer la verdad y vivir correctamente, la autojustificación intenta meter baza. Se trata de una actitud de altivez en cuanto a hacer el bien. Es mirar a los demás con el sentimiento de «yo soy mejor que tú». Poner el hacer el bien como meta suprema en lugar de amar a Dios y a los demás.

Jeremías estaba solo haciendo lo correcto. Era un seguidor de Jesús solitario. Sin embargo, en vez de enorgullecerse de ello, esto hace que se sienta profundamente triste. Veía al pueblo perjudicándose ellos mismos y a la nación. Observaba cómo destruían todo lo bueno que Dios les había dado. Esto le rompía el corazón. Aunque Jeremías había transmitido juicios divinos, solo quería que su pueblo dejara de arruinarse la vida, por él los amaba igual que Dios.

Oración

Señor, es fácil juzgar a otros cuando hacen algo mal o cuando meten la pata. A veces no me siento triste por ello. Más bien me siento bien conmigo mismo. Necesito que me des amor y gracia para los demás, y que no me sienta tan engreído por vivir correctamente.

Se necesita mensajeros

Tu vida está derribada, quemada por el fuego; a tu reprensión perece tu pueblo… reavívanos, e invocaremos tu nombre.

(SALMOS 80.16, 18)

Los israelitas eran el pueblo escogido por Dios, pero esto no significa que fueran sus favoritos. En vez de esto, Israel servía como ejemplo práctico para demostrar el amor de Dios y su plan de salvación para la humanidad. Sin embargo, ellos no siempre le obedecieron. ¡Nop! La nación estaba llena de gente normal que cometía errores, incluido el de apartarse del Señor y de sus caminos.

Asaf, el escritor, contó esta historia de idas y venidas en el salmo 80. Primero, Dios liberó a su pueblo de los egipcios y los llevó a Canaán, la Tierra Prometida. Cuando confiaban en Dios y obedecían sus leyes, eran fuertes y poderosos. Cuando decidían deshacerse de él, él dejaba que se enfrentaran a las consecuencias.

Pero Asaf tenía esperanza. Sabía que por muchas veces que el pueblo se desviara, si pedía perdón Dios se lo concedería de buen grado. En vez de detestar a sus irritables y rebeldes hijos, él ama a cada nación y a todas las personas que en ellas habitan.

Independientemente de donde vivas, tu país necesita a Dios, igual que le ocurría a Israel. Tú puedes ser un mensajero de la verdad divina. ¿Cómo? Orando por tu país y sus líderes, edificando tu propia relación con Jesús y mostrando el amor de Dios.

Oración

Señor, igual que Israel, mi país se deshace algunas veces de ti. Te ruego que nos perdones. Permíteme ser alguien fiel a tus caminos y que muestre a los demás quién eres tú.

Atemporal

Esto es lo que significa el sueño, su Majestad, y lo que el Altísimo ha declarado que le sucederá a mi señor, el rey. Usted será expulsado de la sociedad humana y vivirá en el campo con los animales salvajes. Comerá pasto como el ganado y el rocío del cielo lo mojará

(DANIEL 4.24–25A)

Hubo una vez un rey que tuvo un sueño absurdo, de modo que convocó ante su presencia al intérprete de sueños. Este le proporcionó con exactitud el significado del sueño... y no eran buenas noticias. ¿Te gustaría ser quien le tuviera que dar malas noticias a un rey?

Daniel lo hizo. Era tan sabio que incluso transmitir una dura verdad no suponía para él riesgo alguno. Cuidadosamente explicó la verdad para que el rey no se incomodara. Básicamente esto es lo que comunicó: «Es posible que sean malas noticias, pero puedo darle un buen consejo que le ayudará a seguir prosperando» (ver Daniel 4.27). Así no parecen tan malas noticias.

Con frecuencia queremos evitar decir la verdad sobre asuntos difíciles como la idea de que el pecado nos separa de Dios o que Jesucristo, el Hijo de Dios, es el único camino al cielo, o que existe el bien y el mal. Pero la sabiduría de Dios —del tipo de la que le dio a Daniel— nos ayudará a transmitir la verdad de la forma correcta, en el instante adecuado. ¿Por qué no usar las palabras de Daniel cuando llegue el momento?

Oración

Señor, necesito tu sabiduría para transmitir la verdad y hacerlo bien. No sé si soy lo bastante valiente para ello. Tú tendrás que hablar por medio de mí como lo hiciste con Daniel.

El décimo mandamiento

También vi que todos trabajan y buscan progresar sólo para tener más que los otros. Pero tampoco esto tiene sentido, porque es como querer atrapar el viento.

(ECLESIASTÉS 4.4, TLA)

Cada vez que desees ser otra persona, tener lo que otros poseen o hacer lo que ellos hacen, es como si estuvieras diciendo: «¡Señor, cometiste una terrible equivocación conmigo! Deberías haberme hecho mejor. Podrías haberme creado como esa persona, ¡pero no lo hiciste! ¿Por qué metiste la pata conmigo? ¡Si yo fuera Dios, me habría hecho más como esa persona!».

La envidia es un insulto a Dios. En realidad es una forma de rebeldía espiritual que se basa en la ignorancia y en el orgullo. Da por sentado que tú tienes un plan mejor que el de tu Creador, para tu vida. ¿De verdad lo crees?

La envidia es una actitud tan destructiva que Dios la menciona en los Diez Mandamientos: «No codiciarás». La codicia es otro nombre para la envidia o celos. Dios nos prohíbe terminantemente que envidiemos lo que otros poseen, su aspecto, lo que logran y quiénes son, porque sabe el daño que hace la codicia. Cuando notes que la envidia se desliza dentro de tu corazón, vuelve tu mente hacia la bondad el amor de Dios. Él sabe qué es lo mejor para ti.

Oración

¡Señor, tú me amas tanto! Me hiciste exactamente como querías que fuera. La próxima vez que sienta envidia, ayúdame a enfocarme en eso en lugar de en las cosas que no poseo.

Valentía divina

Saben lo mal que nos trataron en Filipos y cuánto sufrimos allí justo antes de verlos a ustedes. Aun así, nuestro Dios nos dio el valor de anunciarles la Buena Noticia con valentía, a pesar de gran oposición.

(ECLESIASTÉS 4.4, NTV)

Hablar de Jesús puede ser difícil. Los amigos nos miran con una cara rara. Los maestros creen que somos bobos. Pablo se las sabía todas a este respecto. Pero las personas no se conformaban con mirarlo extrañadas; también lo torturaron. Lo encarcelaron. Lo dejaron pasar hambre.

Con todo, Pablo seguía atreviéndose a compartir el mensaje divino. Tenía miedo, por supuesto. Le inquietaba lo que podía suceder. Sin embargo, con la ayuda de Dios estaba decidido a hablarles a todos acerca de Jesús.

Es normal que te sientas nervioso al hablarles de Jesús a tus amigos. No pasa nada porque te asuste compartir tu fe. Temer o estar nervioso no está mal. Pablo también sentía estas cosas. Le pidió ayuda a Dios y este le dio valor. En ocasiones era Dios mismo quien le decía que era el momento de marcharse de un lugar. Dios te dará valentía a ti también y te mostrará cuando es el momento oportuno.

Pídele que te ayude a hablar de Jesús. Pídele que te proporcione solo las palabras adecuadas. Y cuando llegue la hora, lo sabrás. Serás valiente y atrevido.

Atrévete a testificar.

Oración

Señor, quiero hablar de ti. Quiero que mis amigos, mis maestros y mi familia te conozcan. Ayúdame a ser fuerte y valiente.

No tomes partido

Estoy en deuda con todos, sean griegos o no griegos, sabios o no sabios. Así que, por mi parte, estoy dispuesto a anunciarles el evangelio también a ustedes, los que están en Roma.

(ECLESIASTÉS 4.4, NTV)

Cuando andas por ahí, ¿quién se porta mejor contigo? ¿Quién te mira mal o te insulta? ¿Tratas a los demás así, alguna vez? Tal vez la chica lista te ha puesto de mal humor, y te das la vuelta cada vez que ella pasa por tu lado, alejándote de ella. Tal vez estés celoso de ese ricachón, así que nunca le pides que se una a tu equipo (aunque sea bastante simpático). Es fácil posicionarse y salir solo con aquellos que son como nosotros o que nos hacen sentir bien.

Durante largo tiempo, Pablo, el misionero, estaba tan en contra de ciertas personas que hizo todo lo que estaba en su mano para herirlos y matarlos. Pero cuando Pablo se encontró con Jesucristo, cambió. (¡Hasta cambió de nombre, una buena idea, ya que tenía una pésima reputación!). Empezó a amar a todos. Se sentía tan emocionado con Dios que quería hablar con todos y romper todas las barreras. ¿A quién le importaba que los gentiles y los judíos no debieran juntarse, como se suponía? Pablo lo iba a hacer de todos modos. Se consideraba un siervo de Dios que tenía un mensaje para todos.

¿Podrías ser como Pablo? Con la ayuda de Dios, puedes. Tomar partido no importa mucho cuando ves a las personas necesitadas de Dios. Querrás que todos oigan acerca de lo más importante: el amor de Dios sin barreras.

Oración

Señor, no soporto a ciertas personas. Son demasiado diferentes o extrañas. Pero tú sí las amas, y yo debería quererlas también. Perdóname por tomar partido y dejar a algunos fuera.

¿Hablar o no hablar?

Algunos judíos que escuchaban fueron persuadidos y se unieron a Pablo y Silas, junto con muchos hombres griegos temerosos de Dios y un gran número de mujeres prominentes. Entonces ciertos judíos tuvieron envidia y reunieron a unos alborotadores de la plaza del mercado para que formaran una turba e iniciaran un disturbio.

(HECHOS 17.4–5A, NTV)

¿Dices lo primero que se te pasa por la mente o refrenas tu lengua? ¿Saltas de inmediato para dar tu opinión o esperas hasta ver lo que dicen los demás? En lo referente a la fe, la iglesia y Dios, hablar de ello puede no parecer fácil. Si eres valiente no tendrás problema a la hora de decirles a los demás lo que crees. Pero es posible que te sientas mal cuando no logras ganar a otros y ponerlos de tu lado. Si eres tímido, no dirás ni pío a menos que alguien quiera realmente saber acerca de tu fe. Ninguna de las dos cosas es correcta o incorrecta.

Pablo, ese individuo atrevido que siguió a Cristo, demostró que de un modo u otro siempre verás toda una diversidad de respuestas. A él no le asustaba hablar de su fe, pero también sabía cuándo tenía que cerrar la boca. Sabía que no era él quien debía convencer a otros acerca de Dios. Él tendría que hacer la obra en sus corazones. Y si la valentía o el silencio de Pablo ayudaban, entonces estaba dispuesto a hacer su parte, guardando silencio o hablando alto y claro.

Oración

Señor, eres asombroso y mereces que se hable de ti, pero no siempre resulta fácil compartirte con los demás. Te ruego me des valentía cuando la necesite y silencio cuando no sea el momento adecuado de hablar.

Bien contigo mismo

Daniel le contestó: No hay ningún sabio ni adivino capaz de adivinar lo que Su Majestad quiere saber. Yo mismo, no soy más sabio que nadie. Pero en el cielo hay un Dios que conoce todos los misterios.

(DANIEL 2.27–28A, TLA)

Los científicos pueden ayudarnos a entender muchas cosas. Poseen el conocimiento (y los medios) para explicar por qué la naturaleza se comporta como lo hace. Sin embargo, no pueden explicarlo todo. Por ejemplo, el comienzo exacto del universo es algo que los desconcierta. Solo pueden hacer conjeturas. Algunas cosas siguen siendo un misterio, y solo Dios puede explicar tales cosas (si quiere).

Esto es, exactamente, lo que Daniel estaba intentando decirle al rey. Aunque Daniel tenía la reputación de ser capaz de interpretar sueños, siempre le daba el crédito de inmediato a Dios por su aptitud. Sabía que él era una persona normal y no quería robarle la gloria a Dios.

Es fácil sentirse intimidado por aquellos que son más inteligentes que tú. Cuando te comparas con otros, siempre encontrarás a alguien con mayor capacidad. No obstante, el juego de la comparación no tiene sentido. Un uso más inteligente del tiempo consiste en darle gracias a Dios por los dones que tienes y expresar gratitud por ser él quien más sabe, incluso más que la persona que ostenta el coeficiente intelectual más alto.

No te rebajes, ¡sino levanta la cabeza!

Oración

Señor, es posible que no sepa mucho sobre algunas cosas, pero sí sé que tú lo sabes todo, y que me conoces a mí. Gracias.

¿A quién estás observando?

La envidia te destruye por completo.

(PROVERBIOS 14.30B, TLA)

¿Con qué frecuencia notas cómo visten otros niños? Estamos fascinados con el aspecto de otros, con su forma de actuar, de hablar y de vivir. No hay nada malo en esto. Dios nos hizo de forma que nos interesáramos por los demás. Pero hay una advertencia: fijarse en los demás se convierte en un problema cuando empiezas a envidiar aquello que tienen.

Como la tecnología nos permite ver cómo viven los demás todo el tiempo, la envidia puede ser la razón más común por la que las personas se pierden el plan único de Dios para su vida. La envidia es una trampa. Esto lo encontrarás en cada grupo de edad y étnico alrededor del mundo.

«¿Cómo hace para vivir en esa casa?».

«¿Por qué le habrán dado ese premio?».

«¿Por qué no puedo ser tan atractiva, tan inteligente o tan famosa?».

La envidia te distrae, porque lo único que puedes ver es aquello que no posees. La envidia te distrae del plan único de Dios para ti. Puedes perderte tu propósito y perder tu gozo al mismo tiempo. En vez de ello, céntrate en lo que sí tienes. Dale las gracias a Dios por la variedad sin fin de personas que él escogió crear en lugar de hacernos a todos exactamente iguales.

Oración

Señor, reconozco que en ocasiones siento envidia. Enséñame cómo amar a esas personas en lugar de envidiarlas. Ayúdame a ser agradecido por todas las cosas buenas que has puesto en mi vida.

Divúlgalo

Entre los que habían subido a adorar en la fiesta había algunos griegos. Éstos se acercaron a Felipe, que era de Betsaida de Galilea, y le pidieron: Señor, queremos ver a Jesús.

(JUAN 12.20–21)

Grecia está a una gran distancia de Israel. Sin embargo, los griegos mencionados en Juan 12 habían recorrido el largo camino para asistir a la festividad judía de Jerusalén. Tenían la suficiente curiosidad con respecto a lo que los judíos creían sobre Dios, como para ir a su fiesta. Por tanto, cabe suponer que estaban espiritualmente sedientos. De alguna manera habían escuchado hablar sobre Jesús. Cuando descubrieron que Felipe conocía a Jesús personalmente, le preguntaron si podía organizar un encuentro con él.

Si eres lo bastante serio en tu relación con Jesús, es probable que no sea ningún secreto. Es bastante posible que los niños de tu escuela sepan que acudes a la iglesia los domingos y también al grupo de jóvenes. ¡Eso está bien! Si te piden que les presentes a Jesús, es todavía mejor.

Con esto en mente, empieza a pensar en lo que le dirías a alguien que te haga preguntas sobre el Señor. Podría comenzar con algo sencillo. Tal vez podrías invitar a esa persona a la iglesia.

Felipe fue a su amigo Andrés, porque no estaba del todo seguro sobre qué responderles a los griegos. Empieza a pedirle al Señor que pique la curiosidad de algunos de tus compañeros de clase en cuanto a tu fe y que te dé sabiduría con respecto a dónde deberías ir para hallar las respuestas que desconoces.

Oración

Jesús, soy serio con respecto a ti, pero no siempre sé qué decir sobre mi fe o sobre quién eres tú. Te ruego que me proporciones las palabras adecuadas en el momento correcto.

Él lo ve todo

Un joven llamado Eutico, que estaba sentado en una ventana, comenzó a dormirse mientras Pablo alargaba su discurso. Cuando se quedó profundamente dormido, se cayó desde el tercer piso y lo recogieron muerto. Pablo bajó, se echó sobre el joven y lo abrazó. «¡No se alarmen! —les dijo—. ¡Está vivo!».

(HECHOS 20.9–10)

Eutico, un joven originario de una ciudad costera llamada Troas, estaba escuchando predicar a Pablo. Pero empezó a sentirse somnoliento. Mientras Pablo seguía hablando, el joven sintió más y más sueño. Finamente, en torno a la media noche, Eutico se quedó profundamente dormido.

Sin embargo, no había escogido el mejor lugar para dormir: el borde de una ventana del tercer piso. El pobre Eutico cayó de la ventana y murió. Pablo, el Predicador Asesino corrió escaleras abajo, rodeó el cuerpo muerto del muchacho ¡y lo devolvió a la vida con el poder de Dios!

Como Creador nuestro, Dios conoce íntimamente nuestro cuerpo. Sabe cuántas calorías necesitamos, cuánta agua deberíamos beber y cuántas horas de sueño requiere nuestro cerebro. De modo que cuando Eutico se quedó dormido —haciendo aquello para lo que estaba diseñado— Dios no estaba enojado.

En vez de ello, el Señor miró el corazón de Eutico. Vio la forma en que el muchacho escuchaba a Pablo hablar sobre Jesús y cómo había permanecido allí cuando podría haberse ido a su casa.

Oración

Señor, cuando sienta la tentación de «demostrar» mi cristianismo a otros, detenme. No quiero acumular puntos con los demás: quiero que tú seas mi mejor amigo.

Gozo eterno

Les digo que así mismo se alegra Dios con sus ángeles por un pecador que se arrepiente.

(LUCAS 15.10)

Muchos cristianos reconocerán: «He perdido mi gozo». Sin embargo, cuando les preguntas: «¿Cuándo fue la última vez que le hablaste a alguien sobre Jesucristo?», la respuesta habitual es: «Hace mucho tiempo». El gozo procede de desarrollar una actitud de gratitud y de compartir nuestro conocimiento de las Buenas Nuevas. Tu mayor gozo llegará cuando comprometas tu vida a Cristo y el segundo regocijo será cuando le presentes a otras personas.

Imagina la escena en el cielo: alguien a quien le has hablado de Jesús viene y te dice: «Quiero darte las gracias. Estoy aquí, porque te preocupaste lo bastante de compartir a Jesús conmigo». Esa sería una razón para regocijarse. Sin embargo, este comienza aquí en la tierra cuando llevas a otros a la familia de Dios.

El apóstol Pablo afirmó: «El deseo de mi corazón, y mi oración a Dios por los israelitas, es que lleguen a ser salvos» (Romanos 10.1). Pídele a Dios que te dé una carga como esa. Te llevará al gozo verdadero.

Oración

Jesús, reconozco que no siempre me apetece hablarles a los demás niños sobre ti. Dame un corazón lleno de amor por aquellos que no te han encontrado aún.

Mentalidad misionera

Me hice todo para todos, a fin de salvar a algunos por todos los medios posibles.

(1 CORINTIOS 9.22)

Imagínate yendo a un lugar remoto del mundo como misionero. Las personas que viven en tan lejana nación hablan un idioma distinto. También comen alimentos que no te son familiares. Lo más probable es que la ropa que usan sea distinta de la tuya. Su forma de divertirse también es bastante distinta de la que tú acostumbras.

Es lo que Pablo descubrió cuando viajaba lejos de Jerusalén. Aunque era judío, Dios había llamado a Pablo para que fuera misionero a los no judíos en lugares donde la vida parece extraña. No obstante, Pablo entendió con rapidez una verdad importante, pero sencilla: si él iba a hablarles a las personas sobre Jesús, debía explicar las Buenas Nuevas de manera que las personas extranjeras las entendieran. Era necesario que vistiera como ellas, y que mostrara interés en cosas en las que ellas estaban interesadas. Aunque tales «maneras» no le resultaban naturales en realidad, se volvió como ellos con el fin de ganarlos para Dios.

Dios llama a cada uno de sus seguidores para que sea misionero hasta cierto punto, como en tu vecindario y en la escuela. Lo más probable es que las personas con las que quiere que tú entables amistad hablen tu idioma. Pero tienen intereses y pasatiempos diferentes a los tuyos. Pasa tiempo con ellos y aprende a convertirte en parte de su mundo. Luego puedes invitarlos a tu mundo para que vean de qué forma Jesús es parte de él.

Oración

Señor, resulta aterrador y emocionante pensar en mí mismo como un misionero del estilo de Pablo en la Biblia. ¿Cómo puedo ser uno bueno para mis amigos y mis vecinos?

Mantener a Dios en el vecindario

Hijo de hombre, supongamos que los habitantes de un país pecaran contra mí y yo alzara mi puño para aplastarlos al cortarles la provisión de alimento y al hacerles pasar un hambre que destruyera tanto a personas como a animales. Aunque Noé, Daniel y Job estuvieran allí, su justicia los salvaría solo a ellos y no a ningún otro, dice el SEÑOR Soberano.

(EZEQUIEL 14.13–14, NTV)

Noé, Daniel y Job son tres de los hombres más piadosos que jamás hayan existido. Dos de ellos tienen un libro con su nombre en la Biblia. Los tres fueron ejemplos de piedad entonces y también hoy. Dios afirma que eran justos —lo que significa que vivieron de acuerdo a los mandamientos de Dios— y él quedó impresionado.

De modo que si estos hombres oraban por ti o le pedían a Dios que salvara tu vida, puedes apostar que él consideraría su petición. Sin embargo, esta vez en el libro de Ezequiel, Dios declara que ni siquiera los más piadosos y justos podrían salvar a Israel de la destrucción. ¡Y es que no había nadie así! Los israelitas se habían vuelto extremadamente malos y estaban en contra de Dios.

Nuestro país necesita personas que vivan de acuerdo a lo que Dios manda. Nuestro ejemplo de vivir una vida buena y piadosa mantiene a Dios presente en nuestro vecindario. Nuestras palabras pueden orientar a otros a su amor y su gracia. Mientras que haya gente justa, Dios escuchará nuestras oraciones y seguirá ofreciendo su gracia a los impíos que nos rodean.

Oración

Señor, haz que yo pueda ser una luz para quienes me rodean. Permite que ellos vean tu amor y tu bondad a través de mí.

Pensamientos venenosos

En sus cantos y danzas decían: Saúl mató a miles de guerreros, pero David mató a más de diez mil. Cuando Saúl oyó esto, se enojó mucho, pues le desagradó escuchar que a David le reconocieran haber matado diez veces más soldados que a él, así que dijo: «Ahora sólo falta que David se quede con mi reino».

(1 SAMUEL 18.7–8, RVC)

Todo el mundo aclama cuando un jugador hace un *home run* o marca un gol. Pero abucheas o te quejas cuando el jugador contrario alcanza una bola alta o el tirador no logra colarla en la red. Aunque dos jugadores lancen la pelota a la misma distancia, nadie aclama al que se elimina antes de alcanzar la base.

¿Has sido alguna vez el jugador que ha fallado? No es divertido cuando nadie te aclama. El rey Saúl era un gran luchador y soldado, pero desde luego que no le gustó cuando aclamaron a David más que a él. La envidia mató la amistad que había entre ellos, de manera literal. Saúl intentó matar a David, de verdad, varias veces, por la envidia que tenía de él.

Parece algo común que chicas y chicos sientan envidia de otros niños. ¿Te irritas por la victoria de otro? ¿Te resulta difícil alegrarte por los amigos que son mejores que tú? ¡Cuidado con el veneno de la envidia! Arruinará tu equipo y acabará con las amistades.

Oración

Señor, me resulta difícil cuando otros son mejores que yo, sobre todo si yo era el mejor hasta entonces. Te ruego que me ayudes a regocijarme con mis compañeros de equipo y mis amigos, y a alegrarme de verdad cuando lo hacen bien.

Ejemplo de bondad

Isaac tenía cuarenta años cuando tomó por mujer a Rebeca, hija de Betuel, el arameo de Padán Aram, y hermana de Labán el arameo.

(GÉNESIS 25.20, RVC)

Rebeca era una mujer valiente. Ayudaba a los extranjeros. Consintió en casarse con un hombre al que no había visto nunca. Se trasladó de su hogar cuando era joven. ¡Eso requería tener agallas! Era generosa, y compartía lo que tenía con otros que necesitaban ayuda. Era hospitalaria, invitaba a su casa a los visitantes que hacían largos viajes y los alimentaba a ellos y a sus animales. Era compasiva y actuó de la forma adecuada cuando se encontró por primera vez con Isaac, que se convertiría en su esposo. Después de casarse, no permanecieron en una ciudad, de modo que tuvo acostumbrarse a empaquetar y trasladarse muchas veces.

Rebeca es el ejemplo de alguien que confió en Dios y que trataba a los demás con amabilidad. Tú también puedes ser ese tipo de persona. No importa cuál sea tu personalidad ni dónde vivas. Cuando tratas a los demás con bondad, otros niños querrán estar cerca de ti. Comportarse bien y ser hospitalario transmite el mensaje de que los demás son importantes y que te fijas en ellos, y así es cómo los ve Dios. Cuando se te conozca por tu amabilidad, estarás mostrando en realidad cómo es Dios. Esta es la clase de niño al que Dios bendice por honrarle.

Oración

Señor, ¿qué tipo de persona quieres que yo sea? ¿Cómo puedo tratar mejor a los demás y mostrarles tu amor?

No des por perdidos a los chicos malos

¿Has notado cómo Acab se ha humillado ante mí? Por cuanto se ha humillado, no enviaré esta desgracia mientras él viva, sino que la enviaré a su familia durante el reinado de su hijo.

(1 REYES 21.29)

Como rey y reina de Samaria, Acab y Jezabel eran unos malcriados. De modo que cuando Acab vio una viña cerca de su palacio, se le antojó. Pero había un problema: su propietario, Nabot, dijo que no. Finalmente, con la aprobación del rey, la reina Jezabel hizo apedrear al dueño hasta la muerte.

Esto solo fue un episodio más de «La pecaminosa vida del rey Acab». De hecho, la Biblia afirma: «Nunca nadie como Acab que, animado por Jezabel su esposa, se prestara para hacer lo que ofende al Señor» y que constantemente se comportó de la forma más terrible (1 Reyes 21.25, 26). De modo que cuando el perverso rey escuchó realmente la advertencia del profeta Elías de enmendarse o sería destituido, ¡debió de haber sido bastante chocante!

Todos conocemos a niñas y niños como Acab que hacen daño a los demás, toman lo que no es suyo y se jactan de su maldad. Con frecuencia estas personas han intimidado a otros durante años, de modo que pensamos que nunca cambiarán.

Sin embargo, como demostró Acab, sí pueden hacerlo. Como Elías, no tenemos por qué ser su mejor amigo, pero podemos ayudar a dirigirlos hacia Dios por medio de nuestras oraciones, palabras y actos. No des por perdidos a los Acab y las Jezabeles de tu vida.

Oración

Señor, desearía que los niños malos de mi vida desaparecieran sin más. Sin embargo, tú los creaste y quieres que formen parte de tu familia, como yo lo soy. Ayúdame a guiarlos hasta ti con mis oraciones, palabras y conductas.

Deshazte del prejuicio

Sin hacer distinción alguna entre nosotros y ellos, purificó sus corazones por la fe.

(HECHOS 15.9)

¿Tienes prejuicios? Si nunca has pensado dos veces en el color de la piel de alguien, ¡fantástico! Sin embargo, tratar a las personas de forma diferente, por culpa del color de su piel no es la única forma de tener prejuicios. Sentir que eres mejor que los demás es también una forma de prejuicio. Puedes creer que el niño del vecino que se educa en casa no está a la altura de tus aptitudes en los concursos de Biblia. O tal vez no puedas creer por qué la familia de una manzana más abajo se viste para ir a la iglesia. Resulta fácil tratar a estos individuos o grupos como marginales, incluso en la iglesia.

Esto es lo que estaba sucediendo en la iglesia primitiva. Pablo había estado compartiendo sobre Jesús, por todas partes, con personas que no eran judías. Sorprendentemente, estaban aceptando a Jesús como su Salvador. Pero los cristianos judíos no estaban tan contentos. Tenían un problema para considerar a los gentiles como iguales a ellos. En lo que concernía a los creyentes judíos, los otros cristianos eran ciudadanos de segunda clase en el Reino de Dios. Esa forma de pensar volvía loco a Pablo.

Es probable que el niño que asiste a una iglesia coreana no adore exactamente como tú lo haces. No obstante, le ha pedido a Jesús que entre en su corazón por fe, y es parte de la familia de Dios. Tu tarea consiste en tratarlo con respeto y cordialidad. Después de todo, en la familia de Dios, él es tu hermano.

Oración

Señor, soy culpable de creerme mejor que aquellos que no piensan como yo. Lo siento. Ayúdame a ser un amigo de todo aquel que sea tu amigo.

La envidia corroe los huesos

El corazón tranquilo da vida al cuerpo, pero la envidia corroe los huesos.

(PROVERBIOS 14.30)

Cuidado con el monstruo de ojos verdes, pero no de ese de los cuentos para dormir. Es un monstruo que empezó a pincharte cuando eras pequeño y que te viene siguiendo desde entonces, incluso cuando vas a la escuela cada día. Tus compañeros de clase también conocen su existencia.

¿Sabes su nombre? ¿Te rindes? El monstruo de los ojos verdes es la envidia. Es un monstruo, porque puede comerte desde adentro. La envidia te convence de que si tienes lo mismo que otra gente, la vida te resultará más feliz. Ese teléfono inteligente que posee esa persona. El televisor del vecino. La piscina de un compañero de clase. Si solo tuvieras _____ (rellena el espacio vacío)...

La verdad es sencilla: las personas más felices son las que se contentan con lo que tienen. La Biblia usa la frase «el corazón tranquilo». La paz se produce cuando no dejas entrar a la envidia. Mientras estés envidioso por las posesiones de otros, el monstruo «corroerá sus huesos» y te hará sentir desdichado. Cierra la puerta ante las narices del monstruo de ojos verdes, dándole las gracias al Señor por lo que te ha dado.

Oración

Señor, lo reconozco aunque con renuencia: soy culpable de envidia. Ayúdame a derrotar a este monstruo para que yo pueda tener paz interior.

¡Uups! ¿He pensado eso?

Ya no hay judío ni griego; no hay esclavo ni libre; no hay varón ni mujer, sino que todos ustedes son uno en Cristo Jesús.

(GÁLATAS 3.28, RVC)

Cuando Jesús era un niño pequeño que crecía en Nazaret, los hombres de la ciudad solían elevar una oración que decía algo así: «Señor, te doy gracias por no haberme creado gentil, perro ni mujer». ¿Puedes imaginarte ser una niña en aquel tiempo? Tú y la mascota de la familia habríais recibido el mismo trato. La mayoría de los hombres no eran tan amables con las mujeres, y algunos infortunados individuos eran esclavos; así era como hacían las cosas.

Pero cuando Jesús murió en la cruz y derrotó la muerte, redefinió las normas. Aunque la sociedad judía seguía todavía la vieja costumbre, en la iglesia las cosas eran diferentes. Los judíos y los que no lo eran se consideraban iguales. Lo mismo ocurría entre hombres y mujeres. Los esclavos y sus amos estaban al mismo nivel delante de Dios. Mucho antes de que Abraham Lincoln liberara a los esclavos estadounidenses, Jesús ofreció libertad a todo el mundo.

Aunque Dios considera a todas las personas iguales, nosotros no siempre actuamos como si esto fuera verdad. Esto ocurría en el Antiguo Testamento y sigue ocurriendo hoy día. Los niños que son diferentes en la escuela siguen siendo objeto de burla. Los que tienen necesidades especiales no son siempre tratados con el mismo respeto que los talentosos. Tampoco lo son aquellos que pertenecen a culturas diferentes. ¿Propagarás la libertad y el respeto ayudando a que Gálatas 3.28 llegue a ser una realidad donde tú vives?

Oración

Señor, te ruego que me perdones por actuar como si fuera mejor que los demás. Quiero que me uses para hacer los cambios para mejorar en mi escuela.

Sintonízate

Es necio y vergonzoso responder antes de escuchar.
(PROVERBIOS 18.13)

¿Qué es lo más importante que un cirujano debería saber antes de entrar al quirófano? ¡La parte del cuerpo que tiene que operar! ¿Te imaginas que no estuviera prestando atención a las instrucciones de la enfermera? Podría amputar la pierna equivocada o extirpar las amígdalas en lugar del apéndice.

O considera a un soldado. Antes de dirigirse a la batalla, sus comandantes dan estrictas instrucciones sobre el enemigo y el campo de batalla. Pero si el soldado raso interrumpe: «¡No hace falta! Ya lo sé», y se dirige por el campo de batalla disparando a todo el mundo, tal vez se entere tan solo de la mitad de la historia, como que la guerra ya había cesado el día anterior.

Escuchar es evidentemente importante cuando eres médico o soldado. ¿Pero qué ocurre con el resto de nosotros?

Cuando dominamos las conversaciones, y siempre metemos baza con nuestra opinión, le estamos comunicando a la otra persona que no merece que se le escuche. Por supuesto, hay personas que son tímidas y calladas, mientras que otras poseen una personalidad más extrovertida y habladora. No hay nada malo en ello. Pero deberías tener las mismas ganas de escuchar lo que tu amigo tiene que decir que de hablar tú.

Se supone que debemos escuchar más de lo que hablamos. De otro modo, nos convertimos en arrogantes sabelotodo. Cuando tratamos a las personas con respeto —mirándolas a los ojos, sonriendo y prestándoles atención—, reflejamos a Jesús. Después de todo, ¿no nos escucha él a nosotros?

Oración

Señor, haz que mis palabras sean sabias, estimulantes y que te rindan alabanza. Enséñame a escuchar a los demás como tú me escuchas a mí.

Ten cuidado

*Si ves que el buey o el cordero de un compatriota tuyo
anda extraviado, no le niegues tu ayuda; devuélveselo...
Y lo mismo harás con su asno, y con su ropa, y con todo lo
que tu compatriota pierda y tú lo encuentres. No debes
negarle tu ayuda.*

(DEUTERONOMIO 22.1–3, RVC)

Estás en el parque y te encuentras un teléfono inteligente.
Sabes que deberías localizar a su propietario o dárselo a un adulto
antes de que alguien lo robe, pero llegas tarde a un partido de
baloncesto. «Oh, bueno —piensas mientras te alejas caminando—.
¡Es culpa de su dueño perder un teléfono tan bonito!».

Los israelitas trataban un asunto similar. No, no tenían teléfonos
móviles con GPS (¡Imagínate el tiempo que habrían ahorrado en
el desierto, de haberlos tenido!). En esa época, la gente no tenía
dinero en efectivo como nosotros; tenían animales. De modo que
cuando una vaca andaba deambulando y se perdía, el propietario
perdía dinero y quizás hasta su capacidad de alimentar a su familia.
Por esta razón Dios les ordenó a sus hijos que cuidaran las cosas de
los demás y que devolvieran los objetos perdidos.

Esta lección es igual de relevante hoy. Algo tan sencillo como
ayudar a las personas cuando pierden cosas (¡o animales!) demuestra una actitud sin egoísmo, como la de Cristo. De modo que
cuando te encuentres dinero en el suelo en una tienda, un teléfono
o un juego perdidos, devuélvelo o inténtalo al menos. Después de
todo, si tú perdieras algo ¿cómo te gustaría que actuara quien se lo
encontrara?

Oración

Señor, a veces hacer lo correcto requiere tiempo. No siempre me
apetece hacerlo. Te ruego que me des una actitud bondadosa, sin
egoísmo, como la tuya y el deseo de tratar a los demás como me
gusta ser tratado.

La regla de oro

«Ama a tu prójimo como a ti mismo». El amor no perjudica al prójimo. Así que el amor es el cumplimiento de la ley.

(ROMANOS 13.9B–10)

El oro es hermoso y muy valioso. ¿Quién no querría tener algo hecho de oro real? La Regla de Oro también es valiosa, como el oro: condúcete con los demás como quieres que ellos se conduzcan contigo. Este es el tipo de normas que le gustan a Dios. Quiere que trates a los demás como te gustaría que te traten a ti. La razón es bastante clara: a Dios le importa todo el mundo. Él los ama tanto como te ama a ti.

Aquí tienes una pequeña misión para hoy que podríamos denominar «abre una mina para extraer oro». Escribe cinco cosas que te gustaría que tus amigos o familiares hicieran por ti. Tal vez sorprenderte con una salida a comprar helado. Enviarte un enlace a una canción que ellos crean que te gustará. Quizás que te pidan ir al cine una tarde. Luego guarda tu propia lista. Úsala como recordatorio para practicar la «regla de oro» y haz esas cosas para otros.

Oración

Señor, hoy quiero buscar oro. Quiero tratar a los demás de la forma que me gustaría ser tratado. ¿Me ayudarás?

Cristo regresará

Luego el ángel tomó el incensario y lo llenó con brasas del altar, las cuales arrojó sobre la tierra; y se produjeron truenos, estruendos, relámpagos y un terremoto.

(APOCALIPSIS 8.5)

«Me habría muerto de vergüenza», dice tu hermana mayor al encontrar residuos de huevo en su cabello antes de ir a la escuela. Casi llamas al 9-1-1 pensando que se iba a morir. Solo es una expresión que ilustra lo mal que se sentiría.

Muchas cosas del libro de Apocalipsis son expresiones o ilustraciones de cosas que sucederán cuando Jesús regrese a la tierra. Las profecías incluyen muchas imágenes que parecen aterradoras o espantosas. El hombre que escribe sobre ellas no había visto nunca antes esas cosas, de modo que las describió con palabras e imágenes que tendrían sentido para las personas que leyeran su libro. Cuando Juan vio fuego, bestias o sangre, desconocemos qué estaba describiendo exactamente, qué palabras eran literales y cuáles eran meras expresiones.

Aunque no seamos capaces de interpretar todo lo que Juan vio en Apocalipsis, cuando Cristo vuelva será un día glorioso para todas las personas que siguen los preceptos de Dios. Y será tiempo de juicio para los que lo rechacen a él. De un modo u otro, estas profecías no pretenden asustarnos, sino ayudarnos a comprender la importancia que tiene hablarles a otros de Jesucristo.

Oración

Señor, no creo poder entender gran cosa de lo que aparece en Apocalipsis, pero no quiero sentirme asustado por el fin del mundo. Lo que sí entiendo es que volverás a llevarme a mí y a todos los creyentes al cielo contigo. Gracias por esa promesa.

Cambia el mundo

Habla en lugar de los que no pueden hablar; ¡defiende a todos los desvalidos! Habla en su lugar, y hazles justicia; ¡defiende a los pobres y menesterosos!

(PROVERBIOS 31.8–9, RVC)

Generosidad + piadosa sabiduría = imparable transformador del mundo.

Sí, lo has leído bien. Por tanto, deja de ser egoísta, consigue la mente de Cristo y cambiarás el mundo. Fácil, ¿verdad?

Bien; el tema del egoísmo podría, pues, no ser tan sencillo. Después de todo, ¿a qué niño le gusta compartir juguetes, comida, ropa o un dormitorio? Sin embargo, aquí tienes un truco: piensa en lo posesivo que eres con tus cosas. Ahora, canaliza esa misma reacción en pasión por aquellos que no poseen tantas cosas. Sé posesivo para ellos. Merecen que alguien se preocupe por ellos.

Ahora, pasemos a la parte de la sabiduría piadosa. Dios afirma que da la sabiduría con generosidad —montones y montones— a cualquiera que la pida (Santiago 1.5). Por tanto, empieza a pedirla. Luego solicita la ayuda de tus padres o de tus maestros de la iglesia para estudiar los libros de sabiduría: Job, Proverbios, y Eclesiastés. Te proporcionarán consejos sobre cómo defender a otros y hablar por los demás de una forma que persuada a las personas para ayudarlos.

Ya sabes cómo empezar. Ahora ponte en marcha para cambiar el mundo para Dios.

Oración

Señor, ¿de verdad soy capaz de ser un agente transformador del mundo para ti? ¡Parece una tarea tan grande! No obstante, estoy dispuesto y preparado si tú quieres usarme.

Registros eternos

Ustedes mismos son nuestra carta, escrita en nuestro corazón, conocida y leída por todos. Es evidente que ustedes son una carta de Cristo, expedida por nosotros, escrita no con tinta sino con el Espíritu del Dios viviente; no en tablas de piedra sino en tablas de carne, en los corazones.

(2 CORINTIOS 3.2–39)

Los deportes y las estadísticas van tan juntas como la crema de cacahuete y la jalea. Gracias a los que llevan las estadísticas entre bastidores sabemos que Mia Hamm consiguió ciento cincuenta y ocho goles internaciones, más que cualquier otro jugador, masculino o femenino, en la historia del fútbol en Estados Unidos. Wayne Gretsky, «El Grande» de la Liga Nacional de Hockey, ha sido el único jugador de ese deporte que marcó más de doscientos puntos en una sola temporada. Y Babe Ruth bateó setecientos catorce *home runs* en sus veintiún años como jugador de béisbol.

Cuando juegan deportistas profesionales, cada movimiento pasa a los libros de registro. ¿Pero sabías que los seguidores de Cristo tienen su propio conjunto de «estadísticas» y «registros»?

No puedes ver estos números inscritos en un trofeo ni exhibidos en una página web. En lugar de datos físicos, los cristianos tienen a personas. Cuando vivimos para glorificar a Dios, la gente lo nota. Ven que somos diferentes en lo positivo.

Por supuesto, el cristianismo no es una competición; no se trata de cuántas personas llevamos a la iglesia o a cuántas le damos testimonio. Pero las vidas que tocamos son mucho más duraderas que un conjunto de cifras deportivas. Las personas a las que les presentamos a Jesús son eternas, mientras que los registros son temporales.

Oración

Señor, a veces olvido que llevar a otros a ti debería ser mi meta suprema. Te ruego que me ayudes a escribir mi vida «no con tinta, sino con el Espíritu del Dios vivo».

Nadie es perfecto

*Asá hizo lo que agrada al Señor, como lo había hecho
su antepasado David… Aunque no quitó los santuarios
paganos, Asá se mantuvo siempre fiel al Señor.*

(1 REYES 15.11, 14)

Si existiera una competición de los «Mejores Cristianos del
Mundo», pocas personas podrían ocupar el primer lugar. Algunas de
ellas son misioneros, otros predicadores y otras personas cotidianas
de nuestras comunidades que ministran a otras desinteresadamente.

Obviamente, no hay un concurso del «Mejor Cristiano», aunque
tú no lo dirías por la forma engreída en que actúan algunos fieles.
Todos pecamos, incluso el santo más honrado. A pesar de todo, las
personas imperfectas agradan a nuestro Dios perfecto.

Tomemos al rey Asá. Se dedicó a Dios durante toda su vida.
Sin embargo, no era perfecto; nunca destruyó las zonas donde el
pueblo adoró y sacrificó a los falsos dioses. ¿Cómo podía, pues, Dios
estar contento con Asá? ¿Acaso no se alegra tan solo cuando haces
las cosas bien y no pecas?

El Señor te conoce por dentro y por fuera, y sabe que eres pecador. Tiene claro que no puedes ser perfecto. No te odia (ni siquiera
siente antipatía por ti) cuando lo estropeas todo. El amor no acaba
cuando tú cometes un error.

Es evidente que a Dios le rompe el corazón cuando desobedeces sus mandamientos, pero como el rey Asá aún puedes ser
conocido como una chica o un chico según el corazón de Dios. Haz
de esto tu meta. De todos modos, la perfección nunca es posible.

Oración

Señor, me alegra que para servirte tú no exijas la perfección, porque
yo fracasaría sin lugar a duda. Ayúdame a «comprometerme por
completo» a ti como hizo Asá, centrándome en nuestra relación en
lugar de hacer un seguimiento de mis pecados.

Agradecido por las buenas nuevas

*Que lo digan los redimidos del Señor, a quienes redimió
del poder del adversario, a quienes reunió de todos los
países, de oriente y de occidente, del norte y del sur.*

(SALMOS 107.2–3)

Tener un nuevo hermano o hermana, hacer un viaje, lograr un sobresaliente, disfrutar de una fiesta de cumpleaños, la mayoría de los niños coincidirían en que estas cosas son buenas nuevas. Te alegran o te emocionan. Independientemente de lo pequeño que seas, las buenas nuevas merecen la pena compartirse. No quieres guardártelas para ti solo. ¿Qué diversión sería, entonces?

En muchos salmos, los escritores instaban a las personas a anunciar las buenas nuevas. Esto es bastante diferente del planteamiento de los locutores de hoy. Estos suelen informar sobre todo lo malo que ocurre en el mundo: disparos, tsunamis, incendios. De modo que resulta fácil centrarse en todo lo negativo.

Sigue el ejemplo de los salmistas. Los israelitas tienen mucho que decir sobre todo lo que Dios ha hecho por ellos, como salvarlos de sus enemigos, liberarlos de la esclavitud, proporcionar lluvia para las cosechas y bendecir a sus familias con salud. «Transmítelo», alentaban. «Deja que otros sepan de la bondad divina».

Alumbra el mundo con algunas de las cosas positivas de tu vida. ¿Qué buena nueva podrías comunicar hoy?

Oración

Señor, ¡hay tantas cosas buenas en mi vida; sin embargo qué fácil es centrarse en las cosas negativas! Gracias por todas las maravillosas bendiciones que me has proporcionado. Ayúdame a compartirlas con otros hoy y siempre.

Céntrate en el Dador

Así ha dicho el Señor: «No debe el sabio vanagloriarse por ser sabio, ni jactarse el valiente por ser valiente, ni presumir el rico por ser rico. Quien se quiera vanagloriar, que se vanaglorie de entenderme y conocerme. Porque yo soy el Señor».

(JEREMÍAS 9.23–24A, RVC)

¿A quién admiras? ¿A un asombroso guitarrista? ¿Un patinador de velocidad? ¿A un actor que hace todo tipo de escenas peligrosas? ¿A un oficial militar altamente condecorado? ¿A un ingenioso desarrollador de juegos para computadora?

Admiramos a personas que poseen maravillosos talentos del Señor y que los usan de maneras asombrosas, como su inteligencia, su talento musical, su velocidad o su dinero. Nadie puede negar que los mejores de los mejores sean envidiables cuando usan sus dones para la gloria de Dios.

Todo el mundo admira los dones y las aptitudes especiales. Sin embargo, esas cosas no les pertenecen a las personas que las poseen. Dios es el propietario de los talentos, las aptitudes y las capacidades, y quien las concede. Da de forma diferente a cada persona para sus propios propósitos.

En lugar de idolatrar a la persona a la que admiras, deja que sea un recordatorio de lo asombroso que es Dios. En lugar de centrarte en la persona, céntrate en el don divino que se le ha concedido. Es probable que otros te admiren algún día por algo maravilloso que hagas. Cuando recibas elogios, recuerda que tu talento es un don de Dios. Orienta a otros hacia él y dale las gracias por lo que te ha dado.

Oración

Señor, gracias porque has dado aptitudes especiales que ayudarán o beneficiarán a otros ahora o en el futuro. Recuérdame tus dones y que oriente a otros hacia ti.

¡Grítalo!

Alaben a Dios en su santuario, alábenlo en su poderoso firmamento.

(SALMOS 150.1B)

Has aprendido sobre el asombroso poder de Dios. Has leído de su sorprendente amor. Sabes de su victoriosa justicia. La Biblia te ha enseñado cómo salva a los enfermos, a los moribundos y a los que sufren. Protege a sus hijos. Provee a su propio hijo, Jesucristo, para morir por tus pecados. Y quiere que vivas con él en el paraíso.

Merece la pena cantar sobre ello.

Merece la pena gritarlo.

Si eres poeta o una mente creativa, escribe una canción sobre Dios. Si te gusta hacer listas, garabatea algunos de los detalles sobre Dios que has aprendido al leer este libro.

Dale las gracias por la bondad en tu vida y hasta por las cosas que no comprendes. Deposita tu confianza en él para que dirija todos tus días. Nadie se preocupará por ti como Dios. Es el Creador todopoderoso que te hizo y que te ama para siempre. ¡Alábale!

Oración

Señor, te alabo por tus maravillosas creaciones, tu asombroso amor y tu poder sin igual. Gracias por introducirme en tu familia.

¿Por qué tantas traducciones?

Este libro contiene más de trescientas cincuenta citas de las Escrituras. He variado deliberadamente las traducciones de la Biblia que he usado, por dos razones importantes. Primero, independientemente de lo maravillosa que sea una versión, tiene sus limitaciones. La Biblia se escribió originalmente usando once mil doscientos ochenta palabras hebreas, arameas y griegas, pero la típica traducción inglesa o española solo utiliza alrededor de a seis mil. Siempre resulta útil comparar traducciones de la Biblia ya que los matices y las sombras del significado de diferentes palabras y frases se pueden perder con facilidad.

En segundo lugar, y más importante aún, está el hecho de que con frecuencia pasamos por alto el impacto completo o el significado de los versículos bíblicos familiares; esto no se debe a una pobre traducción, sino sencillamente a lo familiar que se vuelven para nosotros. Creemos conocer el mensaje de un versículo porque lo hemos leído o escuchado infinidad de veces. Luego lo vemos citado en un libro, lo tratamos de forma superficial y nos saltamos su significado completo. Por tanto, en ocasiones he usado paráfrasis a propósito, con el fin de ayudarte a ver la verdad de Dios de una forma nueva y fresca. Las personas de habla hispana deberían darle las gracias a Dios por la cantidad de versiones distintas de la Biblia que podemos usar cuando leemos las Escrituras y en nuestros devocionales.

Asimismo, al no haberse incluido las divisiones y los números en la Biblia hasta el 1560 A.D., no siempre he citado versículos enteros en un devocional, sino que me he centrado más bien en la frase más adecuada para el mensaje. Saqué esta idea directamente de Jesús y de la forma en que los apóstoles citaban el Antiguo Testamento. Con frecuencia se limitaban a citar una frase para exponer su idea mientras enseñaban.

LBLA *La Santa Biblia, versión La Biblia de las Américas* (The Lockman Foundation, 1986, 1995, 1997)

RVC *La Santa Biblia, versión Reina Valera Contemporánea* (Sociedades Bíblicas Unidas, 2009, 2011)

NVI *La Santa Biblia, versión Nueva Versión Internacional* (Biblica, 1999)

RVA2015 *La Santa Biblia, versión Reina Valera Actualizada* (Editorial Mundo Hispano, 2015)

NTV *La Santa Biblia, versión Nueva Traducción Viviente* (Tyndale House Foundation, 2010)

TLA *La Santa Biblia, versión Traducción en Lenguaje Actual* (Sociedades Bíblicas Unidas, 2000)

DHH *La Santa Biblia, versión Dios Habla Hoy*, 3ª edición, (Sociedades Bíblicas Unidas, 1966, 1970, 1979, 1983, 1996)

BLPH *La Santa Biblia, La Palabra*, [versión hispanoamericana], (Sociedad Bíblica de España, 2010)

RVR1960 *La Santa Biblia, versión Reina-Valera* (Sociedades Bíblicas en América Latina, 1960)

NLBH *La Santa Biblia, Nueva Biblia Latinoamericana de Hoy* (The Lockman Foundation, 2005)